U0942264

系統神學叢書

聖靈論
全球導覽

PNEUMATOLOGY

THE HOLY SPIRIT IN ECUMENICAL, INTERNATIONAL, AND CONTEXTUAL PERSPECTIVE

卡維里 著
鄧紹光 學術顧問
陳永財 譯

基道出版社

▼

系統神學叢書

聖靈論：全球導覽

Pneumatology

The Holy Spirit in Ecumenical, International, and Contextual Perspectives

作者
卡維里 Veil-Matti Kärkkäinen

譯者
陳永財

學術審閱
鄧紹光

責任編輯
林諾欣

裝幀設計
奇文雲海・設計顧問

■

出版 / 發行
基道出版社
香港沙田火炭坳背灣街 26 號富騰工業中心 10 樓 1011 室
LOGOS PUBLISHERS
Unit 1011, 10/F, Fo Tan Ind. Centre, 26 Au Pui Wan St., Shatin, Hong Kong
電話：(852) 2687-0331 傳真：(852) 2687-0281
網址：https://www.logos.com.hk

承印
陽光（彩美）印刷有限公司

●

5/2009 初版
Cat. No. LP242B
ISBN: 978-962-457-354-1
Originally published in English under the title *Pneumatology*
by Baker Academic, a division of Baker Book House Company,
Grand Rapids, Michigan, 49516, U.S.A.

Printed in Hong Kong

刷次	13	12	11	10	9	8	7	6	5	4	3
年份	2030	2029	2028	2027	2026	2025	2024	2023	2022	2021	

中文版序

對於可以為《聖靈論：全球導覽》（*Pneumatology: The Holy Spirit in Ecumenical, International and Contextual Perspective*，英文原書由 Baker Academic 出版）一書的中文版撰寫序言，我感到榮幸和欣喜。中文讀者對這本書感興趣，令我誠惶誠恐。我這個來自歐洲小國芬蘭的神學家，能夠有神學著作翻譯成這種世界上最多人使用的東方古老語言，我實在感到榮幸之至。

在這本書，我嘗試盡可能廣泛地討論教會歷史和當代神學家對聖靈的教義的各種觀點和詮釋。我當然受限於自己的學識——或者學識不足——以及自己的特定位置。雖然我曾經在亞洲生活和教授神學多年，也懂得說泰語這種東方的古老語言，但我仍然有很多可以向亞洲的同道學習的地方。因此，在這中譯本出版之際，我邀請中國的神學家參與全球對話，幫助西方和其他神學家明白更多聖靈——神聖奧祕——的工作及位格。

謹將本書獻予上帝的榮耀以及祂將臨的國度。

卡維里

美國加州富勒神學院

系統神學教授

二〇〇九年三月五日

學術顧問序

在信經的結構中，聖靈是排在最末的。然而，正如英諺所說的，最末的並不是微不足道的（the last is not the least）。就信仰的實質內容說，聖靈並非微不足道；可是就教義歷史的發展而言，卻被詬病聖靈論是最貧脊的—— 相對於三一論和基督論來說，因而在當代靈恩運動如火如荼的情況下，有人指出這是教會未付的賬單。

靈恩運動是教會未付的賬單這個說法有其真實性，但卻不是事情的全貌。不同時代自有不同的文化與處境，聖靈論也就相應地有不同的開展。而且這種開展不應是跟傳統聖靈論斷裂的舉動；若不是承斷的開展就是補充的開展，使得新的開展既是延續的又是創新的，從而顯明基督教信仰中對聖靈的看法是何等豐富的。

卡維里的《聖靈論：全球導覽》一書較其《上帝論：全球導覽》（*The Doctrine of God : A Global Introduction*）更早寫成，可見他對這一當代炙手可熱的教義是十分關注的。但他沒有囿於其個人的五旬宗背景而忽略此一教義的大公性、普世性，以及處境性，正如英文書名副題所示："The Holy Spirit in Ecumenical, International, and Contextual Perspective"。此一副題正好顯示聖靈工作的特色：全球與地方同時並重。

我們從卡維里本書的全面介紹，可以見出不同時代不同處境的基督信徒對聖靈的經歷與思想，這些互有差異但又可以拼合一起的經歷與思想，指向了聖靈在生命的每一層面的參與：個人的、教會羣體的、社會—政治的、職場—工作—經濟的、生態的、歷史的，不一而足。這讓我們看見聖靈的整全工作，祂參與受造世界每一層面的更新轉化，邁向終末圓成。

是以，任何偏於一隅的經驗和看法都不能全面道出聖靈的工作及本性。過分高抬某種經驗和看法而低貶其他的經驗和看法，不單固步自封，更有可能因為偏激而走向極端甚至異端，導至彼此排斥、互相攻訐，這就有違聖靈的工作的原意：更新轉化以成就差異中的契合。此書讓我們學習謙卑，聆聽他人對聖靈的經驗和看法，尋求彼此包容。

對聖靈論的探討，我們必須學會平衡，包括信仰識見與信仰經驗、踐行之間的平衡，以及聖靈與父及子之間的互相制衡。前者的問題在當代的聖靈論討論中十分敏感，但又不得不予以正視，任何一種偏差都可能帶來災難性後果。簡單來說，過度重視正確信仰識見而缺乏相應之信仰經驗與踐行，無疑是宣告基督教信仰不過紙上談兵，難怪招致靈恩運動的批判。然而，鐘擺的另一端卻會因強調信仰經驗與踐行，而忽略檢視此等經驗與踐行是否合符福音信仰，也就難免有經驗與踐行決定一切之嫌。

如果聖靈乃真理的靈，如果真理首先乃是聖道——耶穌基督，那麼我們就不可能把聖靈跟子分離開來，也不可能把經驗跟真理分離開來。當然我們需要立即補上一句，不能分離並不表示沒有分別。套用〈迦克墩信經〉對基督神人二性的看法，我們也可以指出聖靈與子雖有分別但不分離，相應地經驗與真理也是雖有分別但不分離。另一方面我們也不宜採取單向隸屬的關係看待二者，免得出現一方吞噬或收編另一方的可能。一種在基督裏的聖靈與在聖靈裏的基督，以及在真理中的經驗與在經驗中的真理，是必須持守的思考方式。或許我們尚可循此進一步發展出一種中介式的三一式、一三式思考，以及一種避免過早實現的終末論（over-realized eschatology）和純粹遙不可及的終末論（future eschatology）的思考，幫助我們更好地認識聖靈的工作及與此相關的議題。

回到卡維里本書，除導論介紹聖靈論在當代的復興外，其他五章從不同角度展示其豐富多姿的圖畫，包括舊約及新約聖經、早期東西方教會及中世紀、不同的基督教信仰羣體（東正教、羅馬天主教、五旬節／靈恩運動、〔教會〕合一運動）、當代諸重要神學家、處境的見解（進程、解放、生態、婦女、非洲）。這是一本至今為止難得一見的、應該一讀再讀的好書。相信這書有助促進教會中不同羣體就聖靈的討論，邁向更多包容他者、更多糾正自己的相交合一的局面。

我們盼望此書的中譯本面世，對華人教會於此課題的認識及了解，有開展眼界、避免誤解的作用，從而成為不同教會羣體的共同起點，互相對話，尋求可能的共識，以致在聖靈的合一中榮耀上主。是所祈盼。

是為序。

鄧紹光
香港浸信會神學院
基督教思想（神學與文化）教授
二〇〇九年三月一日
於香港・西貢（北）・西澳

原書序

我認為，在當代談論上帝的靈（Spirit of God），總應該由兩個首要的原則引導。一方面，只有以普世的角度考量經驗聖靈的進路，即對那些多元和豐富的差異的進路進行考量時，聖靈論的論述（pneumatological discourse）才有意義。沒有教會可以宣稱本身擁有對聖靈的專利，也沒有傳統是特別「屬靈」的。只有藉著細心聆聽關於聖靈那些不相同、往往甚至是互相衝突的見證，並向它們學習，我們才能夠對其達致某種全面的理解。另一方面，談論聖靈總必須是處境化，並因而是關乎特定文化的。上帝的靈不是運行在宇宙之上的一般的靈，而是三一上帝的一個位格，祂以特定和明確的方式居住在信徒和創造之中。而聆聽一度被視為處於基督教神學邊緣的聲音，例如女性（women）、解放主義者或綠色神學家（Green theologians）的聲音，使我們對聖靈論那必須有的多元性變得敏銳。留意第三世界正在浮現的聲音，可以對古典神學作出糾正，不單因為基督教會在西方以外出現增長，也因為這些聲音那充滿活力的屬靈生命，是能使得在舊的教義中產生新的洞見的溫室。我雖然會讓讀者衡量這本書在多大程度上依從著這兩個指導原則，但我還是需要先表明我的意向。

好像我們這樣活在聖靈論的復興中，坊間有很多關於聖靈的書籍，而這也是對的。神學，只是表示對屬靈生命和經驗的思考，通常都是藉著回應教會和社會非常關切的議題而得到發展。大部分關於聖靈論的書籍，特別是那些本質上是教科書的書籍，都傾向按主題編排，討論聖靈論的不同方面。這本書的進路有點不同，可以與其他書籍互相補充。本書沒有集中討論任何單一主題，而是列出聖靈論不同領域的著作和思想。因此，對聖靈的理解，我們會研究不同的神學性和宗派性的進路，提出一些重要的神學家的觀點，也探討幾個處境化進路。這本書的目的，是在第三個千禧年開始之際，在普世和跨文化處境中，就關於聖靈最值得留意和具神學意義的向度，提供最新的考察。

教科書通常源自教學經驗，這本書也不例外。我有幸曾在三大洲生活、學習和教學，包括：歐洲，即我原來出身的地方，我現在仍然在那裏擔任普世教會學（ecumenics）的客席教授；我有幸能快樂地在一間使用當地母語的大學教了幾年書的亞洲；以及北美洲，特別是美國，我目前擔任系統神學全職教席的地方。我在這三大洲的學生——過去和現在的——不單挑戰我的思想，而且，關乎聖靈的豐富經驗，他們所教導我的，或許多過他們自己所認知的。因此我懷著感激和喜樂，將這本書獻給他們所有人，並定志成為他們終生的學習伙伴。

三位學術導師模塑了我對一般神學和普世教會學的理解，以及特別模塑了我對聖靈論的理解，我也要特別對他們致以衷心感謝。他們是：我的博士論文導師赫爾辛基大學

（University of Helsinki）普世教會學榮休教授曼納馬博士（Dr. Tuomo Mannermaa），我的博士論文學術質詢人伯明翰大學（University of Birmingham）宣教學榮休教授霍倫韋格博士（Dr. Walter Hollenweger），以及聖約翰大學（St. John's University）神學榮休教授、學術閱卷人，兼明尼蘇達州（Minnesota）科利奇維勒（Collegeville）普世教會及文化研究中心（Ecumenical and Cultural Research）主席，本篤會神父麥克唐奈（Kilian McDonnell）。他們來自三個基督教傳統，包括天主教（Catholic）、改革宗（Reformed）和信義宗（Lutheran）；以及四個不同的「語言—文化」（linguistic-cultural）範疇，包括斯堪的納維亞（Scandinavian）、德國／瑞士、英國和美國。他們為我自己的神學工作提供了方向。

最後，我要感謝加州帕薩德拿（Pasadena）富勒神學院（Fuller Theological Seminary）的蘇珊．伍德（Susan Carlson Wood）編輯我的外國英語，令這本書更容易閱讀。

卡維里

縮略語表

Comm	*Communio*
Greg	*Gregorianum*
TDNT	*Theological Dictionary of New Testament,* ed. G. Kittel and G. Friedrich, trans. G. W. Bromiley, 10 vols. (Grand Rapids: Eerdmans, 1964～1976).
SC	*Sources chrétiennes* (Paris: Cerf. 1943～).
TS	*Theological Studies*
Pneuma	*Pneuma: Journal of the Society for Pentecostal Studies*
WA	Standard abbreviation for the German/Latin original of Martin Luther's *Weimarer Ausgabe.*

第二次梵蒂岡會議文件

AA	*Apostolican Actuositatem*
LG	*Lumen Gentium*
UR	*Unitatis Redintegratio*

目錄

1

導論
聖靈論作為神學學科

Introduction to Pneumatology
as a Theological Discipline

・聖靈論的復興・

近年，神學其中一個最令人興奮的發展，是對聖靈感到前所未有的興趣。關於聖靈的教義和靈性出現一種聖靈論式的復興，近年從不同神學角落均引起了很多人的興趣甚至熱忱。迴響在各處都可以感覺得到，從學術上新的神學研究，到流行書籍的出版，到各種新的屬靈取向和運動的浮現，好像綠色聖靈論（green pneumatology）或解放聖靈論（liberation pneumatology）等。天主教神學家德雷爾（Elizabeth Dreyer），生動地描述這種對聖靈論的熱忱的更新：

> 對聖靈重新感興趣，在至少三個處境中可以看到：渴望更深與上帝連繫——包括生命的所有方面以及世界的需要——的個別基督徒；尋求透過賜生命（life-giving）的操練和回到根源以更新自己的教會；以及於學術上，

> 哲學和神學所進行的正式探索。實際上，今天從很多人口中可以聽到「來吧，創造主聖靈」（Come Creator Spirit）這個請求。[1]

12 聖靈論的復甦，可能有幾個原因，但兩個神學上和靈性上的原因，似乎具有決定性的重要性。[2] 首先，東正教會（Eastern Orthodox churches）加入正式的普世教會組織「普世基督教會協進會」（World Council of Churches, WCC），令這個久遠的教會大家庭那豐富的聖靈論和靈性傳統，更容易讓其他教會得悉。聖靈的教義在東正教神學中，一直都扮演更為重要的角色，這種神學植根於亞他拿修（Athanasius）、亞歷山太的區利羅（Cyril of Alexandria）和大巴西流（Basil the Great）的著作。很多東正教神學家認為，東方教會著重聖靈論，而西方教會則著重基督論，雖然兩者都承認同樣的三一信仰。[3] 東方傳統在拯救的教義和教會論中都更留意聖靈。

第二，五旬節運動（Pentecostal Movement）在世界惹人注目的擴展，令其他基督徒醒悟到聖靈在所有基督徒生命中的重要性。聖公會（Anglican）神學家麥格夫（Alister McGrath）說：「靈恩式的運動在幾乎所有主流教會興起，使得聖靈在神

---

1 Elizabeth A. Dreyer, "Resources for a Renewed Life in the Spirit and Pneumatology: Medieval Mystics and Saints," in *Advent of the Spirit: Orientations in Pneumatology*, Conference Papers from a Symposium at Marquette University, 17～19 April 1998 (unpublished), 1.

2 Bernd Jochen Hilberath, "Pneumatologie," in *Handbuch der Dogmatik*, ed. Theodor Schneider et al. (Düsseldorf: Patmos, 1992), 1:448～449.

3 進一步，參 Constantine N. Tsirpanlis, *Introduction to Eastern Patristic Thought and Orthodox Theology*, Theology and Life Series 30 (Collegeville, Minn.: Liturgical Press, 1991), chap. 4；和 John Zizioulas, *Being as Communion: Studies in Personhood and the Church* (Crestwood, N.Y.: St. Vladimir's Seminary Press, 1985), chap. 3。

學議題上變得很重要。對聖靈的實在（reality）和聖靈的能力的新經驗，對關於聖靈的位格和工作的神學討論，無疑產生了重大影響。」[4]

世界最大的基督教大家庭——羅馬天主教——在預備迎接第三個千禧年的來臨時，在教宗若望保祿二世（Pope John Paul II）的熱誠領導下，將一九九八年定為特別獻給聖靈的一年；[5] 前一年則獻給子，而一九九九年則獻給父。基督教最大的教會渴望加深對聖靈論的了解，他們出版刊物，舉行特別的彌撒，組織講座和研究計劃。

在一九九一年普世基督教會協進會的大會，以〈來吧聖靈——更新創造〉（“Come Holy Spirit－Renew the Creation”）作為主題，將神學思想集中在聖靈教義的幾個方面，包括聖靈與教會、普世主義（ecumenism）和創造的關係。兩年後， 13
與普世基督教會協進會有關的信仰和教制（Faith and Order）會議在西班牙的聖地亞哥．德．孔波斯特拉（Santiago de Compostela）舉行，就聖靈與相通（*koinōnia*）——教會的相通（communion；或譯「團契」）——提供了奠基性的神學理解。同樣地，最近期在津巴布韋（Zimbabwe）的哈拉爾（Harare）舉行的普世基督教會協進會大會（1997），也留意到聖靈論的課題，並成立了一個五旬節／靈恩派基督徒和普世基督教會協進會的聯合工作小組。小組的其中一個目的是評估聖靈論的復興對全球基督教會的意義。

這些「聖靈的記號」（signs of the Spirit）以及很多其他記

4　Alister McGrath, *Christian Theology* (Cambridge: Blackwell, 1994), 240.

5　Pope John Paul II, *Celebrate 2000! Reflections on the Holy Spirit: Weekly Readings for 1998*, sel. and arr. by Paul Thigpar (Ann Arbor, Mich.: Servant Publications, 1997)，包含一九九八年整年每星期關於聖靈的反思。

號，都是對聖靈重新作神學思考的迴響，而這些思考在當代神學之前幾代已經開始了。二十世紀的「教父」（church father）巴特（Karl Barth），在自己生命的最後階段思想基督教神學的出發點時，寫下這段經常被人引用的綱領性話語：

> 一個人對父上帝和子上帝所相信、思想和談論的一切……基本上會透過聖靈上帝表現和澄清，祂是父和子之間的「和平的連結」（*vinculum pacis*）。上帝為受造物的好處所做的工作——為了人類（for）、在人類裏面（in）以及與人類一起（with）的工作——會在排除一切巧合的目的論（teleology）中，變得清晰。[6]

在另一個場合，巴特稱聖靈的神學為「基督教神學的將來」。[7] 而偉大的俄羅斯東正教神學家貝達耶夫（Nikolay Berdayev）則稱聖靈論為「最後一個未經探索的神學領域」。[8]

·關於聖靈的經驗·

這種對聖靈和屬靈生命新的追尋的一個特點，是沒有再去尋找

---

6 Karl Barth, *Schleiermacher: Auswahl mit einem Nachwort von Karl Barth*, ed. Heinz Bolli (Munich: Siebenstern-Taschenbuch, 1968), 311；關於當代對巴特渴望為神學建構聖靈論式的出發點所作的挪用，例如參 Kilian McDonnell, "A Trinitarian Theology of the Holy Spirit?" *TS* 46 (1985): 193。

7 引自 Paul D. Lee, "Pneumatological Ecclesiology in Roman Catholic-Pentecostal Dialogue: A Catholic Reading of the Third Quinquennium (1985～1989)" (Dissertation Ad Lauream in Facultate S. Theologiae Apud Pontificiam Universitatem S. Thomae in Urbe, Rome, 1994), 200。比較 McDonnell, "A Trinitarian Theology," 191, 193。

8 Nikolay Berdayev, *Spirit and Reality* (London: G. Bles, 1964), 22.

那些概括和抽象的定義——正如過去常見的情況那樣，而是人們 14
經驗著一種飢渴，渴望對賜生命的聖靈有具體、活潑的經驗：

> 很多忠心的人都渴望與聖靈相遇，即在他們自己生命的具體處境中使他們的靈獲得新生命的聖靈，以及當我們來到第三個千禧年時所相遇的是那位更新地球面貌的聖靈。這與較早時遇到危機的時候一樣，今天的基督徒嘗試連結信仰的泉源，盼望這些根源可以為後現代世界帶來穩定、秩序和意義，那是人們往往感到無望地支離破碎的世界。很多人會特別試圖重拾那位三個位格的上帝（three-personed God），祂在愛、挑戰和關懷中與人類羣體和整個宇宙交往——這位格性的上帝認同人類的喜樂和哀傷。[9]

結果，神學在思想聖靈時所要面對的挑戰，是要重拾聖靈論傳統中那些具體、特殊的方面。神學的任務是反思這些經驗。用當代其中一位最廣受讚賞的聖靈論學者莫特曼（Jürgen Moltmann）的話說：「根據永恆的觀點，無論我們對自己和別人可以概括地說甚麼，生命的聖靈（Spirit of life）都只是作為這個或那個特殊的生命的聖靈（Spirit of particular life）而臨在。」[10] 因此，「聖靈的經驗，與經驗到聖靈的活物（living beings）一樣特殊；而正如經驗到聖靈的活物是多樣化的，聖靈的經驗亦是多樣化的。」[11]

9 Dreyer, "Resources for a Renewed Life," 1.

10 Jürgen Moltmann, *The Spirit of Life: A Universal Affirmation*, trans. Margaret Kohl (Minneapolis: Fortress Press, 1992), 8.

11 Moltmann, *The Spirit of Life*, 8.

天主教神學家薩赫斯（John R. Sachs）最近在一個關於聖靈論的學術會議中發言。他問道：「是甚麼邀請我們，或許是催迫我們，在今天思想和談論聖靈？」他提出幾個原因，例如：

> 今天對聖靈和靈性那不可思議的興趣。人們留意自己生命的屬靈向度，並且往往似乎以挑戰傳統神學和教會架構——有時與傳統宗教實踐沒有多大關連——的方式和地點經歷聖靈。聖靈臨在和活躍於教會的正式架構和聖職以外。[12]

接著薩赫斯加上一句值得注意的評語：「給我最多教導的神學家——無論是古代還是現代——都警告人們不要嘗試以系統的方式理解聖靈。」他推薦「尊重的沉默」（honorable silence）這種態度。否則，聖靈論不能避免流於無用的玄思臆測。過份玄思臆測性地研究聖靈，也會妨礙我們更渴望聖靈和對聖靈更敏感。[13]

當代天主教研究聖靈最著名的神學家孔加爾（Yves Congar），藉著在他稱為「個人性原則」的不信任（a distrust of "personal principle"）和「制度性原則」的式微（an eclipse of an "institutional principle"）之間尋求平衡，以處理聖靈經驗的挑戰。「個人性原則」指賦予作為個人（persons）的個體那主動性（initiatives of individuals）的地位，以及這些個人根據其個人信念所要說的話的地位。而「制度性原則」則視教會

12 John R. Sachs, " 'Do Not Stifle the Spirit': Karl Rahner, the Legacy of Vatican II, and Its Urgency for Theology Today," in *Catholic Theological Society Proceedings*, ed. E. Dreyer, 51 (1996): 15.

13 Sachs, " 'Do Not Stifle the Spirit'," 15.

為這些由聖靈帶領的個人所組成的相通。[14] 健康的聖靈論，要求在這兩個似乎是互相矛盾的進路之間取得平衡。一方面，聖靈的工作是在信徒個人的生命中被經歷的；但另一方面，個別信徒掌握聖靈的信息的惟一方法是，透過教會的崇拜和上帝的道而有的教會的相通。

快速增長的五旬節和靈恩運動的任務，是要提醒大公教會，在獻身於上帝的靈時，首要的不是神學，而是復興對聖靈的經驗。即使對聖靈的經驗，總會帶來關於其意義的神學思考，但靈性總是第一個接觸點。[15] 這從聖經的記載可以清楚看到：先有對聖靈的能力、也往往是靈恩式的（charismatic；或譯「屬靈恩賜的」）經驗，之後才以較慢的步伐進行神學思考。

從經驗的角度探討聖靈的課題和聖靈論，是惟一公平對待我們研究的「客體」（object；或譯「對象」）的方式。科學探究的其中一條法則，是方法需要配合客體，而不是客體配合方法。不過，這裏需要提出一個警告：聖靈不是人類研究的「客體」，就好像例如物理科學是人類研究的客體一樣。事實上，我們可以說聖靈不是我們研究的客體，而是鑒察我們的那一位。保羅對此是頗為強調的：

> 因為聖靈參透萬事，就是上帝深奧的事也參透了。除了
> 在人裏頭的靈，誰知道人的事？像這樣，除了上帝的 16
> 靈，也沒有人知道上帝的事。（林前二 10 下～11）

14 Yves Congar, *I Believe in the Holy Spirit* (New York: Crossroad Herder, 1997), 2:152～153.

15 進一步，參 Kilian McDonnell, "Theological Presuppositions in Our Preaching about the Spirit," *TS* 59 (1998): 219～235。

· 靈性和聖靈論 ·

即使從語言學來說，聖靈（*pneuma*, Spirit）和靈性（spirituality）都是彼此相屬的。在教會歷史初期，奧古斯丁（Augustine）思想兩者的關係。他留意到談論聖靈的主要困難是，「祂從我們隱退，進入奧祕之中，比基督更甚。」[16] 奧古斯丁認為，談論聖靈有三個條件。首先，談論聖靈不能基於純粹理論，而必須觸及經驗到的實在。第二，但是單憑經驗也不足夠。它必須經過試驗和考驗，以致「『一個人自己的靈』不會取代聖靈的位置。」[17] 這是神學在嘗試分辨那差異時的重要任務。第三，個別神學家的創見（originality），需要由整個教會進行羣體性的分辨，而這教會也是由同一位聖靈引導。奧古斯丁寫道：「有人憑自己說話時，總會『從裏面』（from within）生出懷疑……聖靈不憑自己說話（約十六13）。」這樣，創見和真理很容易引向弔詭（paradox）。因此，一個人對聖靈的經驗該從屬於教會的控制和試驗，這重要性不能被過分強調。[18]

· 聖靈作為「神學的灰姑娘」 ·

以前人們常常說聖靈是三一的灰姑娘（Cinderella of the Trinity）；兩個「姊姊」去參加舞會，卻將灰姑娘留在家裏。現在已經不再是這樣。好像四世紀的拿先斯的貴格利（Gregory

16 Joseph Ratzinger, "The Holy Spirit as *Communio*: Concerning the Relationship of Pneumatology and Spirituality in Augustine," *Comm* 25 (1998): 325.

17 Ratzinger, "Holy Spirit as *Communio*," 325.

18 Ratzinger, "Holy Spirit as *Communio*," 325.

of Nazianzus）那樣，[19] 說聖靈是「沒有人述著的上帝」（*theos agraptos*），或者好像十九世紀的天主教神學家那樣，說聖靈是「被遺忘的上帝」，今天大家都不會這樣說的。[20]

但以前並不是這樣。在教會於一〇五四年分裂前，東方的 17
神學家已經指摘西方的同道「忽略聖靈」。希臘東正教神學家和普世基督教會協進會人員尼西奧蒂斯（Nikos Nissiotis），跟隨洛斯基（Vladimir Lossky）的思想，指控西方神學為「基督一元論」（Christomonism），最為觸目。[21] 尼西奧蒂斯認為，西方的基督教看似單邊地指向基督，而聖靈只是外加於教會及其事工和聖禮的。雖然尼西奧蒂斯和洛斯基的批評有點片面，而且可能過分嚴苛，但西方教會過去肯定出現聖靈論的缺乏，現在某些地方仍然有這個問題。[22]

雖然在近年，介紹聖靈論的專著時常哀歎聖靈受到忽略，變成常見的事，[23] 但聲稱教會和一般的神學在大約最近二十年才留意聖靈，很可能是不準確的。我們不應該說「聖

19 Donald J. Gelpi, "The Theological Challenge of Charismatic Spirituality," *Pneuma* 14, no. 2 (1992): 185.

20 Gelpi, "Theological Challenge of Charismatic Spirituality," 185.

21 Nikos A. Nissiotis, "The Main Ecclesiological Problem of the Second Vatican Council and Position of the Non-Roman Churches Facing It," *Journal of Ecumenical Studies* 6 (1965): 31～62。關於洛斯基的觀點，例如參 John H. Erickson and Thomas E. Bird, eds., *In the Image and Likeness of God* (Crestwood, N.Y.: St. Vladimir's Seminary Press, 1985)，尤參第四章："The Procession of the Holy Spirit in Orthodox Trinitarian Doctrine"。

22 李保羅（Paul D. Lee, "Pneumatological Ecclesiology in Roman Catholic-Pentecostal Dialogue," 195）提出西方最明顯的虧缺是：（1）過去對宣召（*epiclēsis*）不重視；（2）沒有已發展的議會；和（3）相對整體基督徒羣體的一種聖職人員的自主性。

23 莫特曼（Moltmann, *The Spirit of Life*, 1）和麥格夫（Alister McGrath, *Christian Theology: An Introduction* [Oxford, U.K./Cambridge, Mass.: Blackwell, 1994], 240）都使用灰姑娘──在兩個姊姊去參加神聖舞會時被留在家裏──這個驚人的說

靈被遺忘」（*Geistvergessenheit*），而應該說聖靈論的虧缺（deficit）。我們給聖靈以從屬、次等的角色，祂被拋在一旁和加以控制。[24] 麥克唐奈認為，健康的聖靈論的準則，不是有多少次提到聖靈，而是神學視野的完整性。我們可以大量提及聖靈，但仍然嚴重虧缺聖靈論。這方面的重要問題包括：聖靈在三一的、教會的或拯救的教義中有甚麼角色？如果引入聖靈，神學系統會有甚麼改變？[25]

18 希爾貝拉特（Bernd Jochen Hilberath）認為，造成大部分神學的這種虧缺有幾個原因：

> 關於三一的教義，奧古斯丁對聖靈的「非位格化」進路（聖靈作為父和子之間的愛的連結〔*vinculum amoris*, bond of love〕這個觀念）不單為「和子」（*filioque*）——聖靈同時自父和子而出（proceeds）的觀點——立下了神學上的根基，也剝奪了聖靈完滿的位格性。[26]

這個虧缺的另一個來源是神學上的。從教父開始，聖靈便

明來指聖靈。在一九六〇年代，柏克富（Hendrikus Berkhof, *The Doctrine of the Holy Spirit* [Atlanta: John Knox Press, 1964], 10）已經哀歎甚至在盎格魯－撒克遜（Anglo-Saxon）作品中，都只能夠找到很少關於聖靈論的實質討論。

24 Hilberath, "Pneumatologie," 445～452.

25 例如：參 Kilian McDonnell, "The Determinative Doctrine of the Holy Spirit," *TS* 39 (1982): 142～161。

26 Bernd Jochen Hilberath, "Identity through Self-Transcendence: The Holy Spirit and the Communio of Free Persons," in *Advent of the Spirit*, 2～4；也參 Hilberath, "Pneumatologie," 446～447。希爾貝拉特對奧古斯丁影響的分析，似乎比教科書的進路更準確，教科書通常將非位格化（depersonalizing）傾向歸因於奧古斯丁使用心理類比（psychological analogies）。

往往被介紹為「不知名的第三位」（the Unknown Third）。根據聖經的暗示，人們視聖靈為隱藏自己，退隱而不是站在前面的。東正教領袖邁恩多夫（John Meyendorff）提到聖靈的「虛己」（kenosis）[27]：聖靈永不呼召人們到祂那裏，而是呼召他們到子那裏。有些神學家也談到聖靈「自我隱迹」（self-effacing）的本性：聖靈不顯露自己；而是在子的面孔裏向我們顯露父的面孔。

聖靈扮演從屬的角色的另一個原因是教會性的。教會對靈恩式和先知運動的含混經驗，往往令教會領袖因為害怕混亂和缺乏秩序而試圖控制聖靈的工作。例如：有些神學家不禁想到，大公教會在拒絕二和三世紀的靈恩式—先知運動孟他努主義（charismatic-prophetic movement Montanism）時，有沒有錯失了機會，沒有將靈恩—聖靈論式的靈性（charismatic-pneumatological spirituality）更完滿地整合到它的生命中？在這件事中，教會對「異端性的聖靈論」（heretical pneumatology）有甚麼準則？在譴責這個運動的過程中，人們提出了很多錯誤的論據。

在思想過去給聖靈的次要角色時，普世基督教會協進會的總幹事賴澤爾（Konrad Raiser）指出，一般的神學和特定的普世〔教會〕神學（ecumenical theology）最大的特點是它的**對話**性質（dialogical nature）；它在回應來自〔教會〕合一運動（ecumenical movement）內外的挑戰時得到模塑。真正的對話並不以無所不包為目的；它可以讓事情開放或不被表達出來，
並在稍後的階段才提出來。對話，由各方在某個時間視為最迫 19

27 關於這點，參 D. Lyle Dabney, *Die Kenosis des Geistes: Kontinuität zwischen Schöpfung und Erlösung im Werk des Heiligen Geistes* (Neukirchen-Vluyn: Neukirchener Verlag, 1997)。

切的問題所推進，並容許稍後在新的挑戰出現時，修改較早時的深邃洞見。聖靈的教義正是這樣的例子。直到大約一九八〇年代，〔教會〕合一運動都似乎看不到需要更全面地討論聖靈論。[28] 現在人們感到有這個需要，也給予新的動力，結果是對聖靈的不同方面，都出現大量著作。

・聖靈論在（系統）神學中的地位・

傳統來說，聖靈論在基督教系統神學中沒有一獨立的核心焦點。[29] 和三一的或教會的教義不同，對聖靈的討論，不會獨立進行。聖靈論的主題，往往整合進拯救的教義（拯救論〔soteriology〕）中。聖靈論有時也與教會的教義有連繫。考慮到在古代的信經已經將聖靈和教會連繫起來，這種安排似乎是自然的。在信經中，教會在緊接著聖靈的句子中被提出。[30] 根據希坡律陀（Hippolytus）的《使徒傳承》（*Traditio apostolica*），第三個水禮問題是：「你相信教會中的聖靈嗎？」

> 從〔尼西亞—君士坦丁堡（Nicene-Constantinopolitan）〕信經本身，我們應該清楚看到，教會論本身只能夠在與聖靈論的連繫中，並作為聖靈論在邏輯上的必然結果來理解。在聖靈以外，教會是不能被掌握的；教會也只能

---

28 Konrad Raiser, "The Holy Spirit in Modern Ecumenical Thought," *The Ecumenical Review* 41, no. 3 (1989): 375.

29 Hilberath, "Pneumatologie," 449～450.

30 Miguel M. Garijo-Guembe, *Communion of the Saints: Foundation, Nature, and Structure of the Church*, trans. Patrick Madigan (Collegeville, Minn.: Liturgical Press, 1994), 2 指出，例如在〈君士坦丁堡信經〉（Creed of Constantinople）和（西方的）〈使徒信經〉（Apostles' Creed）中。

> 夠作為聖靈的工作來被掌握。只有在五旬節之後，也就是透過復活的那一位差派聖靈之後。[31]

阿奎那（Thomas Aquinas）闡述中世紀的傳統：「『聖潔大公
教會』（the holy catholic church）這個詞應該理解為：我們的
信仰是在那位使教會成聖的聖靈裏面。因此，意思是我相信使 20
教會成聖的聖靈。」[32]

在潘寧博（Wolfhart Pannenberg）的三卷巨著《系統神學》（*Systematic Theology*）中，他那獨特的聖靈論扮演著重要的角色。他在這本書中，將聖靈和神學的每一個重要核心焦點都連繫起來。他對上帝、創造、人類、基督論、拯救論和終末論的處理，都有濃厚的聖靈論基礎。在這個進路中，聖靈絕對不是用來「填補空隙」（gap-filler）的，而是神學架構和討論本身的一部分。

對聖靈的討論更近期的進路中（例如潘寧博的進路），聖靈論和基督論有著明顯相似之處。雖然對基督位格和工作的討論，通常都在系統神學中佔主要地位，但基督論也與其他系統神學的主題有內在的連繫：啟示、上帝、拯救、教會或終末論的教義，如果沒有基督論作為基礎，怎能夠理解？關於聖靈論，我們也可以提出同樣的問題。

31 引自 Garijo-Guembe, *Communion of the Saints*, 1。教父作家里茲的福斯圖斯（Faustus of Riez，死於主後五〇〇年之前）認為，信經最後的那些子句是與聖靈有關的：「信經中任何在『聖靈』這個詞之後的詞，都應該理解為沒有指到介系詞（preposition）『在……裏面』（in），所以說我們相信聖教會、聖徒相通等，是指我們對上帝的訴求。這表示我們相信這些事情由上帝定了次序，它們的存在也源自上帝」（*De Spiritu Sancto* 1.2, Corpus scriptorium ecclesiasticorum latinorum 21:103～104）。

32 Thomas Aquinas, *Summa Theologia* 2.1.1～2.1.9, questions 1～5.

・當代研究聖靈的不同進路・

雖然教會歷史上也有人寫下關於聖靈的獨立著作——我們只需要提到亞他拿修、亞歷山太的區利羅或巴西流等人的經典著作——但從沒有好像過去二十年那樣，出現了那麼多關於聖靈論的研究。可以理解的是，人們採取了幾種不同的進路。

莫特曼的《生命之靈》（*Spirit of Life*）雖然在幾個課題和洞見上有所創新，但還是依從比較傳統的模式。它與神學歷史上怎樣理解聖靈，以及好像三一這樣的傳統課題進行廣泛互動。莫特曼也花了很長篇幅討論好像稱義／成義（justification）和成聖（sanctification）等典型的拯救論問題。不過，他也將自己的討論連繫到現代一些迫切的主題，例如環境、公義及平等。他在追尋「整全的」（holistic）聖靈論，在其中聖靈的教義涵蓋了一些較古老的聖靈論往往遺漏了的範疇，例如人類的身體和大地等。

韋爾克（Michael Welker）的《聖靈上帝》（*God the Spirit*）[33] 對聖靈的教義提出一個特殊的進路。韋爾克與聖經材料——特別是舊約——互動，並嘗試分辨從聖經對聖靈論
21 的討論所浮現出來的模式和重要主題。韋爾克沒有倚賴一般的觀念和哲學式的概括——雖然他接受了哲學和神學的學術訓練——而是聆聽正典中「具體」、「真實」的聲音；他也沒有將它們協調起來，而是自由地容許聖經自己所見證的多元性（plurality）存在。在一定程度的意義上，我們可以將韋爾克的研究，稱為聖靈的「聖經神學」（biblical theology）。

33 Michael Welker, *God the Spirit*, trans. John F. Hoffmeyer (Minneapolis: Fortress Press, 1994).

這時代其中一個主要的福音派神學家潘嘉樂（Clark Pinnock），在《靈風愛火》（*Flame of Love*）——副題為「聖靈的神學」（"A Theology of the Holy Spirit"）[34]——這本書中，努力從聖靈論的角度建構全面的系統神學。他討論啟示、三一、創造、基督論、教會和宗教的神學，並將它們與聖靈論的基礎連繫起來。結果是神學、靈性和關於聖靈的洞見令人興奮地混合起來。

以上這三個研究，是除了以特定的學科——例如聖經研究或歷史研究——為進路處理這個課題以外，代表著當今研究聖靈的主要進路的。而且，還有好些對聖靈的專門研究也正在迅速發展。

孔布林（Joseph Comblin）的《聖靈與解放》（*The Holy Spirit and Liberation*）[35] 以拉丁美洲的解放神學（liberation theologies）為出發點，嘗試從解放、自由和羣體發展的角度辨別聖靈的工作。

屬於羅馬天主教傳統的女性主義者伊麗莎白・約翰遜（Elizabeth Johnson），在她的著作《她的所是：女性主義神學論述中上帝的奧祕》（*She Who Is: The Mystery of God in Feminist Theological Discourse*）[36] 中，嘗試在普遍的上帝教義和特殊的聖靈教義中發掘獨特的女性視角。

雷諾茲（Blair Reynolds）寫了他的研究《邁向進程聖靈論》（*Toward a Process Pneumatology*）[37]，作為與進程哲學和

34 Clark Pinnock, *Flame of Love: A Theology of the Holy Spirit* (Downers Grove, Ill.: InterVarsity Press, 1996).

35 Joseph Comblin, *The Holy Spirit and Liberation* (Maryknoll, N.Y.: Orbis, 1989).

36 Elizabeth Johnson, *She Who Is: The Mystery of God in Feminist Theological Discourse* (New York: Crossroad, 1992).

37 Blair Reynolds, *Toward a Process Pneumatology* (London: Associated University

神學的批判性互動。他那富創意的著作，探討進程進路與一些邊緣性的基督教靈性——特別是那些從密契主義的泉源中汲取養分的基督教靈性——的潛在共通性。

以政治為取向的神學家，例如米勒－法倫霍爾茨（Geiko Mueller-Fahrenholz）在題為《上帝的靈：轉化危機中的世界》（*God's Spirit: Transforming a World in Crisis*）[38] 和沃爾夫（Miroslav Volf）在《在聖靈裏的工作》（*Work in the Spirit*）[39] 中，將聖靈論的討論連繫到政治的現實和工作。沃爾夫的著作
22 的一個特點，是它也與馬克思主義式的（Marxist）工作觀和社會觀理解互動。

基督教神學和聖靈論研究的一個新進路是與環境有關的。一個具有洞見的「綠色」或生態聖靈論（ecological pneumatology）的例子，是華萊士（Mark Wallace）的《聖靈的碎片：自然、暴力和創造的更新》（*Fragments of the Spirit: Nature, Violence, and the Renewal of Creation*）。[40] 華萊士小心地留意到基督教神學中的聖經和歷史資源，並以對創造、生態和環境問題那全面發展的聖靈論進路，去面對環境問題的挑戰。

考察了在現時的神學中關於聖靈論的地位和角色的神學景觀後，下一個任務，是探討聖經關於聖靈的教義和靈性所具有的不同視角。

Presses, 1990).

38 Geiko Mueller-Fahrenholz, *God's Spirit: Transforming a World in Crisis* (New York: Continuum, 1995).

39 副題是 *Toward a Theology of Work* (New York/Oxford: Oxford University Press, 1991)。

40 Mark Wallace, *Fragments of the Spirit: Nature, Violence, and the Renewal of Creation* (New York: Continuum, 1996).

2

聖靈的聖經視角

Biblical Perspectives on the Spirit

·聖經中聖靈的形象·

聖經沒有系統性地描述聖靈的工作，就好像它沒有系統性地描述任何其他主題一樣。它透過象徵和故事教導關於聖靈的事情，強調的是聖靈的工作，換句話說，即強調靈性。如果我們考慮聖經的性質是見證全能上帝的工作，這便不足為怪。從這個意義來看，我們或許可以將聖經的聖靈論描述為一種「活出的」（lived）聖靈論，而不是圖式化（schematized）的教義。要公平對待聖經的論述，我們需要先看聖經用來描述聖靈和祂的工作的不同象徵和詞語。聖經中有關聖靈的象徵來自物質、動物和位格化（personal）的世界。[1]

1 這一章節的主要來源是 George T. Montague, "The Fire in the Word: The Holy Spirit in Scripture," in *Advent of the Spirit: Orientations in Pneumatology*, Conference Papers from a Symposium at Marquette University, 17～19 April 1988 (unpublished)。

生命—氣息（life-breath）。創世記二章 7 節提出了關於聖
靈其中一個最早的聖經觀念：耶和華將氣吹入人的鼻孔，那人
便成了活人（living being）。雖然這段經文使用了希伯來詞語
neshamah，但更常見的希伯來詞語 *ruach*（其意思是「氣息」、
24 「風」或「靈」）也會以「生命—氣息」的意思來使用（例
如：創六 17；結三十七 5）。上帝在創造時把生命氣息吹進人
類這行動，是約翰福音二十章 22 節的重要預兆，在那裏耶穌吹
氣給門徒，並說：「你們受聖靈！」

在舊約，所有受造物的氣息都屬於上帝，祂可以按自己的喜好收回（詩一〇四 29～30）。因此，聖靈可以代表生命本身，作為上帝的恩賜。上帝是人類（和動物）生命的來源。在舊約，上帝把生命—氣息與動物界分享（詩一〇四 29），但只有關於人類的受造，才說上帝將氣息吹進他的鼻孔。而且，人類為動物命名的責任，顯示人類被賦予管理動物的力量。

風（wind）。和氣息這個觀念緊密相連的是風（創八 1；民十一 31；賽二十七 8；等等）。*Ruach* 這個詞的雙重意思，是很明顯的，例如在出埃及記十五章 8 和 10 節：「你發怒氣〔*ruach*〕，水便聚起成堆……你的風〔*ruach*〕一吹，海就把他們淹沒」（蒙塔古〔Montague〕的翻譯；編按：經文按原書直譯）。約翰福音三章明確地將風的形象和上帝的靈連繫起來，提到風的奧祕性質和聖靈在信徒新生中的角色。

火（fire）。這個對聖靈的描述不如生命—氣息和風那樣常見。不過，以賽亞書四章 4 節提到一個時間：「主以公義的靈和焚燒的靈，將錫安女子的污穢洗去」，以及三十三章 11 節則說：「我的靈要好像火一樣吞滅你」（蒙塔古的翻譯；編按：經文

詳細的研究是 George Montague, *The Holy Spirit: Growth of a Biblical Tradition* (Peabody, Mass.: Hendrickson, 1994)。

按原書直譯）。毫無疑問，這段經文和類似的經文，是施洗／浸約翰傳講以聖靈和火施洗／浸的背景（太三 11～12；路三 16～17）。根據約翰遜（Luke Johnson），路加在十二章 49 節的話：「我來要把火丟在地上」，是故意含糊的，這句話包含兩個意思：（1）人子將來的審判；和（2）聖靈的終末論式恩賜（徒二 3）。[2]

水（water）。以賽亞書有兩段經文以上帝的靈「傾出」（poured out）來預告將來的拯救。即將來臨的破壞會維持，「等到聖靈從上澆灌我們」（賽三十二 15）。當時，上帝說：「因為我要將水澆灌口渴的人，將河澆灌乾旱之地。我要將我的靈澆灌你的後裔，將我的福澆灌你的子孫。」（賽四十四 3）舊約這個用法為約翰福音以水象徵聖靈提供背景（約四 10，七 38～39）。水的象徵，在啟示錄那賜生命水的蒙福之河由上帝和羔羊的寶座流出的視象（vision）中（啟二十二 1～2），達到了高峯。

雲（cloud）。在舊約，雲往往顯示上帝的同在和榮耀，
正如摩西在西乃山（出二十四 15～18）、在會幕（出三十三 25
9～10）、在曠野（出四十 36～38）和所羅門獻聖殿（王上八 10～12）時那樣。雖然在舊約中，雲的確沒有明確地與聖靈連繫起來，但如果上帝的同在只有透過遍在（all-present）的聖靈才成為可能，那麼這個象徵便可以合法地連繫到聖靈。有些註釋者提醒我們，路加福音開頭有一個平行的用法：聖靈「臨到」（over-shadows）馬利亞，好像雲遮蓋會幕一樣。《七十士譯本》（Septuagint, LXX）在出埃及記四十章 35 節使用的希臘詞語（*episkiazō*）和路加福音一章 35 節使用的是同一個詞。

鴿子（dove）。值得留意的是，耶穌在約但河受洗／浸是四卷福音書都記載的其中一件事情。在那些敘述中，聖靈以鴿

2　Luke Johnson, *Gospel of Luke* (Collegeville, Minn.: Liturgical Press, 1991), 209.

子的形式降在耶穌身上。天主教聖靈學家麥克唐奈提出，約但河上的鴿子給耶穌的洗／浸禮一個真正的宇宙性意義：正如鴿子將新創造的消息帶到方舟，聖靈宣告世界會以耶穌的受洗／浸開始重新被造。[3]

保惠師（Paraclete）。這是第一個和惟一的位格化形象；它指向位格性（personality），但並不要求聖靈是獨立的位格（*hypostasis*，一個用來指三一中那三個獨特的位格的希臘詞語）。如果聖靈是第二位保惠師——「另一位保惠師（Counselor）」（約十四 16）——耶穌基督明顯是第一位，正如約翰壹書二章 1 節所說（「我們有一位中保」= *paraklētos*）。

・舊約中的聖靈・

在《七十士譯本》中，希臘詞語 *pneuma* 幾乎總是等同希伯來詞語的 *ruach*。[4] 在出現了三百七十七次的 *ruach* 中，有二百六十四次翻譯為 *pneuma*（第二個最常見的翻譯是 *anemos*，意指「風」，共有四十九次）。[5] *Ruach* 背後的觀念是空氣移動這個特別的事實；因此，*ruach* 的基本意思是「吹」（blowing）。在聖經中，舊約的 *ruach* 和新約的 *pneuma* 都同樣具多重意義的含混性，包括「氣息／呼氣」、「空氣」、

3 Kilian McDonnell, *The Baptism of Jesus in the Jordan: The Trinitarian and Cosmic Order of Salvation* (Collegeville, Minn.: Liturgical Press, 1996)；有關概述，參 Kilian McDonnell, "Jesus' Baptism in the Jordan," *TS* 56 (1995): 209～236。

4 這一章節的概述和基本材料取自 E. Kamlah, "Spirit," in *Dictionary of New Testament Theology*, ed. Colin Brown (Grand Rapids: Zondervan, 1978), 3:690～692。

5 Kamlah, "Spirit," 690.

「風」或「靈魂／生命」（soul）。[6]

舊約大約包含一百次「上帝的靈」（創一 2）或「耶和華 26
的靈」（賽十一 2）這個詞組。最富爭議性的經文是創世記一章 2 節。問題是 *ruach elohim* 應該翻譯為「一陣強風吹過水面」（《新美國聖經》〔New American Bible, NAB〕）還是「上帝的靈運行在水面上」（《修訂標準譯本》〔Revised Standard Version, RSV〕）。在某些情況下，*ruach* 直接指「風」；在其他情況，更恰當的翻譯則是「靈」。除了指上帝外，*elohim* 也可以作為形容詞，指「特大」、「巨大」、「強大」、「有力」或「神聖」。因此，就語言學資料來說，有幾個翻譯都是可能的；但神學上的共識是翻譯成好像《修訂標準譯本》（以及大部分和它相似的譯本）那樣。在這段經文中，作者指的是上帝的靈。在其他地方，*ruach elohim* 總是翻譯為「上帝的靈」，為甚麼在這裏不這樣翻譯？而且，為甚麼我們應該視「靈」和「風」為不同的選擇？[7]

一般來說，*ruach* 這個詞有三個主要用法——（1）風或呼一口空氣；（2）生命的原則（the principle of life），換句話說，令人類具生氣的力量；和（3）上帝自己的生命——同時具有物質和屬靈層面。重要的是，要留意它和新約的 *pneuma* 不那麼一樣，*ruach* 並非相對於「身體」或「身體的」（bodily）這樣的概念。用孔加爾的話來說：「它是一個隱微的、具形體性的實體（subtle corporeality substance），而不是非形體性的。舊約的 *ruach* 一氣息，並非不會取上人身（not

6　Friedrich Baumgärtel, "πνεῦμα [*pneuma*]," *TDNT*, 6:360.

7　Wolfhart Pannenberg, *Systematic Theology* (Grand Rapids: Eerdmans, 1994), 2:77～78。也參 Gordon J. Wenham, *Genesis 1～15*, Word Biblical Commentary, ed. David A. Hubbard et al. (Waco: Word, 1987), 1:16～17。

disincarnate），而是那賦予身體生命的。」[8]

當「靈」與「肉體」（flesh）相對，它提醒我們上帝相對於人類——作為純粹地上的實在（earthly reality）的人類——的能力。以賽亞書三十一章 3 節表明這個對比：「埃及人不過是人，並不是上帝；他們的馬不過是血肉，並不是靈。」這和舊約的用法一致，以肉體的無能和作為上帝能力的「靈」作出對比，而這能力是普遍臨在於世界之中的（詩一三九 7）。

上帝作為賜生命的靈是生命和力量的真正來源；在其衍生的意義上，*ruach* 也代表個體（士十五 19）和羣體（民十六 22）的生命力量（life-force）。偶像沒有這種生命力量（耶十 14），但上帝（詩三十三 6）和彌賽亞（賽十一 4）卻有。上帝是惟一賜生命力量（賽四十二 5）和保護它（詩三十一 5）的那一位。

27 舊約聖靈論的特點是，*ruach* 是人和動物都擁有的。它不是人類特有的天賦，而是代表著上帝作為人類和動物的生命之源。在舊約與這個概念相關的，是聖靈的宇宙性功能（cosmic function）那遠超過人類生命的領域。[9]

用以說明它在舊約中多種用法的例子，是 *ruach* 也可以代表上帝（出十五 8；伯四 9：「上帝一出氣」）和人的情感。例如在人裏面，它指焦慮（創四十一 8）和絕望（伯十七 1）。

作為一種靈恩式（charismatic）的能力，*ruach* 可以大大感動人類（士十四 6；撒上十六 13），以及「降在」他身上（裝備他），使他做大能的工作（士六 34 及其後經文）。同一位聖靈也令人類能夠作超自然的事，例如士師拯救以色列（士三 10，六 34），或先知的視象（結三 12，八 3，十一 1）。它甚

8 Yves Congar, *I Believe in the Holy Spirit* (New York: Crossroad Herder, 1997), 1:3.

9 Erik Sjöberg, "πνεῦμα," *TDNT*, 6:386.

至可以代表工藝家的技術（出三十一 3）或任何卓越的能力（但六 3）的來源。聖靈那靈恩式的職事（charismatic ministry）在士師記特別明顯。那裏講述幾位靈恩式的領袖或戰士：

- 俄陀聶：「耶和華的靈降在他身上」（三 10）
- 基甸：「耶和華的靈降在基甸身上」（六 34）
- 耶弗他：「耶和華的靈降在耶弗他身上」（十一 29）
- 參孫：「耶和華的靈才感動他」（十三 25，也參十四 6、19）

在先知書中，彌賽亞的形象及其被聖靈膏立，佔據了主要的角色。以賽亞書把彌賽亞介紹為由聖靈膏立和給予力量的（十一 1～8）。彌賽亞的宣教工作（包括拯救外邦人），都會透過聖靈實現（四十二 1～4，四十九 1～6）。上帝的靈那彌賽亞式的澆灌，會帶來審判及和平（三十五 15～20）。上帝賜下新靈來醫治和挽回祂的百姓（結十一 19 及其後經文，十八 31，三十六 36 及其後經文）。舊約往往強調聖靈在建立公正（righteousness）和公義（justice）的角色。[10] 事實上，聖靈的工作根本就是復活，即新的創造（結三十七 1～14）。先知約珥以惹引注目的用語表達這種盼望（珥二 28～32）。智慧文學也多次提到聖靈：智慧可以等同道／邏各斯（Logos）或聖靈（箴八 22～31）。

· 兩約之間的時期 ·

在希臘環境影響下的猶太教，靈（the spirit）是生命的 28

10 進一步，參 Sjöberg, "πνεῦμα," 383。

> 能力，由上帝吹入人裏面，成為其存有（being）獨特的一部分：就術語來說，它沒有和「靈魂」（soul）區別出來，但卻與身體形成對比：身體是屬地的，而靈則源自天上（《所羅門智訓》〔*Wisdom of Solomon*〕十五11）。[11]

對比起來，在巴勒斯坦的猶太教，與舊約的人觀（anthropology；或譯「人性論」）一致，身體從來都不是靈魂的囚室。巴勒斯坦猶太教也強調，靈是單單由上帝創造，因此創造者和受造物之間是有區別的。

在兩約之間的文獻，「上帝的靈」（Spirit of God）、「神聖的靈」（divine spirit）和「聖靈」（holy spirit）這幾個詞，有時指人類那由上帝賜下的靈。在某些情況下，這幾個詞也可以指在地上施行上帝工作的屬靈的實在（spiritual reality，《便西拉智訓》〔*Sirach*〕四十八 12）。跟隨舊約寫作先知的傳統（written prophetic traditions），這文獻也特別強調以賽亞對一位聖靈彌賽亞的應許（《利未遺訓》〔*Testament of Levi*〕十八 7、11）。[12]

・新約的聖靈・

術語

Pneuma 這個詞，和它在舊約的對應 *ruach* 一樣，有「空氣」和「氣息／呼氣」這個基本的意思。[13] 考慮到在古代世

---

11 Kamlah, "Spirit," 692.

12 Kamlah, "Spirit," 693.

13 「新約的聖靈」這一章節的概述和基本材料來自 James D. G. Dunn, "Spirit," in *Dictionary of New Testament Theology*, 3:693～709。

界，呼吸的空氣被視為帶有生命，這個意思就特別重要。新約大概有四十次用 *pneuma* 來指人的靈，那是屬於屬靈領域的範圍內。換句話說，人類的靈，是人（無論男或女）藉此最直接與上帝相遇的一個方面（羅八 16；加六 18；腓四 23；來四 12；等等），亦是人在其中最直接向上帝開放的一個向度（太五 3；路一 47；羅一 9；彼前三 4）。不過，我們應該留意，有幾次並不是完全清楚這個詞究竟是指人的靈還是神聖的聖靈（可十四 38；羅八 15，十一 8；林前四 21；等等）。

新約也提到諸靈（spirits）。這承認上帝的國和邪靈之間是 29
有戰爭這事實，這個視角特別在對觀福音（Synoptic Gospels）中被描述出來（例如：可三 23～27）。由於有好的諸靈和壞的諸靈，教會和個別基督徒都需要能辨別諸靈（林前十二 10，十四 12；林後十一 4）。[14]

對觀福音中的聖靈

Q 傳統把施洗／浸約翰介紹為審判的先知（太三 7～12）。而即將來到的彌賽亞會「用聖靈與火」施洗／浸（*en penumati hagiō kai pyri*）。但約翰的信息不單是關於審判；他也給那些接受悔改的洗／浸的人作出應許。當然，這種洗／浸禮的背景是天啟主義（apocalyptism）：即新時代只會在痛苦——彌賽亞的陣痛——後才開展。因此，「火」和 *pneuma* 可以同時代表審判和潔淨。根據鄧恩（James D. G. Dunn）：

> 因此，約翰在約但河的洗／浸禮……是十分有力的象徵，象徵末時的苦難＝藉聖靈與火施洗／浸＝上帝那火

14 進一步，參 Eduard Schweizer, "πνεῦμα," *TDNT*, 6:396～397。

> 一般的 *pneuma* 好像一條大河流一樣，所有人都必須經過。那些藉著順從約翰的洗／浸禮那象徵的審判而承認自己當受到審判的人，會經驗彌賽亞的災禍，即被審判和燃燒的靈所潔淨（賽四 4）。那些否認他們的罪和不悔改的人，會經歷將要來的那一位藉聖靈與火所施的洗／浸，如同那燒去不結果子的枝子和糠粃的火堆。[15]

耶穌對自己在聖靈裏的使命的理解是不同的；這種不同在祂趕鬼和對靈感（inspiration；或譯「默示」）的意識中變得特別明顯。根據對觀福音，祂在趕鬼方面的成功是不容否認的。「我若靠著上帝的靈趕鬼，這就是上帝的國臨到你們了。」（太十二 28）上帝的國存在，是以聖靈那有效的能力來界定的：末時的能力是透過聖靈工作。而且，耶穌對靈感的意識也確立祂為終末的先知。在那時的猶太教，聖靈主要被視為先知的靈，而且眾所周知，拉比認為，聖靈在瑪拉基的時代已經離
30 開了以色列。現在耶穌宣稱是終末的先知（申十八 15 及其後經文；賽六十一 1 及其後經文）。事實上，耶穌相信以賽亞書六十一章 1 節及其後的經文在祂自己的事奉中實現，正如路加福音四章 18 至 19 節清楚顯示：

> 主的靈在我身上，
> 　　因為他用膏膏我，
> 　　叫我傳福音給貧窮的人；
> 差遣我報告：被擄的得釋放，
> 　　瞎眼的得看見，

15 Dunn, "Spirit," 695.

叫那受壓制的得自由，
　報告上帝悅納人的禧年。

耶穌沒有視自己為審判的先知，而是根據終末的祝福來看自己在聖靈裏的職事：好消息、自由、醫治。顯示這聖靈終末式職事的，是耶穌身為在聖靈裏施洗／浸的人這個角色。[16] 因此，福音書也描述祂是聖靈的分派者（太十 20；可十三 11）。路加特別強調耶穌那靈恩式的職事（路四 1、14，十 21）。[17] 很多註釋者也留意到，路加福音和使徒行傳中聖靈的職事的平行之處。在使徒行傳，路加將教會的誕生和職事（藉著聖靈的能力）與耶穌的出生和職事作比較。教會藉著聖靈的能力服事和醫治人們，正如耶穌一樣。

一般來說，根據福音書，耶穌是全然獨特、滿有聖靈的人（Man of Spirit）。聖靈令祂出生（太一 18～25；路一 35）。祂受洗／浸時被聖靈膏立（太三 16～17；可一 10～11；路三 22；約一 33），[18] 並由聖靈引導到曠野受試探（太四 1；可一 12；路四 1）。他所有事奉都源自聖靈。

使徒行傳和最早期基督徒羣體中的聖靈

或許路加對聖靈職事的描述最特別之處，是他強調聖靈與羣體同在。無論是談及個體或羣體，路加都尋求克服一種概念，即聖靈是跳到人身上，然後又離開的一種能力。[19] 事實

16 比較 Dunn, "Spirit," 697。

17 進一步，參 Roger Stronstadt, *The Charismatic Theology of St. Luke* (Peabody, Mass.: Hendrickson, 1984)。

18 施魏策爾（Eduard Schweizer, "πνεῦμα," *TDNT*, 6:400）在耶穌的洗／浸禮中也看到先知的呼召。

19 Schweizer, "πνεῦμα," 406.

上，聖靈是「教會時代的一個特點」。[20] 每個受洗／浸的人都
31 擁有聖靈這個事實，以及這個事實往往以可見及可感知的方式彰顯，都是路加的故事所強調的。[21] 鄧恩這樣總結聖靈在最早的基督徒羣體中的角色：

> 「聖靈」代表超自然能力，改變信徒，透過信徒工作，指導信徒……這在使徒行傳中最為明顯，在那裏聖靈幾乎是以有形的力量存在，即使本身不可見，那效果也是可見的。[22]

基督教會歷史的初期，明顯看到聖靈轉化的能力（transforming power）。事實上，基督教在五旬節誕生，是聖靈那惹人注目的工作：三千人悔改，靈恩式的元素明顯可見。莫特曼論證說，基督教會從說方言中誕生。[23] 同一位聖靈也給教會能力事奉和施行神蹟。閱讀使徒行傳令人得出一個結論：接受聖靈，往往有可見的標記（參徒四 31，八 15～19，十 44～47，十九 6）。這些標記是那麼重要，以致當沒有它們時，信徒便懷疑聖靈是否同在，正如在撒瑪利亞人中間（八 12 及其後經文）和在以弗所的那羣門徒當中（十九 11 及其後經文）那樣。往往在個體或教會的生命的關鍵時刻，人們都看到聖靈是超凡能力的源頭（九 17，十一 15～18，十五 8，十九 1～7）。

20 Schweizer, "πνεῦμα," 409.

21 Schweizer, "πνεῦμα," 410.

22 Dunn, "Spirit," 698.

23 Jürgen Moltmann, "The Spirit Gives Life: Spirituality and Vitality," in *All Together in One Place: Theological Papers from the Brighton Conference on World Evangelization*, ed. Harold D. Hunter and Peter D. Hocken (Sheffield: Sheffield Academic Press, 1993), 26.

當初期基督徒說預言時，聖靈正發揮作用，正如在耶穌身上一樣。[24] 鄧恩甚至主張「對最初的基督徒來說，聖靈的最大特點，是神聖的能力在藉靈感（inspired）所說的話語中彰顯自己」（參徒一 16，三 18，四 25，二十八 25）。[25] 這證據實現了摩西的渴望，就是耶和華的所有百姓都是先知，以及耶和華會將自己的靈賜給他們（民十一 29）。而且，對最初的基督徒來說，聖靈藉著使他們能夠有效教導和見證（五 32，六 10，十八 25），給他們膽量說話，甚至在危機中給他們靈感（徒四 8、13、29～31，十三 9）。[26]

聖靈在初期教會的使命中幫助教會的另一個方法，是給羣 32
體的領袖特別的權柄（徒四 31，五 1～10，六 10，八 9～13，十三 9～11）。聖靈也不斷指引宣教士到新的地區（八 29、39，十 19，十一 12，十三 2、4，十六 6～7，十九 21）。在這種引導中，出神的視象（ecstatic visions）明顯也扮演重要的角色（九 10，十 3、7、10～16，十六 9～10，二十二 17～18）。[27]

保羅書信中的聖靈

保羅的聖靈論是以基督論為基礎的：聖靈是基督的靈（羅

24 進一步，參 Schweizer, "πνεῦμα," 398。

25 Dunn, "Spirit," 699。進一步，參 Max Turner, *Power from on High: The Spirit of Prophecy in Luke-Acts* (Sheffield: Sheffield Academic Press, 1996)。

26 當然，期望上帝所有百姓都扮演「先知」，與特別存在一羣被稱為先知的人，兩者並沒有衝突，這在使徒行傳是明顯的（十一 27 及其後經文，十三 1，十五 32，二十 23，二十一 4、9～11，也參六 3、5，七 55，十一 24）。關於在路加福音—使徒行傳（Luke-Acts）中每個基督徒的先知身分，參 Roger Stronstadt, "Affirming Diversity: God's People as a Community of Prophets," *Pneuma* 17, no. 2 (1995): 145～157。

27 關於在使徒行傳中，聖靈在宣教方面的角色，進一步參 John M. Penney, *The Missionary Emphasis of Lukan Pneumatology* (Sheffield: Sheffield Academic Press, 1997)。

八 9；加四 6；腓一 19）。[28] 因此，只有透過聖靈，信徒才能夠承認「耶穌是主」（林前十二 1～3）。聖靈令我們有可能認識和承認基督。耶穌的「阿爸父禱告」（Abba prayer），源自信徒裏面、使我們得著兒子身分的聖靈（羅八 15）。「在基督裏」和「在聖靈裏」幾乎是同義詞；[29] 因此，信徒不能在基督以外經歷聖靈（林前十二 3）。保羅甚至說基督成為「叫人活的靈」（林前十五 45）。

近年新約學術的其中一個標準，就是路加和保羅對聖靈論的進路有基本的分別。雖然兩人都認識聖靈的職事是靈恩式的，但肯定的是，對保羅來說，另一個主要方面是聖靈的拯救論向度。路加沒有提到聖靈與拯救的關係。不過，對保羅來說，屬於基督的人的基本標記是聖靈的恩賜，這恩賜令人成為基督徒（羅八 9），分享兒子的身分（八 14～16；加四 6）。無論對「藉（with）聖靈／在聖靈裏（in）受洗／浸」這句困難的話有甚麼爭議，我們都可以穩妥地說，對保羅來說，「藉聖靈／在聖靈裏受洗／浸」是成為基督的肢體的途徑（林前十二 13）。新約和舊約的分別，是在新約中透過接受聖靈，可以即時與主接觸（林後三 3，十三 14；比較耶三十一 33）。在這方面，「接受聖靈」是稱義／成義的另一種說法（林前六 11；加三 14），也差不多是恩典（grace）的同義詞（羅三 24；林前十五 10；加一 15）。

除了保羅關於聖靈的教導的拯救論面向之外，對保羅同樣重要的是靈恩式的元素——靈恩式的說話和行動（林前一 4～

28 我們現在幸有費埃的權威著作 Gorden Fee, *God's Empowering Presence: The Holy Spirit in the Letters of Paul* (Peabody, Mass.: Hendrickson, 1994)。它提供保羅著作（包括教牧書信）中所有相關經文的詳細註釋和詳盡的神學總結。

29 有關詳細的討論，參 Congar, *I Believe in the Holy Spirit*, 1:37～38。

7；加三 5）。對於在哥林多這靈恩式的教會，保羅就正確使用 33
恩賜（*charismata*）[30]，提供了頗為詳細的教導和糾正。聖靈的另一個角色，是在面對痛苦時讓人經歷光照和神聖啟示（林前二 10～12；林後三 14～17；帖前一 6）。

對路加來說，聖靈的位格有終末論的一面；對保羅來說，這方面則更明顯：新世代的聖靈已經介入舊世代。保羅也稱聖靈為憑據（*arrabōn*），即將來榮耀的訂金（down payment；林後一 22，五 5；弗一 13～14）、信徒在上帝的國中承受基業的首期（羅八 15～17，十四 17；林前六 9～11，十五 42～50；加四 6～7）。

除了靈恩式的、先知式的和終末式的向度外，我們也可以期望藉著聖靈帶來道德的轉化（林前六 9～11）。聖靈的任務是棄絕肉體。[31] 雖然新的已經來到，舊的已經過去，但「靈」和「肉體」之間仍然不斷搏鬥，甚至爭戰（羅八 1 及其後經文；加五 16 及其後經文）；因此，所有信徒有責任在聖靈的能力中生活，「靠聖靈行事」，由聖靈引導（羅八 4～6、14；加五 16、18、25）。只要有進步，聖靈的果子都將會明顯可見（加五 18 及其後經文）。

保羅和路加都強調聖靈職事那羣體性的一面。保羅提到聖靈是分享的靈、相通（*koinōnia*）的靈（林前十二 13；林後十三 14；弗四 3；腓一 27，二 1）。因此，恩賜的目的是建立羣體（羅十二 4～8；林前十二 14～26；弗四 11～16）。[32] 聖靈另一個相關的角色，是在禱告中打開通往上帝的路，而這往

30 進一步，參 Fee, *God's Empowering Presence*, 886～895。

31 Schweizer, "πνεῦμα," 428～429.

32 進一步，參 Ralph P. Martin, *The Spirit and the Congregation: Studies in 1 Corinthians 12～15* (Grand Rapids: Eerdmans, 1984)。

往使一個人向鄰舍開放。[33] 對保羅來說，恩賜（charisms）在羣體生活和個別信徒的生活中都扮演重要的角色。恩賜可以是引人注目、被聖靈靈感（Spirit-inspired）所說的話或行動（林前十二 8～11），或者一些更常規性的事奉（羅十二 6～8；林前十二 28；弗四 11）。不過，保羅喜歡的恩賜是先知講道，因為它建立基督的身體（羅十二 6～8；林前十四 1～5、13～19）。保羅尋求在不限制聖靈恩賜的運用（帖前五 19～20）和不過分強調或濫用恩賜（羅十二 3；林前二 12～14；帖前五 19～22）之間，取得平衡。

保羅著作中其中一個最獨特的詞語是 *pneumatikos*。它用
34 作（1）形容詞指「屬靈的」（spiritual）；[34]（2）陽性名詞指「屬靈的人」；[35] 和（3）中性名詞指「屬靈的事物」。[36] 在保羅的書信中，這個詞的意思有時明顯是含糊的，例如在哥林多前書十二章 1 節。

費埃（Gordon Fee）這樣總結保羅的聖靈神學：[37]

1. 聖靈在保羅的基督徒經驗和他對福音的理解中，扮演絕對重要的角色。
2. 在聖靈的主要任務中，很重要的是那徹底的終末式框架，保羅

---

33 進一步，參 Schweizer, “πνεῦμα,” 430～431。

34 例如：屬靈恩賜（羅一 11）；屬靈的律（衍生自聖靈；羅七 14）；屬靈（復活）的身體（林前十五 44、46）；屬靈祝福（衍生自聖靈；弗一 3）；屬靈的悟性（西一 9）；和靈歌（弗五 19）。

35 正如在哥林多前書二章 13、15 節，三章 1 節，十四章 37 節和加拉太書六章 1 節中，相對於不屬靈的人。

36 羅馬書十五章 27 節，哥林多前書九章 11 節：「聖靈的事物」；哥林多前書十二章 1，十四章 1 節（很可能也包括二章 13 節）的 *pneumatika* 指屬靈恩賜，大致等同 *charismata*（恩賜）。

37 Fee, *God's Empowering Presence*, 896～899.

以此來經驗和理解聖靈。

3. 對保羅的視角同樣重要的是，來臨中的聖靈在個人和羣體的生命中那動態地被經驗到的性質。
4. 終末式聖靈的來臨，表示上帝自己位格性的同在再臨，住在上帝的子民裏面及之間。
5. 三一論的前設，絕對是保羅聖靈神學的基礎。
6. 保羅三一論式的聖靈論是他「神學事業的核心」，也就是基督拯救的基礎。
7. 聖經是整個基督徒生命由始至終必不可少的部分。
8. 最後，聖靈是所有真正基督徒靈性的關鍵，包括在聖靈裏禱告。

約翰福音和約翰書信中的聖靈

約翰很大程度上取材舊約的形象，即聖靈是水和氣息等賜生命的能力，這在重生（約三 5～8）、生命之泉（約四 14，六 63，七 38～39）和接受聖靈作為新生命（約二十 22；比較創二 7；結三十七 9）這些比喻中可以看到。他也很喜歡舊約另一個關於聖靈的比喻，就是膏立（約壹二 20、27；譯按：《和合本》作「恩膏」）。

和保羅一樣，約翰也對基督和聖靈之間那固有的關係很感興趣，但他以不同的方式描述這種關係。雖然約翰提出高階基督論（high Christology），表示他視耶穌為神聖者，並與上帝平等，但他也對耶穌在約但河被聖靈膏立一事給予支持（約一 32）。耶穌「沒有限量」地獲賜予聖靈（三 34）。約翰也將耶穌那藉聖靈賜下的恩賜，更緊密地連繫到耶穌的死（約六 35
53、62～63）。天主教註釋者特別從那句來自十字架的含糊的話——「〔耶穌〕將靈魂交付上帝了」（約十九 30）——看到那是指神聖的聖靈（divine Spirit）。[38]

約翰的聖靈論其中一個最獨特的地方，是把聖靈介紹為「另一位保惠師」（約十四 16），這明顯暗示耶穌是第一位保惠師（約壹二 1）。*Paraklētos*（來自 *para* + *kalein*）的基本意思是「被召在旁邊給予幫助的那一位」，因此是辯護者或辯護律師。[39] 雖然保惠師為門徒辯護，祂的角色也是控方律師，證明世界有罪。不過，我們需要留意，除了法律含義外，*paraklētos* 這個詞也有幾個其他意思，例如「安慰者」、「代求者」和「勸告和鼓勵的那一位」。沒有任何翻譯可以包含約翰的保惠師那被賦予的複雜功用。[40] 如果我們看祂那被賦予的不同角色，包括見證人、啟示者、解釋者和進入真理的引導者，這便很明顯了。[41]

約翰也將終末論連繫到聖靈。當然，按保羅教導，聖靈是將要來臨的事的預嘗，但約翰則較多聚焦於現在對拯救的經驗，那是藉聖靈已經在基督裏臨到的。[42]

其他新約著作

教牧書信。[43] 教牧書信對聖靈作為當下的實在（present reality）的意識是遠遠不及的；聖靈的彰顯變得更形式化和制度化，被連繫到按立聖職和按手（提前四 14；提後一 6）。不

38 Raymond E. Brown, *The Gospel according to John 13～21: A New Translation with Introduction and Commentary*, The Anchor Bible 29A (Garden City, N.Y.: Doubleday, 1970), 931.

39 進一步，參 Schweizer, “πνεῦμα,” 442～444。

40 進一步，參 Brown, *The Gospel according to John 13～21*, 1135～1143，尤參 1136～1137。

41 有關詳細的分析，參 Congar, *I Believe in the Holy Spirit*, 1:54～56。

42 進一步，參 Schweizer, “πνεῦμα,” 437～438。

43 進一步，參 Fee, *God's Empowering Presence*, 755～795。

過，對教牧書信的作者來說，聖靈在對預言的靈感和有關預言的經文中的角色，也是其中一個主題（提後一 7，三 16）。而且，提摩太前書三章 16 節這段重要的基督論經文，提到耶穌是「被聖靈稱義」。提多書三章 5 節將聖靈和重生連繫起來。

希伯來書。作者明顯知道，在早期屬靈恩賜的活力是清晰
可見的。上帝以神蹟和奇事及聖靈的恩賜肯定福音（來二 4）。 36
和教牧書信相同的是，希伯來書也將聖靈與聖經的靈感（三 7，九 8，十 15）及基督論連繫起來，也就是基督透過聖靈奉獻自己（九 14）。

雅各書。雅各幾乎沒有討論聖靈。惟一提到聖靈的地方是四章 5 節，那裏包含一句含糊的話，可以指人的靈是上帝的呼氣（比較創六 3；伯三十三 4），或在歸信中蒙賜下的神聖聖靈（這個解釋源自對新約的普遍理解）。

彼得書信。就像典型的新約一樣，彼得前書一章 11 節提到，聖靈是預言的來源，並啟發宣教和福音的能力（一 12）。另一段經文（四 14）提到，聖靈是人在苦難中蒙福和得力的來源。彼得後書惟一提到聖靈的地方，是將祂連繫到聖經的靈感（一 21）。

猶大書。猶大惟一提到聖靈的地方是 19 至 20 節，其表達的特點好像保羅：信徒就是那些有聖靈的人。

啟示錄。[44] 聖靈在靈感和視象中扮演重要的角色，這與基督教正典最後一卷書的整體主題一致（一 10，四 2，十四 13，十七 3，二十一 10，二十二 17）。對啟示錄的先見（seer）來說，「耶穌的見證」是「預言的靈」（十九 10）。而且啟示錄提到「七靈」（一 4，四 5），或耶穌的眾靈（三 1，五 6），

44　進一步，參 Schweizer, "πνεῦμα," 449～451。

這是天啟文學的典型用語。

聖經對聖靈提供不同的進路和視角。雖然關於聖靈，聖經沒有單一的「教義」，但卻有共同的核心。在舊約，聖靈是生命的原則和來源。新約以此為基礎，強調聖靈在耶穌的生命的角色，以及在耶穌傳給門徒那靈恩式的能力中所扮演的角色。我們現在所轉而討論的豐富的歷史傳統，將顯示以上這些及其他聖經取向，會怎樣被教義性地理解，以及被挪用到靈性方面。

3

聖靈經驗的歷史揭示

The Historical Unfolding
of the Experience of the Spirit

· 追尋對聖靈的教義性理解 ·

> 舊約公開地傳講父，較為隱晦地傳講子，而新約則啟示子和暗示聖靈的神性（diety）。現在聖靈住在我們裏面，更清楚地向我們啟示自己。因為在父的神性仍未得到承認時公開傳講子是不對的，而在子的神性仍未得到承認時迫我們接受聖靈也是不對的。[1]

拿先斯的貴格利——身為加帕多家教父（Cappadocian fathers；是三一和聖靈的神學家）之一——以這樣的方式解釋教會逐步走向更全面地理解聖靈的過程。基督教神學發展的特點是，在不同的時代，神學家和教會領袖會研究不同的問題。基督教傳統的發展始於正確的上帝教義。三一論的教義在最初的幾個

1 Gregory of Nazianzus, *Orationes theologicae*, 31, 5.26.

世紀發展，接著基督論的問題需要得到解決，然後教會才專注於聖靈的教義，而推動這方面發展的問題，就是聖靈的神性（divinity）。

38 「遠在聖靈還不是教義的主題之前，祂已經是羣體經驗中的事實。」[2] 施魏策爾（Eduard Schweizer）這句話——關於聖靈的教義如何在新約被揭示的說話——也適用於這教義在教會歷史中如何被揭示。雖然不同基督教傳統以生動的方式經歷聖靈，但它們卻沒有即時感到需要對聖靈的位格和工作有更具體的觀念。聖靈的教義，漸漸在新舊約的基礎上，隨著教會的生命、事工和禮儀而成長。

關於聖靈論的資料翔實的歷史有很多，[3] 我們在這裏也毋須嘗試提出任何系統性的歷史。這一章的目的，是更仔細地看看在歷史中，教會和基督教神學怎樣挪用聖靈的位格和工作；這一章的目的，也包括研究那些主要的、推動著教會朝向更全面理解聖靈的挑戰。因此，聖靈論的傳統和靈性非常豐富，為了對其致意，我們會討論幾個討論聖靈的不同進路。比方說，奧古斯丁對聖靈的理解，補充了一些中世紀密契主義者對聖靈的活動的經驗。或者黑格爾（G. W. F. Hegel）嘗試哲學地界定

---

2 Eduard Schweizer, "πνεῦμα," *TDNT*, 6:396.

3 有關聖靈論的歷史，參以下近期著作：Yves Congar, *I Believe in the Holy Spirit* (New York: Crossroad Herder, 1997), 1:65～166, 3:19～216；Stanley M. Burgess, *The Holy Spirit: Ancient Christian Traditions* (Peabody, Mass.: Hendrickson, 1984)；Stanley M. Burgess, *The Holy Spirit: Eastern Christian Traditions* (Peabody, Mass.: Hendrickson, 1989)；和 Stanley M. Burgess, *The Holy Spirit: Medieval Roman Catholic and Reformation Traditions* (Peabody, Mass.: Hendrickson, 1997)。關於較舊的著作，參 Howard Watkin-Jones, *The Holy Spirit from Arminius to Wesley* (London: Epworth, 1929)；Howard Watkin-Jones, *The Holy Spirit in the Medieval Church* (London: Epworth, 1922)；和 Charles Williams, *The Descent of the Dove: A Short History of the Holy Spirit in the Church* (Grand Rapids: Eerdmans, 1939)。

〔絕對〕精神（the Spirit）與他整全的世界理論的關係，在與重洗／浸派（Anabaptist；或譯「信洗派」）傳統的熱忱比較之時，前者的方式肯定是獨特的。

在整個歷史中，充滿能力的聖靈運動，都曾挑戰教會大公的傳統教義和信仰實踐。[4] 其中一個這樣的運動是孟他努主義者的運動。他們不單質疑教會對聖靈論的理解，也質疑教會的教會論和對啟示的觀點。我們現在就研究這些對聖靈不同的、互相補充的，某程度上又互相衝突的經驗。

·靈恩式的經驗·

新約神學家鄧恩論證說，從基督教開始，不同的靈恩式的 39
和充滿熱忱的基督教表達形式便出現了，這是和更常見、更傳統的大公教會不同的。這些充滿熱忱的羣體，圖使活潑的靈恩式經驗的火焰繼續燃燒，這些經驗是初期基督教的特點和主要元素。[5] 很可能的情況是，在頭兩個世紀，靈恩式的、「充滿熱忱的」屬靈生命，是教會的規範（norm），而不是僅僅得到容忍的少數派聲音。

孔加爾主張，在開始時，教會視自己是處於聖靈活動的影響之下的，並充滿聖靈的恩賜。他提到的一個例子是羅馬的革利免（Clement of Rome）。他說使徒「充滿聖靈的確據而出

4　**教會大公**（church catholic）這個詞是用來指大公——意思是「普世」（univeral）——教會（catholic church），以區別於羅馬天主教。教會大公也代表主流教會或頭四世紀的一般神學共識。

5　例如：參 James D. G. Dunn, *Unity and Diversity in the New Testament: An Inquiry into the Character of Earliest Christianity* (London: SCM Press; Philadelphia: Trinity Press International, 1991), chap. 9。

發，以宣告天上國度來臨的好消息。」[6] 在一世紀後期，革利免也必須為哥林多教會提供正確使用恩賜（charisms）的指引，表示屬靈恩賜（spiritual gifts）在當時十分活躍。這個假設由殉道者游斯丁（Justin Martyr）於二世紀中期的見證得到確定。游斯丁宣稱預言和靈恩式的恩賜（charismatic gifts）仍然存在；事實上，人們相信恩賜應該伴隨著教會，直到末了。[7] 在最初幾個世紀，預言被視為最重要的恩賜。《十二使徒遺訓》（*The Didache*）給先知的事奉一個重要的地位，並提供準則以決定它們的真確性。[8]

孔加爾認為，教會「階級性」（hierarchical）和「靈恩式的」職事之間，仍然未存在對立。按定義，職事和整個教會本身都被視為靈恩式的。[9] 那些質疑教會的靈恩式性質的人，會被視為分門結黨。主教這個正在冒起的角色，並非視為消滅聖靈的方法，因為主教也是靈恩式的。開展第一個「靈恩式
40 的」運動的孟他努（Montanus），是最早區分聖靈的教會和主教的教會的人，顯示在那時之前，兩者仍然沒有對立。而且，傳統（教義性發展）和恩賜——例如視象和來自聖靈的警告——的發展之間，仍然沒有對立。居普良（Cyprian）說迦太基會議（Council of Carthage，252 年）是「在聖靈的靈感

6 Clement of Rome, *Cor* XIII, 3.

7 Congar, *I Believe in the Holy Spirit*, 1:65。這節很大部分內容是來自 Cognar, *I Believe in the Holy Spirit*, 1:65～72。

8 參 *Didache* 9.8～12 and chap. 13。

9 不過，很快便出現了施魏策爾（Schweizer, "πνεῦμα," 451）所稱的「職事的部分」（the offical strand），這是對職事的一種理解和實踐，在其中，正當地授於職事的人是被上帝的靈保證的，而不是倒過來，即那被上帝透過賜予聖靈而委派的人，得到按立而授以職事。也參 Bernd Jochen Hilberath, "Pneumatologie," in *Handbuch der Dogmatik*, ed. Theodor Schneider et al. (Düsseldorf: Patmos, 1992), 1:491～492。

（inspiration）下，並根據主在很多視象中給予的警告」而作決定的。居普良自己（死於 258 年）宣稱曾得到來自聖靈的各種視象。[10] 愛任紐（Irenaeus，約 130～200 年）這樣描述聖靈：「信仰是從教會接受，並由我們保存；它總是令我們再次年青，而在聖靈的影響下，好像珍貴的瓶子中的昂貴飲料，甚至會更新盛載它的瓶子。」[11]

基督論和聖靈論的進路被視為既互補又有些張力。伊格那丟（Ignatius，約 35～107 年）提出教會的教會性（ecclesiality）——甚麼令教會成為教會——可以由基督的同在來確定：「哪裏有耶穌基督同在，那裏便有普世的教會。」[12] 而根據愛任紐，具決定性的，是上帝的靈同在：「哪裏有上帝的靈同在，那裏便有教會和所有恩典。」[13]

對希坡律陀（Hippolytus，約 170～236 年）來說，聖靈確保使徒的傳統得以保存。他相信聖靈會駁斥異端。我們也可以說，教會有一種傳遞聖靈的傳承。[14] 諾窪天（Novatian）在二五一年寫的一篇描述，就最初幾個世紀教會的靈恩式活力提供了一幅生動的圖畫：

> （那聖靈，祂令門徒——奉主的名——不害怕世界的權勢及其折磨）賜予類似的恩賜，好像珠寶，給基督的新婦——教會。祂令先知在教會出現，指導教會的教師，鼓勵說方言，得到能力和健康，在教會行奇事，使能辨別諸靈，幫助那些管理教會的人，靈感教會的會議，並

10 Congar, *I Believe in the Holy Spirit*, 1:65～66, 68.

11 Irenaeus, *Adversus haereses* 3.11.9.

12 Ignatius, *Smyrn*. 8.2.

13 Irenaeus, *Adversus haereses* 3.24.1.

14 參 Hippolytus, *Apostolic Tradition* 的序言。

分派其他恩典的恩賜。這樣，祂使基督各處的教會在一切事上都完全和完整。[15]

41 對大公教會其中一個最初的主要挑戰，是來自一羣基督徒，他們相信教會靈恩式的動力正在式微，先知的活動不再受到尊重。

・ 孟他努派的挑戰：誰是真正的保惠師？ ・

大公教會可以怎樣辨別聖靈的真正活動？成文的聖經（written Scripture）於辨別真和假的靈，扮演甚麼角色？誰是真的先知？誰是屬靈的人？隨著教會歷史上第一個主要的「靈恩式運動」，也就是孟他努主義的出現，這類問題便來到前台。[16] 如果孟他努派的先知是上帝的喉舌，那麼反對他們在聖靈裏頒佈的神諭，便是相當魯莽的屬靈決定。先知性靈恩式運動通常也觸及聖靈論以外的神學核心焦點，而在這裏，低土馬（Didymus）報告說，孟他努主義者甚至為那些已經受洗／浸的人（重新）施洗／浸。如果他們是異端，他們的洗／浸禮有效嗎？

孟他努運動大約在主後一六〇至一七〇年間在彭塔波利斯（Phrygian Pentapolis）一帶出現，即是現代的土耳其。例

15 Novatian, *De Trin. Lib*. 29.

16 這裏的主要來源是 William Tabbernee, " 'Will the Real Paraclete Please Speak Forth!' : The Catholic-Montanist Conflict over Pneumatology," in *Advent of the Spirit: Orientations in Pneumatology*, Conference Papers from a Symposium at Marquette University, 17～19 April 1998 (unpublished)。關於孟他努主義最近期的英語研究是 Christine Trevett, *Montanism: Gender, Authority, and the New Prophecy* (Cambridge: Cambridge University Press, 1996)。有關簡短的研究，也參 William Tabbernee, "Remnants of the New Prophecy: Literary and Epigraphical Sources of the Montanist Movement," *Studia Patristica* 21 (1989): 193～201。

如希拉坡立（Hierapolis）的基督教會便受到它影響。[17] 對孟他努主義，存著不同甚至是互相矛盾的評價。整體的評價是，它源自虛假的靈，以及持守錯誤的聖靈論。以弗所的亞波羅紐（Apollonius of Ephesus）暗指他們的先知的生活方式邪惡，並且相信他們需要接受驅魔（exorcism）。他也批評他們為「具啟示性的新奇事物」（revelational novelty）和削弱使徒的權威，實際上表示反對主自己。[18]

迦太基教會早期最著名的平信徒神學家特土良（Tertullian，約 160～230 年），則給予它正面得多的評價。根據耶柔米 42
（Jerome，約 347～419/420 年），特土良寫了一本原先包含六卷關於出神（ecstasy）的專著，後來加上第七卷，駁斥亞波羅紐的指控。特土良開始被孟他努主義吸引，但很可能沒有離開大公教會。使得他的情況更有趣的是，雖然他同情孟他努主義，但他在北非仍然是大公神學的權威。可惜《出神》（*De Ecstasi*）這本著作沒有流傳下來。[19]

特土良對「出神」的定義是靈魂有能力「站在自己外面」。正如做夢時身體睡著了，但靈魂仍然活躍，而出神就是人的靈被上帝的靈所覆庇。不過對特土良來說，先知不

17　我們只有很少有效的歷史資料；我們主要是透過其他人而認識孟他努主義者。希拉波立的主教馬爾克路（Avircius Marcellus）徵詢另一位主教——一位孟他努主義專家——的意見，這位專家是反對孟他努主義的。一位現在不知名的作者回應馬爾克路，而我們透過優西比烏（Eusebius）的《教會史》（*Ecclesiastical History*）得知這回應。亞波羅紐（很可能是）另一位大公主教，也寫了很長的專著來反對孟他努主義者。Tabbernee, " 'Will the Real Paraclete Please Speak Forth!' " 2～3。

18　Tabbernee, " 'Will the Real Paraclete Please Speak Forth!' " 3～5.

19　有關特土良和孟他努主義的關係，以及它對他的神學的潛在影響，參 Kilian McDonnell, "Communion Ecclesiology and Baptism in the Spirit: Tertullian and the Early Church," *TS* 49 (1988): 671～693。

是瘋狂或被鬼附的。證明一個做夢的人神智仍然清醒的是回憶夢的能力。[20] 因此，特土良認為，孟他努主義者沒有引入任何新奇的事物：保惠師不是（任何新事物的）「設立者」（institutor），而是（基督的話和教導的）「恢復者」（restitutor）。即使當保惠師啟示一些新事物時，那實際上也不是新的，而是回到基督信息背後的原則。保惠師最終的啟示要延至孟他努主義的時代，是因為教會仍未準備得好。塔貝尼（William Tabbernee）是對的，他強調特土良提倡漸進啟示這個觀點，但只是關乎實踐的事情：信仰準則（*regula fidei*；完整的教義和真理）和訓誡（*disciplina*；關於生活那仍未完整的教導）之間是有分別的。[21]

特土良十分相信聖靈在所有時代都是在教會運行的，而祂是不能自相矛盾的。他也嘗試糾正對孟他努主義者的指控，指他們區分在使徒裏面的聖靈和只在孟他努先知裏面的保惠師（對此我們沒有任何支持或反對的證據）。

那麼，問題仍然是：孟他努主義者是異端嗎？

一位匿名的作者指出，孟他努主義者對三一上帝的觀念和大公教會相同，但他們強調「屬靈恩賜」，致令他們變成獻身於邪靈。他認為，真正的聖靈並不會造成出神，即喪失對個人理智的控制。他也指出孟他努主義者的預言沒有實現；末時
43 沒有好像他們預言那樣來到。還有其他對孟他努主義者的指控。著名的是大巴西流（Basil the Great，約 330～379 年）的批評。他指出孟他努將自己等同保惠師。但對這個指控，我們沒有具說服力的證據，而且指他們為形態的神格唯一論

20 Tabbernee, " 'Will the Real Paraclete Please Speak Forth!' " 6.

21 Tabbernee, " 'Will the Real Paraclete Please Speak Forth!' " 7～8.

（modalistic monarchianism）——將三一（Trintiy）中的三個位格等同——的指控也沒有合法的根據。[22]

塔貝尼的結論是持平的。他首先承認，從歷史來看，很多對孟他努主義者關於聖靈論的指控，都明顯是錯誤的。接著他指出孟他努主義和類似的靈恩式運動，對教會和神學提供的持久貢獻，正是其作出的神學性挑戰：

> 出神時所說的話，是證明聖靈的同在，還是被鬼附的標記？我們可以說聖靈於五旬節的充滿在多大程度上是完成了？有沒有漸進啟示（progressive revelation）這回事，即使是只限制在基督徒實踐而不是教義？在基督教神學某一方面是異端，是否會害及其神學的所有其餘部分？普通的基督徒要好像「屬靈人」那樣生活，需要怎樣？[23]

・東方教父：使人神化的聖靈・

東方教父深被恩典所感動，就是使人神化（deify；或譯「聖化」）而令他們分有神聖生命的恩典。[24] 他們相信透過道成肉身，會朽壞的被改變成不朽的，動情的變成不動情的（impassible）。東方偉大的教師——亞他拿修、女撒的貴格利（Gregory of Nyssa）、拿先斯的貴格利和亞歷山太的區利

22 Tabbernee, " 'Will the Real Paraclete Please Speak Forth!' " 10～11.

23 Tabbernee, " 'Will the Real Paraclete Please Speak Forth!' " 21.

24 有關主要的來源，參 Congar, *I Believe in the Holy Spirit*，尤參 1:73～77 和 3:29～35。有關更詳細的闡釋，參 C. N. Tsirpanlis, *Introduction to Eastern Patristic Thought and Orthodox Theology*, Theology and Life Series 30 (Collegeville, Minn.: Liturgical Press, 1991)；和 Burgess, *The Holy Spirit*。

羅——都強調，藉著道（the Logos）的成為肉身，人類受到聖靈膏抹。根據區利羅：「基督以聖靈那賜生命的能力充滿祂整個身體……不是肉體賜聖靈生命，而是聖靈的能力賜肉體生命。」[25]

在教會歷史頗為早期的時間，東方教父對抗一種嚴重的聖靈論異端，就是馬其頓紐斯（Macedonius，約死於 362 年）的異端和敵聖靈派（Pneumatomachoi；或譯「聖靈受造派」，字義是「聖靈的敵人」）。敵聖靈派相信聖靈是上帝的能力或工
44 具，受造藉以在我們和世界裏面行動。根據他們的理解，聖靈只停留在「經世行動」（economy；指上帝與世界的交往，相對於上帝三一內的關係）的層面。[26] 正如平常一樣，這有威脅性的觀點，亦有助鞏固和完善正統的觀點。與敵聖靈派的搏鬥影響了兩個禮儀上的發展。首先，在四世紀，它有助模塑宣召（*epiclēsis*；編按：基督教教會聖餐禮文中的祝禱），即是祈求聖靈降臨到餅和酒上。第二，五旬節不單可以視為聖靈的筵席，也是父和子的筵席：聖靈「與父和子同得尊崇和同得榮耀。」[27]

東方關於聖靈的主要著作是該撒利亞的巴西流（Basil of Caesarea）的《論聖靈》（*Treatise on the Holy Spirit*, 374～375）。這本書部分是回應那對他新建構的榮耀頌（doxology）的批評，他的榮耀頌是：「榮耀歸於父，和子，和聖靈」（而不是標準的：「榮耀歸於父，透過子，在聖靈裏面」）。他以聖經和傳統來支持新的榮耀頌。不過，巴西流和亞他拿修（Athanasius，約 293～373 年）一樣，對稱聖靈為「上帝」有猶疑，因為這不是聖經的語言。雖然加帕多家教父對較觀念化

25 引自 Congar, *I Believe in the Holy Spirit*, 1:73。

26 Hilberath, "Pneumatologie," 495～496.

27 Congar, *I Believe in the Holy Spirit*, 3:76.

理解聖靈和三一十分感興趣，但他們盼望無論如何也要保存聖經的及「經世的」語言。

即使有這些保留，加帕多家教父也有助於說服教會去接受：聖靈在平等上和尊榮上，都是屬於神聖三一的。對亞他拿修來說，三一式的洗／浸禮公式顯示，聖靈分有與父和子同樣的神性。而且，神化也需要這樣：如果聖靈不是與父及子同質（consubstantial），聖靈便不能令我們效法子，因而也不能拯救我們。對亞他拿修和巴西流來說，聖靈與子的關係，和子與父的關係相似。[28]

巴西流的兄弟女撒的貴格利（Gregory of Nyssa，約330～約 395年）進一步發展聖靈的神性（divinity）的教義。以他兄弟的和亞他拿修的建構為基礎，他主張，根據基督的模樣，基督教的形構（formation, *morphōsis*）及其完全（perfection, *teleiōsis*），乃是使人成聖的聖靈（sancitifying Spirit）的工作；因此聖靈與子和父同質。換句話說，這具有**性質**（nature）的統一、但位格（*hypostases*）之間的區分。不過，在這裏，正如其餘的東方神學一樣，父的**獨一掌權**（monoarchy）總是得到保存。作為說明，貴格利提到光從一盞燈傳到另一盞燈，並透過那盞燈傳到第三盞燈。[29]

另一位貴格利——拿先斯的貴格利（Gregory of Nazianzus， 45
329～389 年），東方的「神學家」——很可能是第一個東方教父敢於稱聖靈為「上帝」。而且，他透過三一更具體地理解聖靈：「沒有開始（beginning）的那一位的名字是父；這個開始的名字是子；而與這個開始一起的那一位的名字是聖靈。」他

28 Congar, *I Believe in the Holy Spirit*, 3:30.

29 Congar, *I Believe in the Holy Spirit*, 3:31～32.

提供例如源頭、溪流和河流，或太陽、光線和光等圖示來令這關係更容易理解。[30]

教會關於聖靈的教義性理解，決定性的第一步是在君士坦丁堡會議（Council of Constantinople）中達到，那會議在三八一年草擬了〈尼西亞－君士坦丁堡信經〉（Nicene-Constantinopolitan Creed）。根據這信經，聖靈既不是「上帝」，也不是和父及子「同質」（consubstantial），而是「主和賜生命者（life-giver），從父而出，是同一崇拜的對象，與父和子有同樣的榮耀。」[31] 在接著一年，同樣的一百五十位主教再次聚集，為教義提供進一步改良，提到「一個實體（substance），非受造的三一，同質和永恆。」[32]

布格斯（Stanley Burgess）這樣總結東方教父對聖靈論的主要取向：[33]

1. 東方對三一的觀點，強調神格（Godhead）裏面的合一，相對於個體性（individuality）；同時又承認三一中位格的相互性質（互滲互存，*perichōrēsis*）。
2. 東方的人觀，不是好像西方那樣以罪疚（guilt）概念（即對拯救的需要，是從罪疚並因此需要得著滿足的角度理解）運作，而是期望更新上帝的形象。
3. 由於神聖的靈是賜生命者，祂主要的拯救論的運作是使人神聖化（divinization, *theōsis*）。
4. 雖然眾東方教父對聖靈經驗的具體性質都有不同的理解，但他

30 Congar, *I Believe in the Holy Spirit*, 3:32～33.

31 Hilberath, "Pneumatologie," 499.

32 Congar, *I Believe in the Holy Spirit*, 1:75.

33 Burgess, *The Holy Spirit*, 1～9.

們總是強調神聖的靈那經驗性的性質。

5. 聖靈論在東方神學和禮儀那麼重要的其中一個原因，是上帝的靈有很多豐富的象徵性辭彙和形象（imagery）。「象徵不單指向對那些隱藏之事物的實在的理解，它們本身裏面也有它們所 46
象徵的事物的真實臨在。」[34]

·奧古斯丁：聖靈作為愛的結連·

在教會的西方一翼，奧古斯丁（Augustine，354～430 年）為聖靈觀立下了基礎。他對聖靈論的空白（pneumatological lacuna）的評論，至今仍然未失去其適切性：

> 學者和屬靈的人寫了很多關於父和子的書……但另一方面，卻沒有那麼多偉大和有學識的聖經註釋者以同樣的細心研究聖靈，讓人容易理解祂的特性，並知道為甚麼我們不能稱祂為子或父，而只能稱祂為聖靈。[35]

奧古斯丁終生都對聖靈感興趣。他在幾本著作中討論這個主題，最全面的是《論三一》（*De Trinitate*, 399～419）。但他意識到這件事困難之處，並與客觀性搏鬥。他沒有嘗試引入任何新奇的事物，而是想闡述教會的共同理解。[36] 奧古斯丁的理解的出發點是，有些屬性是父和子共有而沒有任何對比或區

34 Burgess, *The Holy Spirit*, 4.

35 Augustine, *De fide et symbolo* 9.18～19.

36 這裏的主要來源是 Joseph Ratzinger, "The Holy Spirit as *Communio*: Concerning the Relationship of Pneumatology and Spirituality in Augustine," *Comm* 25 (1998): 324～329。也參 Marc Quellet, "The Spirit in the Life of the Trinity," *Comm* 25 (1998): 199～213；和 Congar, *I Believe in the Holy Spirit*, 3:80～95。

別的。主要的聖經經文是約翰福音十六章 13 節。對他來說，這節經文啟示一個基礎性真理：父只是子的父，而子只是父的子，但聖靈卻是父和子的聖靈！[37] 因此，雖然聖靈是頗為獨特的，但祂也是兩者所共有的；祂是祂們共同分享的聖潔和祂們的愛。[38]

給聖靈的傳統名稱顯示出祂獨一無二的性質。對奧古斯丁來說，以下三者最能指示聖靈（the Spirit）的性質：「聖靈」（Holy Spirit）、「愛」（Love）和「恩賜」（Gift；編按：或譯「禮物」）。關於「聖靈」這個名稱，奧古斯丁發現一個困
47 難：這個名稱沒有反映祂的獨一無二（uniqueness），因為父和子也可以以這名稱來稱呼。[39] 但這對聖靈是誰提供了重要的提示。那特殊性（particularity）是聖靈分有父和子共有的東西；換句話說，聖靈是祂們之間的相通（*communio*）。聖靈作為相通的觀念，也與教會論有關。聖靈是基督徒與上帝和基督徒之間的相通。用拉青格（Joseph Ratzinger）的話來說：「聖靈是作為合一的位格，作為位格的合一（person as unity, unity as person）。」[40]

「愛」是聖經另一個用於聖靈的詞。於此，主要的經文是約翰壹書四章 16 節：「上帝就是愛。」它可用於不分割的神性（undivided divinity）和特別可用於聖靈。後者的證明，可以在約翰壹書四章 7 至 16 節找到。這裏奧古斯丁得出一個巧妙的結論：

37 奧古斯丁也暗示幾段談論聖靈作為父的靈的經文（太十 20；羅八 11），以及其他談論聖靈是子的靈的經文（羅八 9；加四 6）。

38 Congar, *I Believe in the Holy Spirit*, 1:78.

39 約翰福音四章 24 節說明「上帝是靈」，以及上帝作為靈和聖潔，可以容許我們稱祂為聖靈。

40 Ratzinger, “The Holy Spirit as *Communio*,” 327.

- 12 節　我們若彼此相愛，上帝就住在我們裏面。
- 16 節下　上帝就是愛；住在愛裏面的，上帝也住在他裏面。
- 13 節　上帝將他的靈賜給我們，從此就知道我們是住在他裏面，他也住在我們裏面。

在頭兩個情況下，愛帶來上帝的內住；在第三個情況下則帶來聖靈。奧古斯丁也提到羅馬書五章 5 節，那裏提到上帝透過聖靈將祂的愛澆傾在我們心裏，而約翰壹書四章 7、12、13 和 16 節提到「愛是從上帝來的」和「愛就是上帝」；因此，愛是「從上帝來的上帝」，或聖靈（Holy Spirit）。聖靈是愛的恩賜（the Spirit is the gift of love）。[41]

奧古斯丁由此得出一個十分重要的結論：聖靈的主要臨在是愛，而不是知識。那創造內住、恆常性（constancy）和合一的，就是愛。這樣的論證將奧古斯丁引向一個重要的教會論含義。教會是聖靈的殿。每個分歧和衝突都違反聖靈作為合一的靈的本性。奧古斯丁指出，愛作為審判這終末論式的角色，同時存在於耶穌（太二十五）和保羅（林前十三）的教導中。缺乏或擁有愛是最終的準則。這個原則適用於多納徒教派（Donatists）這個被奧古斯丁駁斥的分裂團體：他們擁有正確的禮儀和教義，但卻擁有破碎的愛。沒有愛，一切都是空的。奧古斯丁甚至說教會就是愛！[42]

聖靈第三個基本名稱是「恩賜」。這是基於新約的教導， 48
以約翰福音四章 7 至 14 節為主要的經文。[43] 這裏提到的恩賜（*donum*）——「水」——是約翰福音七章 37 節所應許的（並

41 Ratzinger, "The Holy Spirit as *Communio*," 328～329.

42 Congar, *I Believe in the Holy Spirit*, 1:80.

43 進一步，參 Hilberath, "Pneumatologie," 503～504。

在七章 39 節解釋）。另一段經文是哥林多前書十二章 13 節：「我們……都……飲於一位聖靈。」聖靈這個名稱確立了基督論和聖靈論之間的緊密連繫。基督，就是約翰福音十九章那被釘的基督，是那口流著活水的井。這個名稱也為奧古斯丁解釋了子和聖靈的分別：「祂〔聖靈〕從上帝而來，不是被生出的，而是被給出的（not as born but as given, *non quomodo natus, sed quomodo datus*）。因此，祂不是被稱為兒子，因為祂既不是好像『首生』（first-born）的『生出』，也不是好像我們那樣『受造』（*neque natus... neque factus*）。」[44] 對奧古斯丁來說，這個名稱令「給出」（giving；或譯「給定」）的神學／聖靈論變得可能。聖靈的性質總是上帝的恩賜，上帝作為自我給出（self-giving）的上帝。這裏也有創造的基礎：上帝將自己給予世界。[45] 這聖靈作為恩賜的觀念，後來得到馬丁．路德（Martin Luther）的熱誠擁抱。

在這個討論中，奧古斯丁引進了備受爭議的「和子」：由於聖靈是頭兩個位格的靈（Spirit）和愛，因此聖靈必須被稱為自頭兩個位格發出。首先，聖靈從父而出，因為子的存有是從父衍生的。而子——和父一起——也是聖靈的來源。[46] 根據聖經，這位聖靈既不單是父的靈，也不單是子的靈；祂是兩者的靈。由於這樣，祂能夠教導我們那份父和子共有的愛（charity），而父和子亦藉此彼此相愛。[47]

奧古斯丁的著作有助形塑西方神學，甚至及於中世紀。關於聖靈論，坎特伯雷的安瑟倫（Anselm of Canterbury，

44 Augustine, *De Trinitate* 5.14.15。奧古斯丁區分三種源自上帝的模式：出生、給予和受造（*natus*, *datus*, *factus*）。

45 Ratzinger, "The Holy Spirit as *Communio*," 330～333.

46 Hilberath, "Pneumatologie," 506～511.

47 Augustine, *De Trinitate* 15.17.27.

1033/34～1109年）[48] 和阿奎那（Thomas Aquinas，1224/25～1274年）[49] 都沒有產生甚麼獨特的作品，他們只是將努力集中於更具體地理解奧古斯丁的描述，獨特的和在屬靈上給人煥然一新感覺的，倒是幾位中世紀密契主義者的進路。

·中世紀密契主義者論聖靈經驗·

人們往往宣稱，在跟隨奧古斯丁的腳步中，普遍的西方神 49
學，特別是聖靈論——和相對的東方相反——卻脫離了與創造和拯救那活生生的接觸，變得專注於哲學區分，往往與真實生命和靈性沒有任何關連。天主教的拉庫尼亞（Catherine Mowry LaCugna）的評論具有代表性：

> 即使奧古斯丁完全沒有這個意圖，但他給西方神學的遺產，在很大程度上是一種脫離了拯救的經世行動（the economy of salvation）的三一進路……如果我們閱讀《論三一》時，斷章取義，或者抽離其整體處境來閱讀，且沒有考慮奧古斯丁的整個生平，便可能也經常會看到，神聖眾位格那自足的三一與創造及拯救的領域之間，沒有真正的連繫。[50]

雖然我們不能否認，很多西方神學都有種這片面的取向，但有些資源卻可以幫助我們重拾對聖靈更全面的觀點。中世紀

48 進一步，參 Congar, *I Believe in the Holy Spirit*, 3:96～102。

49 參 Congar, *I Believe in the Holy Spirit*, 1:118～121, 3:116～127。

50 Catherine Mowry LaCugna, *God for Us: The Trinity and Christian Life* (San Francisco: HarperCollins, 1991), 102～103.

密契主義者（mystics）和聖徒那豐富的靈性，「糾正了一個普遍觀念：聖靈的教義脫離了那作為它源頭的，就是那原始的、多義的和活潑的經驗。」[51] 這些「關於聖靈的敘事」，是充滿生命、活力和對聖靈裏的生命的熱忱。這樣，它們有力地透過教會歷史，見證對聖靈那不同和多樣的經驗。以下四位中世紀作者——包括兩位男性和兩位女性——提供了關乎聖靈的靈性的獨特見證。他們是：賓根的赫德嘉（Hildegard of Bingen）、克勒窩的伯爾納（Bernard of Clairvaux）、波拿文土拉（Bonaventure）和錫耶納的凱塞琳（Catherine of Siena）。

賓根的赫德嘉：「聖靈的長青力量」

一九九八年是十二世紀本篤會（Benedictine）修女赫德嘉（1098～1179 年）的九百歲忌辰。這位具有多種才能的女士是一位神學家、草藥家、醫學理論家、作曲家、視象家（visionary）、先知和傳道人。她寫了不少於四百封信和《認識主道》（*Scivias*），這是一部「大全」（Summa）及以三一
50 結構寫成的教義著作。[52] 赫德嘉號召教會回到貧窮和謙卑，並作先知式的批評者。

上帝經常向赫德嘉說話：

---

51 Elizabeth Dreyer, "Resources for a Renewed Life in the Spirit and Pneumatology: Medieval Mystics and Saints," in *Advent of the Spirit*, 2～3。我在這節的闡釋很大程度上是受益於這篇文章的。我也受益於 Elizabeth Dreyer, "Narratives of the Spirit: Recovering a Medieval Resource," in *Catholic Theological Society Proceedings*, ed. E. Dreyer, 51 (1996): 45～90。

52 她另外兩本主要著作是《生之功德書》（*Liber vitae meritorum*；論德行和惡事），以及《上帝的活動》（*De operatione Dei*；論宇宙論、歷史和終末論）。Dreyer, "Narratives of the Spirit," 55。

> 啊，你這個悲慘的大地，身為女士，沒有受過地上教師的所有學識教導，不能以哲學性的理解來閱讀著作，但你受到我的光觸摸，那光在你裏面燃起內在的火，好像燃燒的太陽；將你在密契的視象中看到和聽到的、這些我的奧祕，呼喊、講述和寫出來。所以不要膽怯，就像我要透過你去述說那樣，說出這些你在聖靈裏明白的事情。[53]

在生命最後的階段，她回憶自己在六十一歲時得到的一個神諭：

> 從嬰孩時代你已經透過主的靈被真正的視象所教導，不是身體的，而是靈性的教導。說出你現在看到和聽到的事情……因此，現在根據我而不是你自己，說出來和寫下來。[54]

雖然運用親切的形象和甜美的圖畫，赫德嘉明顯宣稱自己有深刻的屬靈權威。在一封給教宗猶金三世（Pope Eugenius III）的信中，她透過小羽毛這個形象來描述自己的召命，那小羽毛被觸摸，以致奇迹地飛舞，由聖靈的風支持，以致不會跌落。她的朋友和祕書根布盧斯的吉伯特（Guilbert of Gembloux）這樣寫道：

> 使徒不容許女士在教會教導。但這位女士是例外的，因

53 Hildegard of Bingen, *Scivias*, trans. Columba Hart and Jane Bishop (New York/Mahwah, N.J.: Paulist Press, 1990), 2.1.

54 Hildegard of Bingen, *Liber vitae meritorum*, trans. Bruce W. Hozeski (New York: Garland Publishing, 1994), 9～10.

> 為她接受了聖靈，她的心被祂智慧的教導所指導，她透過自己的經驗學懂所寫下來的東西：「耶和華啊，你所管教、用律法所教訓的人是有福的！」（詩九十四12）……但雖然聖靈的恩膏——好像學校女校長一樣——內在地教導她所有事情，並吩咐她……有信心地、公開地將她在祕密中學到的東西提出來，藉以指導她的聽眾，但她仍然留意自己的性別和狀況……是的，她服從聖靈，而不是服從聖靈所差派的那一位。[55]

51 赫德嘉對五旬節事件持續的思考，顯示她喜愛聖靈那奇迹的工作，以及對屬靈感動的工作的敏感。在五旬節，聖靈以火「浴」門徒，給他們能力說方言，令他們宣告上帝的真理，以致「整個世界都被他們的聲音震動」。同一位聖靈也驅走所有恐懼和懦弱。[56]

赫德嘉的思想最獨特的地方是，她將聖靈與「綠色力量」（*viriditas*）——或可稱為「長青」（greening）——這個詞連繫起來。她以自然而不是文化的比喻來想像聖靈的傾出。她結合種植、澆水和長青這些形象來談論聖靈的臨在。赫德嘉將水在農作物上面的流動，與上帝的愛更新大地的表面連繫起來，並擴展到上帝的愛更新信徒的靈魂。[57] 對這個屬靈的密契主義者來說，「綠色力量」是一個主要觀念，以表達和連繫上帝的慷慨、自然的豐饒和聖靈那能給人活力和新鮮的臨在。而且，聖靈的「綠色力量」指向德性的生命——即聖靈恩賜那活潑的果子。赫德嘉精彩地應用這個形象到聖靈在三一中的角色：

---

55 引自 Dreyer, "Resources for a Renewed Life in the Spirit," 12。

56 Hildergard of Bingen, *Scivias* 3.7.7; Dreyer, "Narratives of the Spirit," 72.

57 引自 Dreyer, "Resources for a Renewed Life in the Spirit," 13～14。

> 因此這三個位格是在不能分開的實體的合一之中；但祂們本身不是沒有區分的。怎樣？生產（begets）的那位是父；出生的那位是子；那在所渴望的新鮮中從父和子而出的那位、藉著像純真的鳥兒一樣在眾水之上遊走而把眾水聖化，並以熾熱的溪流在使徒上面流過的那位，是聖靈。[58]

克勒窩的伯爾納：「聖靈作為所愛者之吻」

和赫德嘉同代的克勒窩的伯爾納（1090～1153年），在更新十二世紀熙督會的隱修制度（Cistercian monasticism）中，扮演一個重要的角色。他最著名的作品是包括八十六篇關於雅歌的講章集。在這高度寓意的闡釋中，主題是以戀人間的性形象（sexual images）表達出與基督的聯合（union with Christ）。

伯爾納是注重經驗的神學家。[59] 他往往邀請信徒藉考量自己的經驗，好試驗伯爾納關於屬靈生命所說的話。對伯爾納來說，經驗可產生好些真理。它傳遞對罪性的理解，也教導屬靈的活力和成長——當聖靈見證我們是上帝的孩子時： 52

> 你不需要我任何言語向你說明這點。聖靈自己顯明它（林前二 10）。你不需要在一本書中尋找。看經驗吧。人不知道智慧的價值。它來自隱藏的地方，有一種甜美，是活著的人所知道的甜美不能比擬的。那是主的甜美，除非你嘗過，否則你不會認出它來。他說：「嘗嘗

58 Hildergard of Bingen, *Scivias* 3.7.9; Dreyer, "Narratives of the Spirit," 56.

59 進一步，參 Kilian McDonnell, "Spirit and Experience in Bernard of Clairvaux," *TS* 58 (1997): 3～18。

看看，耶和華多麼甜美」（詩三十三 9；編按：現代的譯本為詩三十四 8，經文按原書直譯）。[60]

伯爾納的著作中沒有獨立地討論聖靈。[61] 在教義上，他跟隨奧古斯丁的腳步，持守傳統的正統立場。聖靈是父和子之間的互愛。不過，伯爾納對三一的刻劃是生動的：聖靈是「父和子那沉著的和平，祂們之間不能動搖的連繫，祂們之間不能分開的愛，祂們之間不能區分的合一……祂們兩者的愛和善意的良善。」[62]

在《論雅歌》（*On the Song of Songs*）中，伯爾納將聖靈與真理——聖靈會嘗試與人溝通的以及祂的聽眾應該嘗試接受的真理——連繫起來：隨著個人在屬靈生命中成長，聖靈透過傳道書、箴言和讚美詩提供養分。這些便是「糧食」。這些經文由聖靈的藝術技巧寫成，它們源自所羅門經驗聖靈的歡躍。[63]

伯爾納對聖靈的刻劃的獨特之處，是以聖靈為「親吻」（kiss）這個角色。這樣，祂有兩個功能：聖靈令啟示的知識變得可能，以及代表三一裏面及上帝與信徒之間那親密之愛。當新娘尋找她的愛人時，她並不信任自己的外在感覺，而是要求親吻。新娘接受聖靈的親吻時，她以愛去理解，並以理解去愛。默觀的途徑帶領人從聖靈的親吻到參與三一的生命，因為

60 Bernard of Clairvaux, *On Conversion* 13.25; Dreyer, "Resources for a Renewed Life in the Spirit," 16.

61 我在富勒神學院的其中一位研究生，他想寫一篇關於伯爾納的聖靈論的學期論文。第一件令他失望的事情是，他在伯爾納關於雅歌的講章中，沒有找到明確討論聖靈的章節，縱使那著作和甚至其他更著重討論教義的著作，都充滿靈性和聖靈的臨在。

62 Bernard of Clairvaux, *On the Song of Songs* 8.2.4.6; Dreyer, "Resources for a Renewed Life in the Spirit," 16.

63 Dreyer, "Resources for a Renewed Life in the Spirit," 17.

聖靈正是父和子之間的親吻。[64]

波拿文士拉：「聖靈作為崇高的上帝」

波拿文士拉對聖靈的討論的背景，是一些中世紀方濟會 53
修士（Franciscans）對費奧尼的約雅斤（Joachim of Fiore，1132～1202年）的聖靈論的強烈興趣。波拿文士拉（約1217～1274 年）既譴責又接受約雅斤對歷史那玄思臆測的進路（speculative approach），這進路以「三一的三個時代」為基礎。父的時代是舊約的時代；子的時代是新約的時代，包括教會；聖靈的時代會在約雅斤的時代開展。它的記號是新宗教運動的興起，帶來教會的改革和更新，以及和平及合一能最終於地上建立。和其他歷史上的天啟論者（apocalyptists）一樣，神學家約雅斤提供具體的日期：每個時代包括四十二代，每代三十年；子的時代會在一二六〇年結束。[65] 這個強烈的終末論看法，可能令波拿文士拉在談論聖靈和約雅斤的終末論時，頗有保留。[66]

波拿文士拉給聖靈的其中一個形象，是以偽丟尼修（Pseudo-Dionysius）以上帝作為自我擴散的美好（self-diffusive goodness, *bonum diffusivum sui*）這個觀念為基礎。[67] 波拿文士拉強調上帝的慷慨，在道成肉身，差派聖靈，無盡

---

64 Dreyer, "Resources for a Renewed Life in the Spirit," 17～18.

65 關於約雅斤的近期研究主要有 Christopher Walsh, *The Calabrian Abbot: Joachim of Fiore in the History of Western Thought* (New York: Macmillan, 1985)。也參 Bernard McGinn, "The Abbot and the Doctors: Scholastic Reactions to the Radical Eschatology of Joachim of Fiore," *Church History* 40 (1971): 30～47。關於波拿文士拉和約雅斤的觀點之間的關係，參 David Burr, "Bonaventure, Olivi and Franciscan Eschatology," *Collectana Franciscana* 53 (1983): 23～40。

66 Dreyer, "Resources for a Renewed Life in the Spirit," 20.

67 令人驚奇的是，這個詞在波拿文士拉的著作中，出現了不少於二百四十次！

的恩賜、德行、果子和祝福中彰顯。上帝的慷慨特別在十字架中表明，這是方濟會為人熟悉的強調。[68] 這位巴尼雷焦（Bagnoreggio）的神學家的獨特之處，是他對上帝的愛那滿溢的完滿的敏銳，這使得聖靈的敘事強調了上帝滿溢的（自我）給出（[self-]giving），這個觀念後來被馬丁·路德及其他人所接受和闡釋。

對波拿文土拉來說，三一的第一位是所有完滿的源頭，所有美好流出的豐饒來源。但他以獨特的方式將上帝那些慷慨的恩賜，連繫到第三個位格，他根據奧古斯丁的傳統，給這個位格「恩賜」（Gift）這個名稱。在五旬節時以火降臨的聖靈，將很多恩賜賜予教會。[69] 在一篇五旬節的講章中，波拿文土拉邀
54 請他方濟會的弟兄「在愛中聚集，在愛中沉思，以及以愛擁抱
五旬節那獨一無二的事件，因為它清楚顯明神聖的奧祕。」[70]

他的聖靈論也有倫理的向度。信徒獲賜予聖靈，幫助他們正確地活出誓言，使羣體合一，以及作出決定。聖靈的其中一個角色是幫助培養謙卑的德性。[71]

和赫德嘉相似，波拿文土拉也運用大自然的形象來描述聖靈在信徒身上的工作。他特別喜歡用水和液態的形象：流動、湧流、冒泡；等等。教會就好像得到澆灌的花園，是不會失敗的，因為聖靈在她的聖禮和肢體中發揮影響力。[72]

---

68 Dreyer, "Narratives of the Spirit," 57～58.

69 Dreyer, "Narratives of the Spirit," 17.

70 引自 Dreyer, "Narratives of the Spirit," 58。

71 Dreyer, "Narratives of the Spirit," 59.

72 Dreyer, "Resources for a Renewed Life in the Spirit," 23。身為努力研究聖經的人，波拿文土拉當然對自己那水的比喻找到很強的聖經證明：創世記二章 10 節；以西結書三十六章 25 節；撒迦利亞書十二章 10 節，十三章 1 節；啟示錄二十二章 1 節；等等。

錫耶納的凱塞琳：「聖靈作為僕人」

跟隨奧古斯丁的教導，凱塞琳的神學明顯是三一論的。[73] 凱塞琳（1347～1380 年）也採納奧古斯丁對聖靈的觀點，視祂為父和子之間的互愛；在引申下去，聖靈也是人和上帝之間的互愛。她其中一個禱告（再次反映了奧古斯丁的影響），描述了凱塞琳的三一論信仰：

> 祢按自己的形象（image）和樣式創造我們，以致我們以一個靈魂中的三種能力，反映祢的三一性和合一性。而在我們反映（image）時，可以找到這種聯合：透過我們的記憶，我們反映並被聯於父……透過我們的理解，我們反映並被聯於子……透過我們的意志，我們反映並被聯於聖靈——就是憐憫是歸給祂的那位，那位父和子之間的愛。[74]

在凱塞琳的整全神學中，整個三一在創造和拯救中一起工作。上帝在說：「因為聖靈並不單獨來到，而是和我——
父——的能力及子的智慧和聖靈祂自己的憐憫一起來到的。因 55
此你看到，祂回來，不是在肉體中，而是在祂的能力中，堅固祂的教導的道路。」[75]

身為充滿活力的詩人，凱塞琳運用異常豐富的形象。其中

73　根據費德的判斷（Marie Walter Flood, "St. Thomas's Thought in the Dialogue of St. Catherine," *Spirituality Today* 32, no. 1 [1980]: 27），三一是凱塞琳的神學的中心。

74　Catherine of Siena, *The Prayers of Catherine of Siena*, ed. Suzanne Noffke (New York: Paulist Press, 1983), #4, 42.

75　Catherine of Siena, *The Dialogue*, ed. Suzanne Naffke (New York: Paulist Press, 1980), #29, 70; #63, 119; Dreyer, "Resources for a Renewed Life in the Spirit," 26.

一個最驚人的形象，提到父是桌子，子是食物，而聖靈則是僕人，為靈魂提供光照和慈愛，以及對教會改革的熱烈渴望。

> 這位侍應將他們那親切和充滿愛的渴望帶給我〔父上帝〕，並將人們勞苦的報酬帶回給他們，那是我給他們享受和滋養的甜密之愛。所以你看到，我是他們的桌子，我兒子是他們的食物，而聖靈從父和子而出的那位，則侍候他們。[76]

很明顯，這個獨特的形象，來自她自己年青時作侍女的生命經驗。另一個相關的形象則與聖餐相關，是「聖靈的手……分派這食物，甜密地服事那些喜愛它的人。」[77] 有時她也使用管窖者（cellarer）── 修道院中管理儲存食物和酒的地窖的人── 這個形象來代表聖靈！[78]

‧「左翼」聖靈論：重洗／浸派對聖靈的視象 ‧

聖靈和道

歷史和神學往往主張，重洗／浸派（Anabaptist）和其他宗教改革運動（Reformation）中的「左翼」（left-wing）團體，貶低聖經，並以對聖靈的倚賴作為代替。[79] 這個宣稱雖然有一些不容否認的事實，但這個印象明顯更往往是來自對對手不公

---

76 引自 Dreyer, "Resources for a Renewed Life in the Spirit," 27。

77 Dreyer, "Resources for a Renewed Life in the Spirit," 27.

78 Dreyer, "Resources for a Renewed Life in the Spirit," 27.

79 例如：參 Gary D. Badcock, *Light of Truth and Fire of Love: A Theology of the Holy Spirit* (Grand Rapids: Eerdmans, 1997)。

平的判斷。正如眾所週知，主流改教家，特別是馬丁·路德，都不能容忍這些「造反派」，更不要說聆聽他們獨特的見證。宗教改革運動辯論的諷刺之處，不單在於改教家和天主教反宗教改革運動（Counter-Reformation）的代表之間的僵局，也在 56
於對同樣從宗教改革運動之井中汲取養分的左翼基督徒那不光彩的壓抑。[80]

更正確的說法是，重洗／浸派沒有貶低成文的道，而是對聖靈和道之間的關係有獨特的觀點。雖然他們強調聖靈，但他們也十分服從聖經。聖經是重洗／浸派的至高權威。事實上，他們對教會和與社會有關的事情那往往頗為狹窄、甚至排他的觀點，是源自他們堅持服從聖經，以及對聖經那最按字面解釋的做法的。

重洗／浸派看到聖靈和道之間有一種不可或缺的關係。重洗／浸派相信他們所擁有的上帝的靈是終極權威，祂首先把權威給予聖經那成文的道。他們區分了「外在的」道（單單聆聽和閱讀道）和「內在的」道（道的個人性挪用〔appropriation〕），藉以強調這挪用的重要性。登克（Hans Denck）是早期的一位領袖，他甚至列出互相矛盾的聖經經文，但不是要減低道的權威，而是要顯示為了使這些經文和諧一致，個人需要深探經文的意義。而這只能夠在聖靈的幫助下才能夠發生。[81]

重洗／浸派與信義宗（Lutherans）和改革宗傳統的相同多於分歧。相同之處，包括對聖經權威的看法，堅持詮釋是不受教會權威限制，以及順服的重要。

80 有關路德對宗教狂熱者（Enthusiasts, *Schwärmerei*）的嚴苛判斷，進一步參 Congar, *I Believe in the Holy Spirit*, 1:139～140。

81 Donald K. McKim, *The Bible in Theology and Preaching* (Nashville: Abingdon Press, 1985), 37.

至於分別，最主要的是聖靈論的取向。重洗／浸派強調任何人只要委身於順服，以及擁有聖靈，便能閱讀並理解聖經。而且，他們絕對不是個人主義，而是強調羣體對正確理解啟示的重要性。簡單來說，他們宣稱聖靈是在教會中運作的——雖然他們的反對者對此十分懷疑。這當然比主流的宗教改革運動，更令普通人都可以成為至高的聖經詮釋者。最後，重洗／浸派在面對路德的嚴苛批評時，沒有逃避談論「內在的」道。他們相信上帝的道可以直接來到心中，不需要任何中介（例如
57 預言）。從這個意義來說，道（Word）比聖經這成文的道（the written Word）更廣泛，這觀點，是我們很難視之為與聖經對啟示的觀點有矛盾的。[82]

聖靈和教會

重洗／浸派自由教會（free church）的教會論，被幾個自由教會的傳統挪用和獨特地發展。雖然現在最著名的是浸信會的版本，但左翼宗教改革運動的後裔貴格會（Quakers），在聖靈教會論方面提供了主要的個案研究。[83] 基本的觀念圍繞直接、沒有中介地接觸上帝和拯救。因此，不需要聖禮或形式性的崇拜。在一個重要的意義上，聖靈是真正的崇拜的規程。在很多情況下，都沒有委派人作為崇拜的帶領者，而是讓聖靈成為「司儀」（Master of Ceremonies）。對貴格會和其他人來說，上帝繼續透過歷史說話。每個人都可以與上帝建立個人和直接的關係。

無可否認，貴格會非常強調個人主義，以及對羣體的意義的觀點含糊。令羣體這個範疇含糊的是，一方面，這些基督徒在各方面都是相同的；另一方面，沒有人類的羣體（更沒有任

82 McKim, *The Bible in Theology and Preaching*, 38.

83 進一步，參 Congar, *I Believe in the Holy Spirit*, 1:141～143。

何教會權力階級）被容許作出屬靈決定。

孔加爾對貴格會的聖靈教會論的評價，帶出了一些問題。他主張，對貴格會來說，人類良心的內在之光和聖靈之間只有很少區別。孔加爾也聲稱，貴格會實際上沒有聖靈作為第三位格的神學。[84] 雖然第二句話是準確的，但我們不能將貴格會對聖靈的觀點，確當地標籤為古典自由主義〔神學〕範疇的「內在聖靈論」（immanent pneumatology）。他們和主流改教家一樣，對恩典和自然持鮮明二分（dichotomic）的觀點，並以之相對古典的天主教觀點，後者強調上帝的恩典／聖靈（Spirit）和人的本性／靈（spirit）之間的延續性（continuity）。更準確一點是認為，當左翼改教家是堅持聖靈和靈之間有清楚的分界線的，但重洗／浸派——特別是貴格會——則容許上帝的靈對人的靈可以有更親密和沒有中介的影響。而關於聖靈對羣體的引導，也是一樣。

・黑格爾的哲學聖靈論・

如果我們要指出對當代神學最重大影響的，那便是啟蒙運 58
動（Enlightenment）和其後的自由神學（liberal theology）。雖然神學的議題早已超越古典自由主義〔神學〕（classical liberalism），但這個觀點的迴響，仍然可以在普遍的神學和特殊的聖靈論中感到。為了幫助我們可從不同的視角思考，我們會簡短看看智性巨人黑格爾（G. W. F. Hegel，1770～1831年）。他的「唯心論式」（idealistic）哲學和精神／聖靈論為正在冒起的自由主義〔神學〕立下了基礎，而這也成了自由主義〔神學〕批評的對象。

84 Congar, *I Believe in the Holy Spirit*, 1:142～143.

康德（Immanuel Kant，1724～1804 年）是另一個模塑現代哲學和神學的人，他將自己的批評指向對上帝的廉價形而上學的言說。在《純粹理性批判》（*Critique of Pure Reason*, 1781）中，康德不容許任何有關上帝的合法言說。不過，他在另一個處境中，發現言說上帝是可能的，他界定那個領域為「實踐理性」（practical reason）。在其後的著作《實踐理性批判》（*The Critique of Practical Reason*, 1788）中，康德將形而上學置於倫理和道德的範圍內。當然，他需要將實在（reality）分為兩個領域：事實（factual；編按：這領域是指可以透過感官接受的實在）和倫理。康德選擇將信仰放在道德經驗中。而且，他宣稱我們對「物自身」（things in themselves）沒有知識，只對它們的「現象」（appearance）或對我們產生的影響有知識。上帝之所以相關，在於我們的道德本性是以某些超越的信念為前提，藉以建構道德秩序的：（1）人類的自由；（2）靈魂的不朽（immortality）；以及因此（3）上帝的存在。

對黑格爾來說，否定形而上學從而達致有意義的上帝言說，代價實在是太大。他確信宗教屬於理性的領域。藉著將神學和哲學連繫起來，黑格爾想在宗教中，給玄思臆測的理性（speculative reason）一個重要的角色。他將真理理解為一個過程（process）和辯證（dialectic），從而支持對實在的那種動態的觀點。真理不是靜態的概念，而是理性思維（reasoning）過程本身。而且，身為主要的歷史哲學家，黑格爾引入歷史的範疇作為朝向真理的過程中不可或缺的重要部分。實際上，對黑格爾來說，真理就是歷史（truth is history）。[85]

85 進一步，參 W. H. Walsh, *An Introduction to the Philosophy of History* (London: Hutchinson's University Library, 1951), 137ff。

黑格爾的哲學通常稱為「唯心論式」，這表示他的觀點預設了精神／精神的／〔絕對〕精神（spirit/spiritual/Spirit；作為相對於如唯物主義〔materialism〕）的首要性。事實上，他其中一本主要著作的書名為《精神的哲學》（*The Philosophy of the Spirit*, 1830；原名是 *Philosophie des Geistes*）。黑格爾另一本關於精神／聖靈論的重要著作的名稱，就他的意向給我們提供了進一步的洞見，那本書叫《精神現象學》（*The* 59
Phenomenology of the Spirit, 1807；原名是 *Phänomenologie des Geistes*）。雖然很難界定他使用**現象學**這個含糊的詞是甚麼意思，但他明顯將自己智力的焦點，放在嘗試盡量清楚地掌握〔絕對〕精神的本質之上。[86]

基本的詞語 *Spirit* 在原本的德語（*Geist*）中，比英語的對應詞涵蓋範圍更全面。它既表示「精神」，又表示「思想」（mind）。我們需要留意，至少對年青時的黑格爾來說，「精神」實際上取代「生命」，因此令它成為動態、生動的觀念。[87]黑格爾的精神／聖靈論和哲學——正如我們所提過——也是十分理性主義的。當我們記得「〔絕對〕精神」也代表「思想」時，那理性主義就變得更能夠理解。「對黑格爾來說，實在是〔絕對〕精神：從某意義來說，宇宙是思想的產物，因而是思想能夠理解的。」[88] 無論將〔絕對〕精神理解為「精神」或「思想」，

86 有關近期對黑格爾的哲學性精神／聖靈論的研究，參 Alan Olson, *Hegel and the Spirit: Philosophy as Pneumatology* (Princeton: Princeton University Press, 1992)；和 Steven G. Smith, *The Concept of the Spiritual: An Essay in First Philosophy* (Philadelphia: Temple University Press, 1988)。

87 Hilberath, "Pneumatologie," 523；和 Bernhard Taureck, "Geist/Heiliger Geist/Geistesgaben VII," in *Theologische Realenzyklopädie*, ed. Horst Robert Balz et al. (Berlin/New York: Walter de Gruyter, 1984), 12:250～253。

88 Walsh, *Introduction to the Philosophy of History*, 137.

重要的是要指出它是活躍的主體，是一種活動。事實上，整個世界過程是〔絕對〕精神的活動：「透過那過程，〔絕對〕精神有客觀的形式，完全察覺到其自身。」[89] 自然和歷史中所有過程都形成統一的整體，並且是其背後的精神原則的彰顯。

對黑格爾來說，上帝不是世界超越的創造者，而是一個遍佈一切事物中的〔絕對〕精神。[90] 上帝和世界不是兩個分開的東西，而是彼此相屬。[91] 事實上，甚至上帝身為〔絕對〕精神，都是在「成為」（becoming）的過程中。黑格爾對

> 上帝的看法是，祂存在於所有歷史中，成為上帝現在所
> 是的，透過所有改變和矛盾，實現上帝存有的所有潛
> 力。他視世界為在上帝的發展中的上帝，為在歷史中外
> 60 化上帝自己，並分階段帶領世界前進和向上、走向上帝
> 自己的神聖完滿的上帝。實在本身是上帝的歷史——上
> 帝從上帝自己出去，又回到自己。[92]

這個對上帝的觀念帶領我們到黑格爾那獨特的「三一論」觀念。[93] 藉著從上帝作為〔絕對〕精神這個觀念產生三一論，黑

---

89 Stanley J. Grenz and Roger E. Olsen, *Twentieth-Century Theology: God and the World in a Transitional Age* (Downers Grove, Ill.: InterVarsity Press, 1992), 33.

90 雖然黑格爾很少使用「上帝」這個詞，但很明顯的是，對他來說，「〔絕對〕精神」等同於神性／上帝。進一步，參 Robert C. Solomon, *From Rationalism to Existentialism: The Existentialists and Their Nineteenth-Century Backgrounds* (Lanham, Md.: Littlefield Adams, 1992), 52。

91 黑格爾代表一種泛神論（pantheism），在其中，上帝／上帝的靈和世界／世界的靈之間，不能有清楚的分界線。

92 Clark H. Pinnock, *Tracking the Maze: Finding Our Way Through Modern Theology from an Evangelical Perspective* (Dallas: ICI University Press, 1996), 103.

93 為了這個對黑格爾的精神／聖靈論的簡短介紹，我們不需要，也沒有篇幅深入

格爾給三一教義一個新的含義。[94] 在神格裏面，有三個重要的神聖實在，這接近古典三一論的位格。那本質的存有（Essential Being）—— 純粹、抽象的存有 —— 類似「父」的角色。那明確的自我存在（Explicit Self-Existence），是指抽象的精神（abstract Spirit）透過世界的創造而進入存在（即是「子」）。上帝離開自己，進入那與有別於自己所建立的關係之中。那自我知識（Self-Knowledge），就是進入自我意識的精神／聖靈。所有歷史事件和精神／聖靈的過程的最終目標，是上帝在人類中回到自己。這是在宗教生活中發生，在其中人類認識上帝，就正如上帝認識自己一樣。這是與實在的最終復和。在基督的道成肉身中，上帝與人統一的觀念，在歷史中變得明顯。神性—人性統一的普遍哲學性真理，在特殊的歷史個體中實現。[95]

那是基督教發現這個視象，並最先將它引入世界。根據黑格爾，這令基督教成為最高級的宗教。黑格爾藉著思想子的道成肉身而得到這個結論。雖然道成肉身是一個很多其他宗教都認識的概念，但是基督教將其他宗教當為隱含的東西變得明確。這是怎樣做到的？那是因為無限的精神（上帝）和有限的精神（人類）連在一起。對黑格爾來說，和很多他的前輩不同，這兩者並非徹底地不同或彼此不能相容的。耶穌的道成肉身是那無限的精神的完美彰顯：

黑格爾三一論觀點的困難。有人對黑格爾是否有三一論的理解進行辯論。Jürgen Werbick, "Trinitätslehre," in *Handbuch*, 2:560。

94 黑格爾對潘寧博 —— 這位我們當代其中一位最重要的神學家和聖靈論家 —— 有很強的三一論影響，雖然潘寧博也批評黑格爾幾方面的觀點。進一步，參 Stanley J. Grenz, *Reason for Hope: The Systematic Theology of Wolfhart Pannenberg* (New York/Oxford: Oxford University Press, 1990)，尤參 48～52。

95 進一步，參 Grenz and Olsen, *Twentieth-Century Theology*, 37。

61 > 那理念（Idea）……當它成熟和時機來到時，只能夠附在基督上，只能夠在祂裏面實現自己。〔絕對〕精神的性質在赫拉克勒斯（Hercules）的英勇行為中，仍然是不完滿地實現。不過，基督的歷史屬於羣體，因為它相對於理念是絕對適當的……就是那〔絕對〕精神——那內住的理念——見證了基督的使命，而這是來自那些相信了的人，以及為我們這些擁有已發展的概念的人的驗證。[96]

・古典自由主義〔神學〕的聖靈和靈・

古典自由主義〔神學〕的反對者很少正面評價它的聖靈論。巴特對古典自由主義〔神學〕和它對聖靈的觀點的批評，當然是頗為嚴厲的：

> 談論上帝表示談論人類，無疑是崇高的語調，但……卻是談論人的信心和工作。毫無疑問，人類被放大了，犧牲了上帝——那是相對於人類的至高他者。……在由祂開展的歷史中，並在由祂統治的對話中，這位上帝是自由的同伴——這神聖的上帝處於被化約為敬虔的觀念的危險之中：人類刺激的密契表達和象徵在其精神的高度或深度之間擺動，它的真理只能夠是獨白和它自己所可以掌握的內容。[97]

---

96 引自 Alister McGrath, *The Making of Modern German Christology* (Oxford: Basil Blackwell, 1986), 34。

97 Karl Barth, "The Humanity of God," in *Karl Barth: Theologian of Freedom*, ed. Clifford Green (London: Collins, 1979), 48.

在這裏，巴特（Karl Barth，1886～1968年）譴責古典自由神學——宣稱它沒有上帝，並以「從下而來」的進路取代神學傳統那「從上而來」的出發點。巴特那欠公道的批評表示，自由派在其聖靈教義中，將上帝的靈與人的靈混淆，因為他們的意圖是，只從人類宗教感覺的立場而談論上帝。[98] 那宣稱自由〔神學〕傳統將聖靈等同人類思想的宗教和倫理向度，從而視聖靈為只是「道德和屬靈價值領域的密碼」的，已經成了陳腔濫調。[99]

事實上，自由主義〔神學〕嘗試以更內在的聖靈教義，來回應較早時的進路和提出後啟蒙運動（post-Enlightenment）的建
議。在較早期的聖靈論中，自由主義〔神學〕感到很有問題的 62
是，聖靈的教義被連繫到三一的教義。自由主義〔神學〕者認為這既是誤導，也是對耶穌的教導作不必要的補充。自由主義〔神學〕者也不滿意神聖的靈和人的靈之間那徹底的不連續性。

古典自由主義〔神學〕與黑格爾的唯心聖靈論的關係是含糊的。支持古典自由主義〔神學〕的人，從黑格爾那裏學會不將聖靈限制在拯救論或教會論的領域；在他（幾乎是）泛神論的精神／聖靈論中，黑格爾揚棄聖靈或〔絕對〕精神和靈或人的精神之間的分界線。但自由主義〔神學〕在黑格爾那裏也發現困難——不單是他對聖靈或〔絕對〕精神研究那高度玄思臆測的進路，也在於他堅持信仰的理性。

要公平地對待自由主義〔絕對〕，我們需要說聖靈的教義不是它的主要關注。它並非要成為聖靈的神學。不過，由於它關注經驗，自由主義〔神學〕間接地處理聖靈論的主題，因為其「關注是在於經驗的領域，而在其中，聖靈的教義被置

98 進一步，參 Badcock, *Light of Truth and Fire of Love*, 108～112。

99 Alasdair I. C. Heron, *The Holy Spirit* (Philadelphia: Westminster, 1983), 113。我很感激白德庫克（Badcock, *Light of Truth and Fire of Love*, 29）提供這引文。

於基督教神學裏面。」[100]「自由主義〔神學〕之父」士來馬赫（Friedrich Schleiermacher，1768～1834 年）為自由的議題定下基調。[101] 康德將宗教置於倫理領域，黑格爾則堅持宗教的理性性質，士來馬赫卻將宗教置於人類的經驗和「感觸」（feeling；或譯「感情」；我們應該留意，德語的 *Gefuhl* 這個詞比「感情」更廣闊；它代表「直覺」、「前思想」，而且和敬虔有關）。在這裏，我們可以看到敬虔——那尋求恢復基督徒生命的活力、挽救它脫離「乾巴巴的頭腦知識」的更新運動——對士來馬赫那普遍的影響。

對士來馬赫來說，神學和宗教的主要元素是我們對「上帝意識」（God-consciousness）的經驗，或對「絕對倚賴的感覺」。[102] 因此，由於經驗的中心性，雖然聖靈論絕對不是士來馬赫的《基督教信仰》（*Christian Faith*）的建構原則，但聖靈卻作為重要的主題而得到被引入。對士來馬赫來說，聖靈是耶
63 穌所留下的、並有效的屬靈影響——凝聚教會作為屬靈東西的生命，因而也凝聚基督徒信仰的生命。[103]

在士來馬赫的神學中，聖靈需要以祂與上帝、與耶穌基督和與人類的宗教向度的關係來理解。其中一個理解教會的方法，是視它為基於宗教衝動作為人類本性一個必要的元素，因

100 Badcock, *Light of Truth and Fire of Love*, 112。在這一節，我要感謝白德庫克對士來馬赫的聖靈論那難懂的闡述。

101 我這樣說，不是否認另一方面士來馬赫深受康德影響這個事實。他和康德一樣拒絕將宗教和玄思臆測的理性及科學連繫起來，而是將它和實踐領域連繫起來。關於這點，參士來馬赫在《基督教信仰》的開始評論（Friedrich Schleiermacher, *Christian Faith*, ed. H. R. Mackintosh [Edinburgh: T & T Clark, 1928], §2）。

102 Schleiermacher, *Christian Faith*, §4.

103 Schleiermacher, *Christian Faith*, §121～125.

為每個這種必要的元素都是某種相通或契合的基礎。[104] 對士來馬赫來說，拯救涉及發展上帝意識——絕對倚賴的感覺——以及它「遍佈整個生命，以致個人的整個存有都透過上帝意識，而朝向上帝的國度」。[105] 在耶穌基督裏，這種對上帝的意識達到頂峯。[106] 這個洞見再次將聖靈論帶到核心焦點。宗教意識——無論是在基督還是在我們裏面——都是上帝臨在的一個作用，換句話說，是上帝的靈臨在的一個作用。

根據巴德科克（Gary Badcock），這提供了看士來馬赫怎樣理解聖靈的位格和工作所需要的關鍵。[107] 首先，較舊的三一論神學形而上的定義被排除，並以「倫理」和「經驗」的定義取而代之。由於即使在耶穌的生命中，絕對的上帝意識也是由上帝的靈傳遞，因此，聖靈是「神聖性質」與人類本性的聯合，以共同的靈這個形式出現——存在於信徒之中，或存在於那些被基督重生的人之中。[108] 士來馬赫對任何關於聖靈形而上學的問題都不感興趣，因為決定性的核心焦點是，聖靈在人類和耶穌與父之間的關係中所扮演的角色。

> 不過，這樣的意思是，聖靈是上帝在基督徒羣體中的臨在，以喚醒及激勵信仰的生命——這生命也就是基督的門徒身分——因而是向上帝國度的獻身。臨在於基督的那位上帝，也臨在於教會之中；換句話說，惟一的分別是在其中一處，祂的臨在是特殊的；而在另一處，祂的

104 Schleiermacher, *Christian Faith*, §6; Badcock, *Light of Truth and Fire of Love*, 114.
105 Badcock, *Light of Truth and Fire of Love*, 115.
106 Schleiermacher, *Christian Faith*, §94.
107 Badcock, *Light of Truth and Fire of Love*, 116～117.
108 Schleiermacher, *Christian Faith*, §123.

> 臨在是——在教會意義上——普遍和集體的。[109]

根據這個背景，我們需要得出的結論是，雖然巴特說在古典自由主義〔神學〕中上帝的靈和人的靈有連續性，這是對
64 的，但他認為他們的聖靈教義只是人文和倫理學，這卻不是事實。[110] 對士來馬赫來說，聖靈真的是上帝此時此刻在教會的臨在，這本身是上帝在耶穌基督裏臨在的產物。換句話說，不能單獨研究聖靈，而只能根據祂與基督和基督的教會的關係來研究祂。[111]

立敕爾（Albrecht Ritschl，1822～1889 年）——這位或許是最重要的自由〔神學〕神學家——的神學基本上也是這樣。立敕爾對聖靈的處理，比士來馬赫更緊密地與基督徒生命連繫起來。惟一能夠有意義地談論聖靈的方法，是以祂在歷史中的活動為基礎。其他一切都只是虛假的形而上學。與新康德主義的堅持（neo-Kantian insistence）——我們不能對上帝有直接的知識，只能夠對祂的影響有認識——一致，立敕爾的聖靈論絕對是聖靈工作的教義，而不是聖靈位格的教義。[112]

自由主義〔神學〕繼續有直接影響的一個近期例子，是蘭普（Geoffrey Lampe）的聖靈論計劃。在他的《上帝作為靈》（*God as Spirit*）[113] 中，蘭普尋求將形而上的問題擱置，因為他談論的聖靈和士來馬赫的一致，是上帝的位格性臨在——首要的是在基督裏面，然後是在祂的追隨者裏面：

---

109 Badcock, *Light of Truth and Fire of Love*, 116.

110 有關巴特自己的聖靈論，參 Philip J. Rosato, *The Spirit as Lord: The Pneumatology of Karl Barth* (Edinburgh: T & T Clark, 1981)。

111 進一步，參 Badcock, *Light of Truth and Fire of Love*, 116～117。

112 Badcock, *Light of Truth and Fire of Love*, 117.

113 Geoffrey Lampe, *God as Spirit* (Oxford: Clarendon Press, 1977).

> 我們談論上帝，這上帝是作為靈來被揭示和經驗的：也就是在祂位格性的外展中。運用這個觀念容許我們說，上帝內住和推動耶穌那人類的靈，以致在祂裏面，人的創造主所意欲的關係被獨特而完滿地實現；透過耶穌，上帝決定性地行動，令人分享耶穌與上帝的關係，而同一位上帝——即在耶穌裏面的聖靈——令信徒朝向祂自己來進入那「兒子」的關係，並使他們成為一個人類羣體，並在其中，像基督的性格——他們的關係所結的果子——被重新呈現，縱使只是部分的和不完全的。[114]

換句話說，耶穌的特別重要性，在於祂是上帝的靈的持有者，因而成為被聖靈充滿的基督徒其生存的一個榜樣。

自由〔神學〕聖靈論（liberal pneumatology）那普遍的影 65
響，也可以在田立克（Paul Tillich）的著作中容易被識別出來。他三卷的《系統神學》（*Systematic Theology*, 1963），是現代其中一種最早嘗試超越聖靈和靈之間的分界線的聖靈論。[115]對田立克來說，上帝的靈是賜生命的原則，令人類生命和整體創造的生命變得有意義和獨特。他將其神學其中一個主要章節的題目定為「生命和聖靈」。

我們已研究過那些不同而且有時互相衝突的方法，在這些方法中，基督教神學和靈性已活出和嘗試找出聖靈和屬靈經驗的意義，現在是時候考察關於聖靈的主要基督教傳統，而這些傳統由今天不同的教會作為代表。

114 Lampe, *God as Spirit*, 11.

115 Paul Tillich, *Systematic Theology* (Chicago: University of Chicago Press, 1963), 3:11～294.

4

聖靈的教會論視角

Ecclesiastical Perspectives on the Spirit

・聖靈的盛宴・

聖靈論其中一個令人最興奮的特點，是基督教會對聖靈的職事有多種不同的進路。雖然只有一位上帝的靈，但特定教會和傳統不同的強調和需要，卻已創造了關於聖靈的豐富經驗。當然，東正教的密契傳統對聖靈的職事的看法，與信義宗的看法有所不同。而我們也預期五旬宗那滿懷熱忱的新經驗，和羅馬天主教的古典敬虔傳統會有分別。

這一章簡單地研究主要的基督教傳統，由最古老的東方教會開始，到最新的五旬節／靈恩運動（Pentecostal/Charismatic movements）。下一章作為補充，會透過特定的神學家，而逐一研究不同傳統的討論。例如：薛斯奧拿（John Zizioulas）是東方傳統一個獨特的現代版本，而拉納（Karl Rahner）則是現代天主教思想聖靈的一個例子。

·東正教傳統中的聖靈·

「對聖靈敏感」的神學[1]

給西面（Simeon，949～1022年）的稱號：拜占庭（Byzantine）密契主義者和屬靈作家，告訴我們一些關於
68 東方神學的性質十分重要的事情：雖然以任何標準來說，他都不是一個偉大的神學家，而是一個密契主義者、視象者（visionary）、被上帝的靈抓著的人，但他卻得到「新神學家」這個稱號。他不是神學家，而是徹底屬靈的人。[2]

東正教神學大量取材自早期來源，那就是東方教父的著作。因此，對東方思想的任何探索，都應該包括前一章簡短考察過的、最初幾個世紀的經驗和神學發展。關於現代對古代教父思想的挪用，一個很好的介紹是齊爾潘利斯（Constantine N. Tsirpanlis）的《東方教父思想和東正教神學導論》（*Introduction to Eastern Patristic Thought and Orthodox Theology*）。[3]

一般來說，東方神學比西方神學更「對聖靈敏感」（spirit-sensitive）。東正教神學深受聖靈論影響；西方神學則主要建基於基督論而不是聖靈論觀念。不過，東方的聖靈論進路並非表示，東方神學忽略了基督[4] 或三一。[5] 東方思想在三一教義中

---

1 這個詞取自殷百禮（Robert Imbelli）在孔加爾的著作（Yves Congar, *I Believe in the Holy Spirit* [New York: Crossroad Herder, 1997]）封面上的支持文字。

2 進一步參 Stanley M. Burgess, *The Holy Spirit: Eastern Christian Traditions* (Peabody, Mass.: Hendrickson, 1989), 53～65。

3 Constantine N. Tsirpanlis, *Introduction to Eastern Patristic Thought and Orthodox Theology*, Theology and Life Series 30 (Collegeville, Minn.: Liturgical Press, 1991).

4 例如：參 Nikos A. Nissiotis, "Pneumatological Christology as a Presupposition of Ecclesiology," in *Oecumenica: An Annual Symposium of Ecumenical Research* (Minneapolis: Augburg, 1967), 235～252。

5 例如：參 Vladimir Lossky, *In the Image and Likeness of God*, ed. John H. Erickson

以父的優先性為核心焦點，從而避免了片面地專注於聖靈。而且我們也可以合理地宣稱，東方聖靈論是建基於基督論，而不是作為獨立的神學中心來運作。[6] 齊爾潘利斯這樣說明東方的思想傾向：

> 那些說東正教的「聖靈論中心」相對於羅馬教會那所謂「基督論中心」的人，可能表達了他們自己的神學，但他們說的話是東正教會的教父和聖徒所感到陌生的。神聖三一中的那三個位格，分享彼此的活動。父和子都包括在聖靈的每一個行動中。[7]

東方教會的密契神學往往比拉丁神學更以經驗為基礎，也更具體。巴西流寫道：「正如抓著鐵鏈一端的人將另一端朝自己拉一樣，接受聖靈的人連同子和父也一起接受。」[8] 69
根據這個理解，聖靈的角色是要作出「最初的接觸」（first contact），這接著便是子的啟示，以及父透過子的啟示。[9] 東方觀點有真正的三一論視角：「父藉著聖靈裏的道做一切事情。」[10]

拯救的教義和教會的教義，是東方對聖靈獨特進路的兩個神學中心。現在我們便轉向這兩個課題。

---

and Thomas E. Bird (Crestwood, N.Y.: St. Vladimir's Seminary Press, 1985), chap. 4。

6 參 Tsirpanlis, *Introduction to Eastern Patristic Thought and Orthodox Theology*, 83ff。

7 Tsirpanlis, *Introduction to Eastern Patristic Thought and Orthodox Theology*, 85.

8 Basil, *Letter* 38, 4.

9 參 John Meyendorff, *Byzantine Theology: Historical Trends and Doctrinal Themes* (New York: Fordham University Press, 1974)，特別是 168。

10 Athanasius, *Epistula ad Serapionum de more Arii* 1.31.

聖靈和拯救

正如眾所週知，東西方對基督論和拯救論的進路有很大分別。根據東方神學，拉丁傳統〔編按：即西方傳統〕由法律、審判和法庭範疇主導。相反，東方神學則根據從死亡和腐敗中解救出來的角度，來理解對拯救的需要。與上帝聯合，甚至變成「在上帝裏面」（in-godded），是基督徒生命的目標。東方背後的人觀[11] 和西方相反，它似乎較少處理罪，而可以說較多向上看上帝的形象在必死的人類身上實現。[12] 上帝—人在拯救中合作這個觀念，不單得到接受，更是得到熱忱地提倡，雖然人們不是將這觀念理解為取消恩典的角色。

很多東方教父的作品——從新神學家西面（Simeon the New Theologian），他的觀點總是以聖靈論為進路；到守道者馬克西穆（Maximus the Confessor）和加帕多家教父——都強調聖靈和拯救之間的必要連繫。巴西流將神化（*theōsis*, deification；或譯「聖化」）的經驗歸因於聖靈，祂「性質上是上帝……藉著恩典神化那些仍然屬於會改變性質的人。」[13] 聖馬加利（St. Macarius）同樣強調聖靈在神化中的角色。他說，被神化的人雖然保留他們自己的身分（也就是沒有逾越上帝和人之間的分別），「但卻被聖靈充滿。」[14]

70 有趣的是，東方教父將上帝恩典的多重效果都歸因於聖靈，[15] 例如：這可以在拿先斯的貴格利和巴西流的神學中明顯

11 參 Meyendorff, *Byzantine Theology*, chap. 11。

12 例如：參 Meyendorff, *Byzantine Theology*, 161ff。

13 Basil, *On the Holy Spirit* 1.2.

14 引自 Daniel B. Clendenin, "Partakers of Divinity: The Orthodox Doctrine of Theosis," *Journal of the Evangelical Theological Society* 37 (1994): 374。比較 T. Ware, *The Orthodox Way* (Crestwood, N.Y.: St. Vladimir's Seminary Press, 1990), 168。

15 有關對恩典和聖靈在拉丁神學中關係的細心分析，參 Wolfhart Pannenberg,

看到。東方教父自由地談論聖靈——祂帶來神化、完美、收養（adoption）和聖化。[16] 東方基督徒高唱：「聖靈賜靈魂生命；祂在純潔中高舉他們；祂使三一惟一的本性密契地在這些靈魂裏面照耀。」[17]

東方教會教導說，父和子共有的是神性，這神性是聖靈在教會裏傳達（比較互滲互存）給人——令他們參與神聖的本性。[18] 根據拿先斯的貴格利，神化是聖靈最大的恩賜和祝福。[19] 根據這個意義，正如薩諾夫的聖撒拉弗（St. Seraphim of Sarov）所說：「基督徒生命的真正目標，是得到上帝的聖靈。」[20]

在東方拯救論中，聖靈的角色因為拯救這個終極的目標而得到強調。拯救的即時目的是從罪中得拯救，但拯救會在將來的世代、在我們與上帝聯合——這是基督買贖的受造物的神化——之時，得到最終實現。但這最終實現涉及賜予聖靈。當然，聖靈的工作與子的工作是不能分開的，正如亞他拿修所形容的「上帝帶有血肉」和「帶有聖靈」。[21]

要實現神化這個高尚的目標，建議的操練包括禱告、隱修、默想、謙卑服事，以及類似的操練。不過，功德（merit）

Systematic Theology (Grand Rapids: Eerdmans, 1997), 3:197～200。

16 有關代表性作品的例子，參 Vladimir Lossky, *The Mystical Theology of the Eastern Church* (Crestwood, N.Y.: St. Vladimir's Seminary Press, 1976), 163ff。

17 主日日課（Sunday Office）第四調的啟應頌歌。

18 Lossky, *Mystical Theology of the Eastern Church*, 162。也參 Pannenberg, *Systematic Theology* (Grand Rapids: Eerdmans, 1991), 1:266ff。

19 參 Tsirpanlis, *Introduction to Eastern Patristic Thought and Orthodox Theology*, 168ff。

20 引自 T. Ware, *The Orthodox Church* (London: Penguin Books, 1993), 230；也參 Lossky, *Mystical Theology of the Eastern Church*, 196。

21 Athanasius, *De incarnatione et contra Arianos* 8；也參 Lossky, *In the Image and Likeness of God*, 103ff。

這個觀念對東方傳統來說是陌生的。一般來說，他們對恩典和自由意志的態度沒有像西方教會那麼有所保留。在東方，自由意志這個問題，從來都沒有那在西方由奧古斯丁時代開始便呈現的迫切性。東方傳統從沒有將恩典和人類的自由分開。因此，伯拉糾主義（Pelagianism；即恩典是對人類意志的功德
71 的獎賞）的指控是不公平的。那不是關乎功德，而是關乎合作——上帝與人兩個意志的協作。恩典是上帝在我們裏面的臨在，這要求我們不斷的努力。[22] 在十九世紀，偉大的俄羅斯隱修作家塞奧法尼斯主教（Bishop Theophanes）主張：「聖靈在我們裏面行動，與我們一起實現我們的拯救」，以及「藉恩典的幫助，人成就自己得救的工作。」[23]

事實上，神化這個觀念不能單以基督論基礎來表達；它也需要聖靈論的發展。東方基督教世界的密契傳統——五旬節（Pentecost）——帶來聖靈的臨在，以及聖化的最初果子，它同時象徵屬靈生命的結果和最終目標。重要的是要留意，在東方，堅振禮、[24] 抹油、聖靈的「膏抹」，都是緊隨著洗／浸禮的。聖靈同時在堅振禮和洗／浸禮中運行。聖靈藉著淨化人類的本性，並使之與基督的身體聯合，從而重新創造人類的本性。聖靈也賜下神性給位格人（human persons）。[25] 東方神學甚至談及基督徒成為「基督」——受膏者：聖靈好像極好的聖油一樣，停留在子的人性身上，而且祂將自己傳達給基督身體的每個成員。[26]

22 例如：參 Lossky, *Mystical Theology of the Eastern Church*, 196ff。

23 引自 Lossky, *Mystical Theology of the Eastern Church*, 199。

24 有關東方傳統堅振抹油的細緻闡釋，參 Tsirpanlis, *Introduction to Eastern Patristic Thought and Orthodox Theology*, 111～115。

25 參 Lossky, *Mystical Theology of the Eastern Church*, 170ff。

26 Lossky, *Mystical Theology of the Eastern Church*, 174.

聖靈與教會

傳統來說，東正教神學的遺產，是在教會的教義中強調基督論和聖靈論的相互關係。[27] 教會是建基於兩重的神聖經世行動（divine economy）：基督的工作和聖靈的工作。[28] 東方神學家談到教會為基督的身體和聖靈的完滿。[29] 重要的是，巴西流主張：「基督來到，聖靈先行。祂以肉身存在，而聖靈與祂是不能分開的。」[30] 這神學陳述將基督在教會的工作，置於聖靈的 72
計劃中。

東方神學也強調子和聖靈的相互關係：正如子來到地上，並透過聖靈實現祂的工作，聖靈也由子差遣而進入世界（約十五26）。聖靈的工作不是從屬於子的工作，五旬節也不是道成肉身的「延續」（continuation），而是它的結局，它的結果。[31]

由於子和聖靈共同工作的結果，教會的大公性（catholicity）[32] 有兩方面：統一（因為教會是基督的身體）和多元（因為教會是聖靈的完滿）。[33] 基督論的觀點，產生教會那客觀和不變的特質，而聖靈論的觀點，則形塑教會主觀的一

27 有關近期的討論，參 Grigorios Larentzakis, "Die Teilnahme am trinitarischen Leben: Die Bedeutung der Pneumatologie für die Ökumene heute," in *Der Heilige Geist: ökumenische und reformatorische Untersuchungen* (Veröffentlichungen der Luther-Akademie Ratzeburg; Erlangen: Martin Luther Verlag, 1995), 225～244。

28 Vladimir Lossky, "Concerning the Third Mark of the Church: Catholicity," in *In the Image and Likeness of God*, 177～178。

29 Lossky, *Mystical Theology of the Eastern Church*, 157, 174.

30 Basil, *De Spiritu Sancto*, 19, 49.

31 Lossky, *Mystical Theology of the Eastern Church*, 158～159.

32 有關理解東方傳統中的大公性，參 Lossky, "Concerning the Third Mark of the Church," 169～180。

33 Lossky, "Concerning the Third Mark of the Church," 178～179；Meyendorff, *Byzantine Theology*, 174～175；Lossky, *Mystical Theology of the Eastern Church*, 176：「這是教會不能測透的奧祕——基督和聖靈的工作；在基督裏合而為一，

面。換句話說，基督論的觀點保證穩定性，而聖靈論的觀點則給教會動態的特性。[34]

聖靈停留在基督——那「受膏者」——的身上，祂將自己傳達給這身體的每個成員，可以說，這創造很多〔小〕基督（christs）或受膏者（anointed ones）。[35] 因此，在東方聖靈教會論中，階級（教會的架構）和恩賜之間，有一個觀念上的平衡：

> 但教會不單是階級性，它也是靈恩式的和五旬節式的。「不要消滅聖靈的感動；不要藐視先知的講論。」（帖前五 19～20）聖靈傾注在所有上帝的百姓身上……在使徒教會，除了由按手給予的建制職事外，還有其他恩賜（*charismata*）或禮物（gifts）是由聖靈直接賜下的：保羅提到「醫治的恩賜」、奇迹的施行、「說方言」；等等（林前十二 28～30）。在較後期的教會，這些靈恩式的職事已經沒有那麼明顯，但從沒有完全消失。[36]

・羅馬天主教傳統中的聖靈・

天主教聖靈論的發展

73 一般而言，羅馬天主教神學——尤其是聖靈論——的決定性轉折，是在第二次梵蒂岡會議（Second Vatican Council，1962～1965 年；編按：下簡稱「梵二」）時出現的。這不單

透過聖靈而為多，在基督的位格中單一的人性，在聖靈的恩典中眾多的人類位格。」（183）根據東方神學，教會這兩重性質的聖經章節，是以弗所書一章 22 至 23 節：「教會是他的身體，是那充滿萬有者所充滿的」；參 184～184。

34 Lossky, *Mystical Theology of the Eastern Church*, 190～192.

35 Lossky, *Mystical Theology of the Eastern Church*, 174；也參 166。

36 Ware, *The Orthodox Church*, 249～250；也參 240，243。

是羅馬天主教最重要的會議，也是整個基督教會在歷史上有重要意義的分水嶺。不過，很多神學發展都預示梵二那全面發展的聖靈論的發生。[37] 十九世紀的墨拉（J. Adams Möhler）——較為人熟悉的是，他首先提出「教會是延續的道成肉身」這個十分有影響力的觀念——撰寫了《教會的統一或大公主義的原理》（*Unity in the Church or the Principle of Catholicism*, 1825），清楚選擇以聖靈為中心的教會論。[38] 雖然在他較後期的著作中，聖靈的角色只屬邊緣的，但墨拉的觀念沒有被人遺忘。根據欣策（B. E. Hinze），「二十世紀聖靈論在天主教教會論中的復興，可以部分被理解為，嘗試重新肯定墨拉較早時以聖靈為中心的進路，並在一個全面發展的三一論框架內，將它與墨拉較後期道成肉身的教會論，重新整合起來。」[39]

舍本（M. J. Scheeben，死於 1888 年）——和墨拉同代，但比他年青——希望發展墨拉那被忽略了的關於教會的聖靈論向度，並談論教會為「聖靈的一種道成肉身」。雖然這種努力的動機值得歡迎，但用來描述聖靈卻是有困難的：新約對這句話感到陌生，而且它的內容也不清晰。新約從沒有稱教會為聖靈的身體，而是稱它為基督的身體。

37 進一步，參 Congar, *I Believe in the Holy Spirit*, 1:154～157；和 Bernd Jochen Hilberath, "Pneumatologie," in *Handbuch der Dogmatik*, ed. Von Theodor Schneider et al. (Düsseldorf: Patmos, 1992), 1:522。

38 一個有關對墨拉的立場詳細的討論，參 B. E. Hinze, "The Holy Spirit and the Catholic Tradition: The Legacy of Johann Adam Möhler," in *The Legacy of the Tübingen School: The Relevance of Nineteenth-Century Theology for the Twenty-First Century*, ed. Donald J. Dietrich and Michael J. Himes (New York: Crossroad Herder, 1997), 75～94；和 Michael Himes, *Ongoing Incarnation: Johann Adam Möhler and the Beginning of Modern Ecclesiology* (New York: Crossroad Herder, 1997)。

39 B. E. Hinze, "Releasing the Power of the Spirit in Trinitarian Ecclesiology," in *An Advent of the Spirit: Orientations in Pneumatology*, Conference Papers from a Symposium at Marquette University, 17～19 April 1998 (unpublished), 3.

早期天主教聖靈論的特點，是利奧十三世（Leo XIII）的教宗通諭《屬上帝恩賜》（*Divinum illud munus*, 1897）。根據這份通諭，基督是教會的頭，而聖靈是教會的靈魂。這個進路
74 的問題是它令教會和其架構變得絕對，來源變得神聖，而聖靈惟一的任務是使已經存在的教會組織「有生命」。在聖靈論上並不比這個通諭好的是另一個通諭——一九四三年的《奧體》（*Mystici Corporis*）。雖然它基本上重新肯定前人的教導，但它也復興聖靈在教會論中的角色，為二十世紀天主教創造了其中一種最重要的聖靈神學。孔加爾批評它以制度的語言來看教會。[40] 他也論證說，天主教神學某程度上為聖靈創造替代物，例如聖餐、教宗和馬利亞。[41]

三位神學家在梵二前夕和其後開始更全面恢復聖靈的教義這事上，扮演重要的角色。他們是孔加爾、米倫（Heribert Muehlen）[42] 和拉納。米倫批評「教會作為道成肉身的延續」這個觀點，並主張教會應被視為延續耶穌在洗／浸禮時所接受的聖靈膏抹。根據米倫的估計，在耶穌受膏和基督徒受膏中留意聖靈的身分，有助避免階級化的傾向（用米倫的話是「自然主義」〔naturalistic〕）（將聖靈捆綁到教會的架構上）和密契化的傾向（與個人敬虔有關），兩者都是梵二會議前的教會論。

40 Congar, *I Believe in the Holy Spirit*, 1:154.

41 Congar, *I Believe in the Holy Spirit*, 1:160～164.

42 米倫的聖靈教會論，在他兩本早期著作中被建立：*Una Mystica Persona: Die Kirche als das Mysterium der Heilsgeschichtlichen Identität des heiligen Geistes in Christus und den Christen: Eine Person in Vielen Personen*, 3d ed. (Munich, Paderborn, Wien: Ferdinand Schöningh, 1968)；和 *Der Heilige Geist as Person: In der Trinität bei der Inkarnation und im Gnadenbund: Ich-Du-Wir*, 3d ed. (Münster: Verlag Aschendorff, 1969)。

第二次梵蒂岡會議的聖靈論

梵二有助於新天主教聖靈論的復興。[43] 教宗若望二十三
世（Pope John XXIII）在正式宣佈會議展開時寫道：「這次
聚集所有教會主教，應該好像一個新的五旬節。」[44] 這個會議
可以稱為「聖靈的會議」（Council of the Holy Spirit），因
為正如教宗保祿六世（Pope Paul VI）指出，會議的文件共有
二百五十八處提到聖靈。[45] 自從這次會議後，所有教宗都促請 75
神學家和平信徒復興對聖靈的興趣。[46]

梵二很多主要的文件都具有對聖靈論新覺醒的特徵，縱使這覺醒沒有提出系統地發展的聖靈論。最重要的文件是關於教會的《教會憲章》（*Lumen Gentium*）。這份文件以三一論的觀點開始，在其中，聖靈論在教會論中有穩固的地位。這個進路將早期教會傳統教義以基督論為中心的做法擴闊了。教會是聖靈的工作，祂令信徒在三一上帝的統一中成為一體。[47] 文件強調，聖靈潔淨和帶領上帝的百姓，不單透過聖禮和教會職事，也透過以多種方式，以及自由地賜給所有忠信的人的特別恩賜來達到的。信徒有「權利和責任在教會和世界運用這些恩

43 梵二的聖靈論視角的總結，兩個很好的基本來源是：Hans Urs von Balthasar, *Explorations in Theology*, vol. 3, *Creator Spirit* (San Francisco: Ignatius Press, 1993), 245～267；和 Congar, *I Believe in the Holy Spirit*, 1:167～173。

44 Germain Marc'hadour, "The Holy Spirit over the New World: II," *The Clergy Review* 59, no. 4 (1974): 247.

45 Marc'hadour, "The Holy Spirit over the New World," 248。也參 E. E. O'Connor, *The Pentecostal Movement in the Catholic Church* (Notre Dame: Ave Maria, 1971), 184。

46 有關教宗文件和對它們重要性的評估，參 Kilian McDonnell, *Open the Windows: The Popes and Charismatic Renewal* (South Bend, Ind.: Greenlawn Press, 1989)。

47 *LG* 4（留意引自梵二文件的引文給予段落編號）。也參 John R. Sachs, " 'Do Not Stifle the Spirit' : Karl Rahner, the Legacy of Vatican II, and Its Urgency for Theology Today," in *Catholic Theological Society Proceedings*, ed. E. Dreyer, 51 (1996): 17～18。

賜，藉以造福人類和建立教會。」[48]

明確強調教會的聖靈性質——包括聖靈的恩賜和恩典——是由辛納斯大主教（Leon Joseph Cardinal Suenens）在會議中確定的，他在向全體主教肯定聖靈的重要性和屬靈恩賜（spiritual gifts）對羅馬教會的將來的重要性中，扮演關鍵的角色。[49] 天主教系統神學家費伊（Michael Fahey）指出，「在第二次梵蒂岡會議的視角中，另一個描述教會的方法是把教會描述為恩賜的羣體。」[50] 根據這個理解，教會是基督的身體，是「由復活的耶穌
76 那呼氣的靈恩式的靈感（charismatic inspirations）所創造、安排和支持的」。[51] 由於聖靈遍佈教會，並在信徒中實現深刻的相通，教會每一個成員都應該被基督充滿。[52]「不單聖職人員，信徒也得到敦促，要在他們存在的每一方面，包括婚姻和家庭生活、日常工作和娛樂，都活在聖靈的膏立和能力中。」[53]

幾份梵二文件（特別是《教會憲章》，但也包括其他文件[54]）確立了在教會的牧人管理下恩賜的存在和貢獻。梵二一再強調

---

48 *AA* 3.

49 Jerry L. Sandidge, *Roman Catholic-Pentecostal Dialogue (1977～1982): A Study in Developing Ecumenism*, Studien zur interkulturellen Geschichte des Christentums 44 (Frankfurt: Peter Lang, 1978), 1:25.

50 Michael Fahey, "Church," in *Systematic Theology: Roman Catholic Perspectives*, ed. Francis Schussler Fiorenza and John P. Galvin (Minneapolis: Fortress Press, 1991), 2:39。他繼續說：「在天主教羣體，正如除了五旬節宗派基督徒以外的一般基督徒羣體一樣，普遍忽略了恩賜這個詞。幾乎好像恩賜雖然在初期教會很重要，但恩賜的時代已經逝去。」他將恩賜定義為：「能力的恩賜，給予基督徒羣體中的個人，讓那人有能力在長時間或相對較短的時間裏，實行特定的事奉。」

51 Donald L. Gelpi, "The Theological Challenge of Charismatic Spirituality," *Pneuma* 14, no. 2 (1992): 187。他引述以下梵二文件：*LG* 6, 32, 48, 50；*UR* 3；*AA* 3。

52 *LG* 12；也參 Mary Ann Fatula, *The Holy Spirit: Unbounded Gift of Joy* (Collegeville, Minn.: Liturgical Press, 1998), 89。

53 *LG* 34; Fatula, *The Holy Spirit*, 89～90.

54 *LG* 12; *AA* 3; *Presbyterorium Ordinis* 9.

聖靈在分派恩賜時的至高自由，[55] 以及強調恩賜的普遍可得性（universal availability）：聖靈呼召所有基督徒──包括聖職人員和平信徒──從事某種靈恩式的職事。[56]《教會憲章》自由地接受兩種恩賜──普通的和非凡的──但卻加上一個有用的糾正：

> 無論這些恩賜是很特別的或者較簡單和廣泛地分佈的，都要以感恩和欣慰的心來接受，因為它們對教會的需要來說是合適和有用的。非凡的恩賜不應該輕率地渴求、也不應自大地期望可以從它們那裏得到使徒勞苦的果子。[57]

除了教會論上的改變外，自從梵二開始，聖禮神學便走上聖靈論的路：它認為教會是聖靈的聖禮，因此聖禮和宣召（*epiclēsis*）──為聖靈的禱告──可以整合起來。神聖禮儀的章則，以特別的方式強調聖靈的角色。由於禮儀是教會生命的「頂峯」和來源，信徒便可以透過聖禮的慶典，而最深地在聖靈的生命中成長。[58]

> 藉著在聖禮元素中求告聖靈，地上事物如水和油、餅和
> 酒，會被轉化，從而傳達聖靈的臨在和能力。但更新的 77
> 禮儀也強調，歡慶禮儀的教會羣體也祈求聖靈，以致我
> 們的內心和生命也或可以同樣被轉化。[59]

55 *AA* 3; *Ad Gentes* 23; *LG* 7.

56 *AA* 3, 28, 30; *LG* 4.

57 *LG* 12.

58 *Sacrosanctum Concilium* 10.

59 Fatula, *The Holy Spirit*, 90.

聖靈論視角影響當代天主教神學的其他地方，還包括拯救和啟示的教義。相對於較早期理解啟示為關於上帝的神聖真理，梵二文件中關於神聖啟示的教義法則《啟示憲章》（*Dei Verbum*），便以啟示最基本的意思來看啟示——作為上帝透過在聖靈裏的基督給人的自我傳達（self-communication），而透過聖靈，人類便「分有神聖本性」。[60] 換句話說，啟示主要是聖靈的位格性傳達（personal communication），也就是上帝自己的生命，而不是揭示關於上帝那神聖特許的資料（privileged information）。[61] 因此，梵二的聖靈論也包括堅定地相信：「信徒羣體作為一個整體，由神聖的一位所膏立，在關乎信仰的事情上不能犯錯。」[62]

在拯救論方面，現代主要的天主教神學家拉納是具決定性的。對拉納來說，恩典首要的是，上帝透過聖靈，而與人作出自我傳達和臨在。[63] 新經院哲學派的立場認為，恩典是不能經驗的（因為它是超自然的）；但和這立場不同，拉納認為人確實經驗恩典。當然，拉納不是第一個神學家將上帝的靈，界定為拯救經驗的典範，但他對現代天主教的恩典神學的影響是

---

60 *Dei Verbum* 2.

61 Sachs, " 'Do Not Stifle the Spirit,' " 18。進一步，參 Veli-Matti Kärkkäinen, " 'Reading in the Spirit in Which It Was Written' : Pentecostal Bible Reading in Dialogue with Catholic Interpretation," *One in Christ* 4 (1998): 338～410；和 Veli-Matti Kärkkäinen, "Authority, Revelation, and Interpretation in the Roman Catholic-Pentecostal Dialogue," *Pneuma* 21, no. 2 (1999): 90～92。

62 *LG* 12.

63 Karl Rahner, *Foundations of Christian Faith: An Introduction to the Idea of Christianity* (New York: Seabury Press, 1978)，尤參116～126，但也參有關拯救的章節。也參 Roger Haight, "Sin and Grace," in *Systematic Theology: Roman Catholic Perspectives*, ed. F. S. Fiorenza and J. P. Galvin (Minneapolis: Fortress Press, 1991), 2:109～110。

無與倫比的。跟隨拉納，天主教的幾位主要神學家，都以聖靈論的辭彙來描述恩典和拯救的性質——拯救的經驗是「被上帝作為聖靈的象徵所捕捉，這聖靈是透過耶穌的中介重新在世界被傾出。」[64]

不過，耶穌會神學家杰爾皮（Donald Gelpi）批評自己的 78
教會沒有認真看待第二次梵蒂岡會議關於恩賜和聖靈論的教導。他認為，更新教會不是那所謂天主教靈恩運動（Catholic Charismatic Movement）的責任；那是整個教會的負擔，整個教會要與教會的神學家和教師一同履行在會議中重新發現的東西。[65] 他主張，恩賜在教會生命中扮演著必不可少的角色，因此不能將它們局限於第一代的基督徒中，正如梵二前大部分天主教徒被教導所相信的。[66] 麥克唐奈說：「聖靈的恩賜在教會生活中扮演必不可少的角色，因為它們創造基督徒羣體的共同信仰意識。」[67]

伴隨教會聖靈論觀點復甦的，是天主教對其他教會的開放。天主教神學家李保羅（Paul D. Lee）以約翰將聖靈形容為**保惠師**這個形象談及，一個真正的普世〔教會〕神學是要作為

---

64 Haight, "Sin and Grace," 113.

65 Gelpi, "Theological Challenge," 188～189。當一九八二年——天主教靈恩運動存在了二十五年後——評估這運動時，對於教會神學家回應這運動和梵二的聖靈—靈恩式的教導的方式，杰爾皮感到不滿：「不過，對這些熱忱的烏合之眾——天主教說方言者——神學家首先傾向有點驚懼。當然，隨著時間過去，神學羣體確實更認真看待這復興；但他們沒有清晰回應這運動向整體教會所提出的挑戰，這創造了一個教義真空，讓其他人闖進去，這些人很多都是古典五旬節宗派傳統的發言人。」（188）

66 參 Donald J. Gelpi, *Charism and Sacrament* (New York: Paulist Press; London: SPCK, 1976)，尤參 97～110； Donald J. Gelpi, *The Divine Mother: A Trinitarian Theology of the Holy Spirit* (Lanham, Md.: University Press of America, 1984), 103ff。

67 Kilian McDonnell, "Communion Ecclesiology and Baptism in the Spirit: Tertullian and the Early Church," *TS* 49 (1988): 671ff.

醫治者、安慰者和辯護者。[68] 在這裏，聖靈的角色被視為「中介的上帝」（the go-between God）[69] ——愛的連繫，將男男女女與上帝聯合起來，也使他們彼此聯合起來。

在聖靈論式核心焦點中教宗的領導

全球的羅馬天主教在預備進入第三個千禧年時，於一九九八年特別專注聖靈。[70]（一九九七年專注子，一九九九
79 年則專注父。）這個最大的基督教會在尋求加深對聖靈論的理解時，出版刊物，舉行特別聚會，以及舉辦講座和研究計劃。當有人問教宗保祿六世：「今天教會最大的需要是甚麼？」他回應說：「是聖靈。」在一九八六年的五旬節，教宗若望保祿二世——回想保祿六世的話——發出了通諭《生命的主和賜予者》（*Dominum et Vivificantem*, "Lord and Giver of Life"）。這樣做時，教宗將先輩的號召作為自己的號召，並表示要以「關於聖靈的新研究和專注，作為會議教導必不可少的補充」，來跟隨梵二的基督論和教會論。[71] 在這通諭中，教宗若望保祿二世將教會置於聖靈的引導下。「門徒滿心喜樂，又被聖靈充滿。」（徒十三 52）教宗強調道成肉身本身，是

68 Paul D. Lee, "Pneumatological Ecclesiology in Roman Catholic-Pentecostal Dialogue: A Catholic Reading of the Third Quinquennium (1985～1989)" (Dissertatio Ad Lauream in Facultate S. Theologiae Apud Pontificiam Universitatem S. Thomae in Urbe, Rome, 1994), 33～34.

69 John V. Taylor, *The Go-Between God: The Holy Spirit and the Christian Mission* (London: SCM, 1972), 43～44.

70 Pope John Paul II, *Celebrate 2000! Reflections on the Holy Spirit: Weekly Readings for 1998*, sel. and arr. By Paul Thigpar (Ann Arbor, Mich.: Servant Publications, 1997).

71 Pope John Paul II, *Dominum et Vivificantem*, Encyclical on the Holy Spirit in the Life of the Church and the World, 30 May 1986 (Washington, D.C.: United States Catholic Conference, 1986), #49.

透過聖靈的能力完成。因此，那偉大的「道成肉身的禧年」（Jubilee of the Incarnation），驅使教會將它的「思想和內心」轉向聖靈。[72] 在一九九六年，美國天主教神學學會（Catholic Theological Society of America）的會議，便以聖靈論為主題：「走向聖靈的神學：聖靈對神學學科的挑戰」（"Toward a Spirited Theology: Challenges of the Holy Spirit to Theological Disciplines"）。[73]

・信義宗傳統中的聖靈・

路德聖靈觀的背景

一般地說，東方教會更有意識地將它的神學建基於聖靈論基礎上，而整個西方神學則強調基督論。宗教改革運動的神學——特別是信義宗的形式——就適合於這個西方範疇。（不過，東方和信義宗神學都是三一論式的，只是以各自獨特的方式表示。）

對馬丁・路德（Martin Luther）的聖靈論，一個經典研究是普倫特（Reginald Prenter）的《創造者聖靈：路德神學研究》（*Spiritus Creator: Studies in Luther's Theology*）。[74] 雖然這本書仍然有用，但它的方法論和內容都已經過時。這本書特別困難的地方是，普倫特將路德的教義與天主教教義相對起來，這樣——舉例而言——他將三一的教義變為對路德來說是陌生的玄思臆測。而且，普倫特將上帝和世界變為幾乎是彼 80

72 Pope John Paul II, *Dominum et Vivificantem*, #2。也參 Fatula, *The Holy Spirit*, xiii。

73 *Proceedings of the Fifty-First Annual Convention*, San Diego, 6～9 June 1996, vol. 51, ed. Judith A. Dweyer (Chicago: Catholic Theological Society of America, 1996).

74 Reginald Prenter, *Spiritus Creator: Studies in Luther's Theology*, trans. John M. Jensen (Philadelphia: Muhlenberg, 1953).

此相對，這個觀點不是屬於路德的。這個及其他較舊的研究往往暗示，聖靈論在路德的思想中只有很次要的角色。[75] 就聖靈在路德的著作中不是核心焦點這個事實，這個觀點有部分是對的；路德專注於基督和三一論。但將聖靈論歸於路德神學的邊緣，這仍然是不準確的。可幸在近年，在斯堪的納維亞（Scandinavia）的赫爾辛基大學（University of Helsinki），在曼納馬（Tuomo Mannermaa）教授的領導下，出現了路德研究的復興，學者對路德有了全新的看法。[76]

路德沒有撰寫關於聖靈論的獨立研究。他對聖靈的研究是他整個神學著作的一部分，其中包括超過二十篇五旬節講章，這些講章是以經課（lectionary）所提供的不同經文為基礎的。其中一個研究路德聖靈論的方法，是分析他對〈尼西亞—君士坦丁堡信經〉第三條的闡釋，[77] 在其中他將一切事情都連繫到聖靈，包括教會、赦罪等。不過，缺乏關於信經的材料令這個方法受到限制。一個更有用的做法是，將路德的聖靈論置於他三一論的教導的背景中，因為對路德來說，三一的教義是具有形塑性的。[78]

75 這當然是例如奧托（Rudolf Otto）的觀點：Rudolf Otto, *Die Anschauung vom Hl. Geiste bei Luther: Eine systematisch-dogmatische Untersuchung* (Göttingen: Vandenhoeck & Ruprecht, 1898)。

76 在我對路德神學的闡釋中，我基本上跟隨派卡·卡維里（Pekka Kärkkäinen）那研究路德聖靈論的博士論文的提綱。主要結果可以在將會以德語寫成的論文中找到：Pekka Kärkkäinen, "Pyha Henki Lutherin teologiassa" (unpublished paper read at the symposium on Luther's theology at the University of Helsinki, 2～5 May 2000)。

77 這是赫爾姆斯（Eilert Helms）的進路：Eilert Helms, *Luthers Auslegung des Dritten Artikels* (Tübingen: Mohr, 1987)；也參 Rolf Schäfer, "Der Heilige Geist: Eine Betrachtung zu Luthers Erklärung des Dritten Artikels," *Luther* 61 (1990): 135～148。

78 進一步，參 Bernhard Lohse, *Martin Luther's Theology: Its Historical and Systematic*

要明白路德對聖靈的觀點，我們需要留意一個事實：「他需要在兩方面戰鬥：一方面對抗天主教的立場——根據路德的解釋，天主教視教會／階級性為絕對；另一方面，路德也要對抗狂熱派（Enthusiasts）——在宣稱他們是真正的改教家時，他們訴諸聖靈。」[79]

三一中的聖靈

路德的神學往往跟隨奧古斯丁。他的奧古斯丁遺產後來在西方被倫巴都（Peter Lombard）所傳播，而這種遺產將聖靈區
分為「位格」（*persona*, person）和「恩賜」（*donum*, gift）。 81
事實上，倫巴都將聖靈等同神聖的「恩典」（*caritas*），從而確立了拯救論和聖靈論那內在的連繫。[80] 當然，路德知道聖靈作為位格和恩賜的分別，有時也加以採用。在較後期的爭辯中，他指出：「我們區分聖靈為上帝的神聖本性和性質，以及賜給我們的聖靈。」[81] 不過，整體來說，路德強調聖靈的神性和位格。

路德對聖靈的獨特特性有幾個進路。最著名的是在〈大教義問答〉（Large Catechism）中的陳述。根據這陳述，聖靈是潔淨的靈，與創造的父和救贖的子區別出來。在〈三個象徵或基督信仰的認信〉（"Three Symbols or the Confessions of Christ's Faith," 1538）中，有一個很有趣的構想：正如第二個位格——子——是以血肉出生，與父和聖靈不同；聖靈也以**物質／身體**（material/bodily）的方式而出；子和聖靈都「有對應

Development (Edinburgh: T & T Clark, 1999), 232。

79 *Wider die himmlischen Propheten*, 1525。有關路德對狂熱派（*Schwärmerei*）的嚴厲批評，進一步參 Congar, *I Believe in the Holy Spirit*, 1:139～140。

80 不過，需要留意的是，不是所有中世紀神學家都將聖靈等同恩典。

81 *WA* 39 I, 370, 12～13。也參 Lohse, *Martin Luther's Theology*, 233。

於祂們內在性質的形象。」[82] 在這裏，路德和傳統信條一樣，指出聖靈從父和子而出，但卻不是好像子那樣生出。在路德的著作中，「發出」（proceeding）是指三一內部的關係，而那「物質／身體」的差派是指祂與創造的關係。

而且，路德緊密地將聖靈的內在和外在工作關連起來。結果，聖靈的工作有「道成肉身」的一面。在這意義上，聖靈在世界上的工作與子的有很多相似之處。路德在他的五旬節講章中，把聖靈的差派（the sending of the Spirit）描述為「可見地來到世界」（visible coming to the world）。不過，聖靈的差派和子的差派不同，只有在耶穌裏面，上帝才成為人。子披上人的本性，並甚至在復活和升天後，祂仍然保留自己的本性而成為「上帝一人」（God-man）。另一方面，聖靈則在某些特定時間，透過物質的記號而行動。

路德進一步討論在三一不可分割的工作中，聖靈所具有的角色。根據奧古斯丁的經典作品，三一對外的工作是不可分割的。雖然不可分割，但三個位格都有自己獨特的角色。因此，即使在創造中，聖靈也不是不活躍的：祂令創造物活著。路德也優美地描述聖靈在創造的任務為上帝對自己的創造感到滿
82 足，或上帝的愛——如果沒有祂的愛，創造不可能支撐自己。在他對創世記的闡釋中，路德將聖靈比作孵化雞蛋的雞。

視乎祂的特定角色，聖靈在三一裏有幾個不同的名字。當然，最常見的是聖靈（Holy Spirit）。身為神聖的，聖靈帶來聖潔——令人聖潔；這是區分聖靈和宇宙中諸靈的基礎。身為聖靈，祂好像風或氣息，這指運動和帶來生命。當聖靈傾注在我們身上，以方言和屬靈恩賜彰顯時，祂被稱為恩賜（Gift）。關

82 *WA* 50, 275.

於創造，祂稱為生命的賜予者（Giver of life）。跟隨奧古斯丁的做法，路德偶然也稱聖靈為愛——無論是在三一內部的關係中，還是在與人的關係中（羅五 5）。另一個古老名字——保惠師——也和愛有密切連繫。聖靈的其他合適名字，包括良善（Goodness）和仁慈（Benevolence）。

聖靈和基督

路德的神學以基督為中心；他的聖靈論也是這樣，雖然這總是健康地以三一論為背景。令路德將基督論和聖靈論連繫在一起的是各種爭議，特別是關乎主餐的爭議：主餐那身體性的恩賜（bodily gift）也是「屬靈的」。正如主餐和自然也包括上帝成肉身的道所清楚表明的，我們不應該視聖靈為相對於身體。當然，對路德來說，聖靈和基督論之間的連繫，其意義遠超過神學爭論的複雜性。[83] 聖靈的任務是指向基督：「如果基督不是上帝，那麼父和聖靈也不是上帝，因為我們的文章表示基督是上帝。因此，當我聽到基督說話時，我相信不可分割的神格就正在說話。」[84] 無論聖靈做甚麼，祂主要的目的都是榮耀基督或將基督的工作傳達給我們。路德往往指涉到約翰福音，那裏談到聖靈是由基督差遣，做祂的工作，並令我們想起祂的話。

洛澤（Bernhard Lohse）大膽地說：「由於不斷指涉基督，聖靈在路德的神學中有特別重要的地位。」[85] 這句話的準確性也有更大的背景，那就是對路德來說，在所有神學中沒有任何
教義，是不以聖靈的活動為基本的。[86] 聖靈的工作和活動不能 83

83 Lohse, *Martin Luther's Theology*, 234.

84 引自 Lohse, *Martin Luther's Theology*, 234。

85 Lohse, *Martin Luther's Theology*, 235.

86 進一步，參 Joachim Heubach, ed., *Der Heilige Geist im Verständnis Luthers und*

單單限制於信仰和教會的領域內。[87]

聖靈和律法

路德對聖靈在賜下和實現律法中的角色，抱持一個有趣的觀點。路德總是強調三一的不可分割性：「父並不擁有任何神性、智慧、能力或權力，是從祂和子而出的聖靈所沒有的。」[88] 這樣強調的其中一個原因，是當時的「反規範主義者」（antinomist；字面意思是「反對律法」）運動。在一五三〇年代，當他回應反規範主義者時，路德認為，聖靈在賜下律法和引發男人／女人的罪疚感方面，也扮演一個角色。沒有聖靈，律法不可能指控人犯罪，並感動人心——「聖靈是上帝和創造者，祂以自己的手指在石版上寫下律法，正如摩西第二卷書所說那樣。」[89] 聖靈令我們記起我們的罪，令我們害怕審判。

身為上帝的愛，聖靈滿足律法的要求。和古老的教導一致，路德看到猶太教的五旬節和基督教的五旬節的相似之處：猶太教的五旬節是記念賜下十誡的節日，而基督教的五旬節則象徵賜下屬靈律法。聖靈在五旬節傾出時，律法的要求得到滿足：聖靈沒有廢掉律法，然而，與奧古斯丁的《聖靈／精意與字句》（*Spirit and Letter*）一致的，路德主張聖靈以肯定律法的要求這個方式，來滿足律法的要求。律法說：「你需要有基督和祂的靈」，而福音則說：「看哪，這裏就是基督和祂的靈。」

---

der lutherischen Theologie, Veröffentlichungen der Luther-Akademie Ratzeberg 17 (Erlangen: Martin Luther Verlag, 1990)。

87 在這裏已清楚表明：Prenter, *Spirtius Creator*。它在一個更近期的研究中也很明顯：Peter Albrecht, *Kommentar zu Luthers Katechismen*, ed. Gottfried Seebass (Göttingen: Vandenhoeck & Ruprecht, 1990～1994), 2:175～250。

88 *WA* 31, 275.

89 Lauri Koskenniemi, *Laki ja evankeliumi* (Helsinki: Otara, 1954), 49 ff.

聖靈、道和聖禮

根據路德的觀點，聖靈在宣講的道和聖禮中工作。這或許
是路德對聖靈的工作的觀念最特別的地方。聖靈對信仰的預備
是不可或缺的：「我相信，我不能憑自己的理性或能力相信我 84
主耶穌基督，或者來到祂面前；而是聖靈以福音呼召我，以祂
的恩賜光照我，以真信心潔淨和支持我。」[90]

在堅持聖靈和道之間的固有關係時，路德將五旬節現象（方言、火、風）局限於使徒時代。他理解聖靈給教會的正確工具是道和聖禮，而聖禮則是可見的道。根據路德，雖然五旬節的現象已經停止，但這些現象卻繼續透過聖靈關於聖經和聖禮的職事而運作。風和火象徵給使徒鼓勵和熱忱，而說方言象徵福音本身——以每一種方言被傳講。[91]

換句話說，聖靈的工作是以道和聖禮為「外衣」的。這是路德針對唯靈論者（spiritualists）而有的堅持，他認為他們尋求在道和聖禮以外直接取得恩典。根據路德，這是上帝自己為聖靈的工作定下的秩序。與「天上的先知」（Heavenly Prophets）或唯靈論者相反，路德區分兩種上帝接近我們的方式：（1）「外在」的方式：透過傳講的道和聖禮；和（2）「內在」的方式：透過聖靈和祂的恩賜。這兩種方式都是需要的，但外在的方式是基本的；內在的是外在的作用，而不是倒過來。上帝並不在道和聖禮這些準備工作以外賜下祂的聖靈。

路德認為，在聖經中，沒有人是不需要中介而得到聖靈的。在這個意義上，外在的道對他來說有聖禮性質。不過，這並非表示聖靈的工作只歸屬於外在的道。聖靈住在信徒裏面。

---

90 *WA* 30, 1367～1368.

91 這裏我們應該留意到，路德在翻譯聖經，讓每個基督徒都有自己語言的聖經這事上，扮演了決定性的角色。

路德也提到一種由聖靈推動的特別禱告，令人類的話停止。而且，有些屬靈恩賜——例如醫病——在路德的時代是屬靈生命的正常部分。

稱義和神化：路德和東正教觀點的會合

雖然大致來說，宗教改革運動神學視信心為聖靈那決定性的工作（decisive work），[92] 但宗教改革運動拯救論較後期的發
85 展，特別是在路德傳統中，都更多地以基督論而不是聖靈論用語來表達。[93]

最近期路德學術研究的普遍共識是，因信稱義這普遍的辯論性教義——正如由較後期在墨蘭頓（Philipp Melanchthon）領導下的認信著作闡明那樣——是對路德神學一種片面的理解；[94] 路德自己曾提到上帝在基督裏面的，以及聖靈在信徒裏面的真正臨在。[95] 直到最近期路德研究的復興，特別是在斯堪的納維亞那所謂曼納馬學派（Mannermaa School）的指導下，路德著作的聖靈論潛能才被發現。[96] 在拯救的教義中恢復

92 進一步，參 Wolfhart Pannenberg, *Systematic Theology* (Grand Rapids: Eerdmans, 1997), 3:2。

93 一般而言，在加爾文（John Calvin）的神學中，尤其是拯救論，聖靈向度得到更小心的保存。

94 「信義宗」這個詞有兩個意思：它可以代表在路德的神學，正如在他的作品中所表達出來那樣；或者信義宗所認信或其後信義宗所建構的神學（theology/theologies）。在討論期間，我會顯示這兩者是需要區分的，因為它們不單有不同的強調，也可以有互相矛盾的進路，特別是在稱義這首要教義方面。

95 比較 Kenneth L. Bakken, "Holy Spirit and Theosis: Toward a Lutheran Theology of Healing," *St. Vladimir's Theological Quarterly* 38, no. 4 (1994): 409。

96 有關基本的觀念，參以下：Carl E. Braaten and Robert Jenson, eds., *Union with Christ: The New Finnish Interpretation of Luther* (Grand Rapids: Eerdmans, 1998)；Tuomo Mannermaa, "Theosis as a Subject of Finnish Lutheran Research," *Pro Ecclesia* 44 (1995): 37～48；Risto Saarinen, "Salvation in the Lutheran-Orthodox

聖靈論向度的一個重要推動力，是來自一個意想不到的來源。一九七〇年代，信義宗教會開始與東方教會展開神學對話時，他們回顧路德原來的著作，發現了豐富的聖靈論資源。

在曼納馬學派於一九七〇年代出現前，人們以為神化（*theōsis*）這個觀念，對宗教改革運動來說是完全陌生的，對路德思想來說肯定也是這樣。歷史上，路德因信稱義的教義和東方神化的教義，被視為相當不同。但最近期對路德的普世〔教會〕神學闡述，卻意外地在路德的著作中發現神化的主題和恩典的聖靈論觀念。曼納馬學派提供了一個最出色的，並某程度上也富爭議性的宣稱——神化是路德用來描述拯救的其中一個比喻。

芬蘭信義宗（Finnish-Lutheran）的對話，在一九七七年 86
於基輔（Kiev）產生了一份十分有影響力的拯救論文件，稱為〈拯救作為稱義和神化〉（“Salvation as Justification and Deification”）。共同肯定的引言宣稱：「直到近期，主流的意見都認為，信義宗和東正教的拯救教義有很大分別。不過，在對話中，我們清楚看到，在對話中討論過的這些拯救的重要方面，雙方都有很強的新約基礎，而且兩者都有很大的一致性。」[97]

由於神化是有濃厚聖靈論色彩的拯救形象，它令從聖靈的角度看拯救論的進路變得可能。這在正教—信義宗（Orthodox-

Dialogue: A Comparative Perspective,” *Pro Ecclesia* 5 (1996): 202～213；Veli-Matti Kärkkäinen, “The Ecumenical Potential of Theosis: Emerging Convergences between Eastern Orthodox, Protestant, and Pentecostal Soteriologies,” *Eastern Churches Journal* (forthcoming)；和 Veli-Matti Kärkkäinen, “ ‘The Holy Spirit Has Called Me’ : The Pneumatological Potential of Luther's Doctrine of Salvation,” *Pneuma* (forthcoming)。

97 Hannu Kamppuri, ed., *Dialogue between Neighbours: The Theological Conversations between the Evangelical-Lutheran Church of Finland and the Russian Orthodox Church 1970～1986* (Helsinki: Luther-Agricola Society, 1986), 73.

Lutheran）的對話中得到承認。將「引向神化的新路」界定為「在聖潔中成長的過程」，這份聯合文件引述保羅兩段重要的經文：「我們眾人既然敞著臉得以看見主的榮光，好像從鏡子裏返照，就變成主的形狀，榮上加榮，如同從主的靈變成的。」（林後三 18）神化，藉著深刻和真誠的信心，加上盼望，並以愛滲透，在恩典的影響下發生（林前十三 13）。[98]

在路德的神學中，神化的教義的核心是真正參與基督的神聖生命這個觀念。我們透過參與基督而接受拯救的禮物。[99] 路德傳統持守上帝住在信徒裏面（*inhabitatio Dei*）這個觀念。對曼納馬來說，這可以與神化的教義相比擬的。根據路德，基督及其位格和工作，都臨在於信心之中。[100] 雖然**神化**這個詞沒有經常在路德的著作中出現，但那核心觀念卻是他思想固有的部分；他通常喜歡用「基督在信仰中的臨在」、「參與上帝」、「與上帝聯合」，以及「互滲互存」（*perichōrēsis*）——這個著名的東方辭彙——和其他詞語。

在路德學術研究中，這個新進路的聖靈論含義是明顯的。主要的觀念——基督透過信心臨在——可以用聖靈論的方式表達：拯救的禮物透過基督的靈傳達。參與上帝，只有透過基
87 督的靈——嗣子的靈——才得以可能。[101]「沒有聖靈便沒有因信稱義。稱義的信心本身就是經驗——上帝的愛『透過聖靈』（羅五 5）傾進我們的心中。」[102]

98 Kamppuri, ed., *Dialogue between Neighbours*, 75.

99 同樣，例如：Pannenberg, *Systematic Theology*, 3:215ff。

100 Mannermaa, "Theosis," 42～44; Tuomo Mannermaa, "Luther ja Theosis," in *Pastor et Episcopus Animarum, Studia in Honorem Episcopi Pauli Verschuren*, ed. Pentti Laukama (Vammala, Finland: Vammalan Kirjapaion, 1985), 15～29.

101 有關路德的嗣子這個觀念，一個簡短的總結，參 Risto Saarinen, "The Presence of God in Luther's Theology," *Lutheran Quarterly* 3, no. 1 (1994): 9～10。

102 Bakken, "Holy Spirit and Theosis," 410.

・五旬節／靈恩運動中的聖靈・

五旬節／靈恩現象的出現和擴展

五旬宗（Pentecostalism；或譯「五旬節宗派」）[103] 及後期的靈恩運動（Charismatic movements）[104] 的出現和快速增長，影響了全球的基督教，而二十世紀則見證了基督教會這個觸目的發展。最流行關於五旬宗的歷史著作，通常將它在美國的源頭，追溯到始於一九〇一年一月，在堪薩斯州（Kansas）的托皮卡（Topeka），於帕勒姆（Charles F. Parham）的伯特利聖經學院（Bethel Bible School）所發生的復興。那些學生在花了一些時間專門研究使徒行傳關於方言的記載後，開始以一些（不知名的）方言說話。幾年後，這個復興透過聖潔運動（Holiness）的傳道人西摩（William J. Seymour）而更為人所知。他在加州洛杉磯的阿蘇撒街佈道所（Azusa Street Mission）中，傳講關於五旬節的新信息。從一九〇六年開始，關於聖靈「傾出」的消息，傳遍全國和世界各地。不久，五旬節的復興（Pentecostal revivals）便在加拿大、英國、斯堪的納維亞、德國，以及亞洲、非洲及拉丁美洲的部分地區出現。

103 有關五旬宗的出現和基本定義的簡短陳述，可以在編輯文章中找到："The Pentecostal and Charismatic Movements," in *Dictionary of Pentecostal and Charismatic Movements*, ed. Stanley M. Burgess and Gary B. McGee (Grand Rapids: Zondervan, 1988), 1～6。到了今天，對全球五旬宗的歷史和神學最著名的介紹，仍然是 Walter J. Hollenweger, *Pentecostals* (London: SCM Press, 1972 and subsequent edition)，以及它的續集：*Pentecostalism: Origins and Developments Worldwide* (Peabody, Mass.: Hendrickson, 1997)。

104 或許對主要靈恩運動的來源和歷史最容易閱讀的介紹是 Peter Hocken, "The Charismatic Movement," in *The Dictionary of Pentecostal and Charismatic Movements*, 130～160。也參近期兩期 *Pneuma*: 16, no. 2 (1994) 和 18, no. 1 (1996)。

雖然五旬宗在二十世紀初出現的故事廣為人知，但對這運
動的具體來源，研究者仍然未有共識。[105] 人們曾提出了四個主
要的建議。（1）有些人渴望將現代五旬節運動的源頭，連繫
88 到帕勒姆和他的學生在堪薩斯州托皮卡的工作。（2）這個運
動的非白人歷史學家和神學家往往強調，黑人聖潔運動的傳道
人西摩和於一九〇六年四月在加州洛杉磯所興起的「使徒信心
會」（Apostolic Faith Mission）所扮演的主要角色。[106]（3）
有些教會相信它們構成最早的五旬節宗派，並宣稱它們的領袖
或成員，在帕勒姆或西摩以前已經說方言。（4）最後，有些
人視五旬宗的來源是上帝的至高工作，不能追溯至任何單一
的領袖或羣體，然而應該歸因於聖靈在世界各地自發的和同
步的傾出。

學者對這運動的根源——神學性、歷史性和靈性——這個相關問題也有爭議。不過，基本的共識是，這運動的背後是十九世紀衞斯理聖潔運動（Wesleyan-Holiness）的遺產。除了衞斯理聖潔運動那形塑性的影響外，根據霍倫韋格，透過衞斯理和他的著作，天主教靈性也是一個重要的影響。[107] 從衞斯理那裏，五旬節宗派接受了對聖潔和成聖的強調，有時稱之為「第二祝福」（second blessing）或「聖靈的洗／浸禮」；從天主教那裏，他們接受了密契—靈恩式（mystical-charismatic）

105 參 Cecil M. Robeck, "Pentecostal Origins from a Global Perspective," in *All Together in One Place: Theological Papers from the Brighton Conference on World Evangelization*, ed. Harold D. Hunter and Peter D. Hocken (Sheffield: Sheffield Academic Press, 1993), 166～180。

106 參非洲裔美國五旬宗的廷尼（James S. Tinney）的文章：James S. Tinney, "William J. Seymour: Father of Modern Day Pentecostalism," *Spirit: A Journal of Issues Incident to Black Pentecostalism* 1, no. 1 (1976): 33～34。

107 W. J. Hollenweger, "From Azusa Street to the Toronto Phenomenon: Historical Roots of the Pentecostal Movement," *Concilium* 3 (1996): 3～14.

的屬靈傳統；從非洲裔美國信徒那裏，他們接受了熱忱、以身體來表達的崇拜風格。

大約在五旬宗出現後五十年，那復興開始進入較古老的教會。關於在美國這復興的消息——後來被稱為「靈恩復興／運動」（Charismatic renewal/movement）[108]——隨著當時關於美國聖公會教區長貝內特（Dennis Bennett）在加州曼納斯（Van Nuys）那些了不起的事情的報導，而開始於一九六〇年在全國層面浮現。隨著運動發展，它擴展到其他新教教會、羅馬天主教，最後也擴展到東正教會。它為很多教會帶來屬靈生命復興的經驗。

人們通常視一九六七年在匹茲堡（Pittsburgh）都肯大學 89
（Duquesne University）那個由全體師生所成立的靈恩祈禱小組，作為羅馬天主教靈恩復興的開始。在明尼蘇達州聖保羅（St. Paul）的美國信義會（Lutheran Church of America），在克里斯坦森（Larry Christenson）帶領下的五旬節式復興（Pentecostal-type revival），則標誌著靈恩運動進入了信義宗。

在二十世紀，五旬節／靈恩運動成了新教最大的運動。[109]

---

108 Henry I. Lederle, *Treasures Old and New: Interpretation of "Spirit Baptism: in the Charismatic Renewal Movement* (Peabody, Mass.: Hendrickson, 1988), xiii；這讓我們方便地看到那分別，大部分是關乎來源：「五旬宗和靈恩運動最有用的區別是，它們是源於一九〇六年還是一九六〇年。」

109 L. Grant McClung Jr., "Pentecostal/Charismatic Perspectives on a Missiology for the Twenty-First Century," *Pneuma* 16, no. 1 (1994): 11；這裏指出：「巴雷特（David Barrett）對五旬節／靈恩傳統（現在有超過四億人，並每年增長一百九十萬，每天增長五萬四千）的描述是，它以『驚人的不同範疇』出現——有三十八個主要範疇，一萬一千個五旬節宗派和三千個獨立靈恩宗派；它們分佈在八千個種族語言文化和七千種語言中。一個全球五旬宗的剖析圖顯示出一種國際性五旬節／靈恩的混合——在市區多於市郊，女性多於男性，第三世界（66%）多於西方，貧窮（87%）多於富裕，以家庭為主多於個人主義式的，而且平均年齡在十八歲以下。」

霍倫韋格指出：「它在九十年間從零增長到四億，在教會歷史上是前所未有的。」[110] 如果現在羅馬天主教是最大的基督教羣體，那麼古典五旬節宗派（classical Pentecostals）現在則是第二大的羣體，而且正迅速增長。天主教現時佔全球基督教會的百分之五十，而五旬節宗派則佔百分之二十。

核心：動態、靈恩式的靈性

從一開始，五旬宗便以多元化為特點，因此任何分類最多也只是概括性的。它的多元化有兩個明顯原因，那是五旬宗那融合多元文化和多元民族的肇始，以及它在多個文化背景下的成長。[111] 實際上我們應該談論的是眾數（即：Pentecostalisms）而不是單數的五旬宗（即：Pentecostalism；彷彿它是單一現象）。[112]

五旬宗的多元化可以在它的主要「神學」，以及必然地在它們對聖靈的理解的不同強調——正如它們現在所呈現的——中看到。[113]（1）衛斯理五旬宗（Wesleyan Pentecostals）強調衛斯理「第二祝福」那即時成聖的教義。他們只是加上在聖靈裏
90 的洗／浸禮——以說方言為迹象——作為「第三祝福」。（2）浸信會五旬宗（Baptistic Pentecostals）以神召會（Assemblies of God）在一九一四年的成立為開始，現時它是最大的五旬節宗派。它們強調逐漸聖潔，以及比大部分五旬節宗派更接近長老會和公理會的教會管理形式。大部分在一九一四年以後成立的

---

110 Hollenweger, "From Azusa Street to the Toronto Phenomenon," 3.

111 有關近期的討論，參 Allen H. Anderson and Walter J. Hollenweger, eds., *Pentecostals after a Century: Global Perspectives on a Movement in Transition* (Sheffield: Sheffield Academic Press, 1999)。

112 Cecil M. Robeck, "Taking Stock of Pentecostalism," *Pneuma* 15, no. 1 (1993): 45.

113 我在這裏依從賽南（Vinson Synan）的分類：Vinson Synan, "Pentecostalism:

五旬節派羣體都反映這部分。（3）獨一神格五旬宗（Oneness Pentecostals）今天大約佔五旬宗的四分之一，也稱為「耶穌的名」五旬宗（"Jesus' name" Pentecostals），是五旬節羣體中，在神學上最徹底偏離正統的代表。這些教會主要教導一種子的神體一位論（unitarianism）：否定傳統的三一教義，並宣稱耶穌是父、子和聖靈。他們奉耶穌的名（再）受洗／浸，也是惟一教導（或者至少暗示）得救需要說方言的主要五旬節團體。（4）靈恩五旬宗（Charismatic Pentecostals；後來只是稱為「靈恩派」〔Charismatics〕）是那些在經歷過聖靈的新工作後決定留在自己教會的人，他們並且將五旬節宗派的實踐和神學的一些方面，吸收到自己傳統的神學框架中。（5）獨立五旬節靈恩派（Independent Pentecostal Charismatic）的神學和靈性有不同的議程。其中兩個最近期和最著名的是，一九九四年開始的「多倫多祝福」（Toronto blessing），以及幾年後開始的潘撒克拉復興（Pensacola revival）。（6）五旬宗和靈恩運動那無盡的變化，特別是在「三分之二世界」（Two-Thirds world；編按：即貧窮人口最多地區）中，都有助五旬宗的異質性；其中一些團體明顯接近落在非基督教的宗教邊界上（特別是在非洲）。

五旬宗代表基本的靈性運動，多於新奇的神學建構。它沒有產生新的神學，而是產生一種新的靈性和進取的佈道方法。因此，在它發展的幾乎每一個階段都引發爭議。負面的態度出現，不單單是因為五旬宗那打破傳統的崇拜和實踐形式，更主要是因為它挑戰所謂「終止論的」（cessationist）原則。（這個原則認為，奇迹或特別的恩賜已經在或接近使徒時代結束時終止了；[114] 教會歷史和歷史神學學者已主張和解釋，在最早

Varieties and Contributions," *Pneuma* 8, no. 2 (1986): 34～36。

114 進一步，參 Jon Ruthven, *On the Cessation of the Charismata: The Protestant Polemic*

期教會那「聖靈和能力的宗教」已經消失。）根據這個觀點，「五旬宗的顯著特點是它相信屬靈恩賜在今天彰顯，例如神蹟的醫治、預言和最特別的說方言（glossolalia）。五旬宗肯定這
91 些屬靈恩賜（恩賜〔charismata〕）是由聖靈賜下的，它們在當代教會生活和職事中是合乎規範的。」[115] 很多這運動的觀察者都認為，「對恩賜的重新評價」[116] 而不是神學分析，才是五旬宗和後期的靈恩運動對基督教歷史的最重要貢獻。[117]

五旬宗向現代教會（重新）介紹一種動態的、熱忱的靈性。[118] 五旬節靈性（Pentecostal spirituality）的核心焦點，就是要密契地將上帝經歷為超自然的。經驗的範疇，對理解五旬節靈性，並對理解他們的崇拜是必不可少的。用阿爾布雷克特（Daniel Albrecht）——五旬節靈性的研究員——的話來說：

> 毫無疑問地，〔五旬節宗派〕教會的主日崇拜……是設計來為密契**相遇**——與神性（the divine）相遇的經驗——提供環境。這相遇是由神聖的即時臨在這感覺而傳達的。崇拜和祭壇／回應的基本禮儀，是特別要令會友敏感神聖的臨在，並刺激對上帝有意識的經驗……那些動作、禮儀行動和象徵都在這環境內發揮功用，藉此講述彰顯的臨在。[119]

---

on Postbiblical Miracles (Sheffield: Sheffield Academic Press, 1993)。

115 Ruthven, *On the Cessation of the Charismata*, 14.

116 Synan, "Pentecostalism," 36.

117 Synan, "Pentecostalism," 37.

118 有關五旬節靈性一個權威的描述，參 Daniel E. Albrecht, *Rites in the Spirit: A Ritual Approach to Pentecostal/Charismatic Spirituality* (Sheffield: Sheffield Academic Press, 1999)。

119 Daniel E. Albrecht, "Pentecostal Spirituality: Looking through the Lens of Ritual," *Pneuma* 14, no. 2 (1996): 21，強調為筆者所加。

對五旬節宗派來說，「崇拜」是言說「上帝臨在」的另一種方式。[120] 他們的崇拜是自發性的有趣混合；例如說方言、預言和禱告祈求醫治等屬靈恩賜的運用；以及專注於與上帝的密契相遇。聖靈不是崇拜的中心。相反，在聖靈的能力中，核心焦點是在耶穌基督和上帝身上。五旬宗那表達性的崇拜——往往被公眾和學者稱為「感情主義」（emotionalism）或「宗教狂熱」（enthusiasm）——繼續孟他努主義者、重洗／浸派、貴格會、震顫派（Shakers），以及其他復興運動的傳統。這種崇拜往往伴隨著以方言歌唱、向主鼓掌、舉手，以及高聲呼喊「阿們」和「哈利路亞」。[121] 不過，更傳統和建制性的宗派，近期
開始欣賞五旬節宗派的活力，並顯示渴望透過更禮儀性的形式 92
表達這種活力，這可見於由五旬節宗派在坎培拉（Canberra）的普世基督教會協進會大會（World Council of Churches Assembly，1991 年），以及在聖安東尼奧（San Antonio）的世界宣教會議（World Missions Conference，1989 年）所帶領的崇拜聚會。

五旬節／靈恩進路強調為見證和事奉的緣故，透過聖靈而得著能力（empowerment）。個人和羣體佈道得到很大的優先性，這或許是這運動那驚人增長的主要因素。五旬節靈性和崇拜強調超自然。「五旬節宗派設想一個受超自然元素入侵的世界。五旬節宗派教導信徒期望與超自然相遇……預兆、奇事和神蹟的宣稱不限於主日禮儀的區域。它們要成為日常生活的一部分。」[122]

霍倫韋格指出，五旬宗通常不是基於教義上的一致，而是基於對聖靈的共同經驗，他因而提出：

120 Albrecht, "Pentecostal Spirituality," 9.

121 Synan, "Pentecostalism," 37.

122 Albrecht, "Pentecostal Spirituality," 23.

> 認真地看待，這提供了在**口頭**文化中發現一種神學方法論的真正可能。在那裏，溝通的媒介——正如在聖經時代一樣——不在於定義，而在於描述；不在於陳述，而在於故事；不在於教義，而在於見證……若有誰否認個人可以在以上這些範疇〔編按：即描述、故事、見證〕中從事正當的神學，他／她便需要證明聖經不是神學書籍。我們從事神學的方法是一種在文化上有偏見的形式。（然而在我們的文化中必然這樣！）還有其他同樣適切地從事神學的形式。五旬宗為這種不同的方法論提供材料和元素。[123]

五旬節宗派聖靈論的特點

要正確理解五旬節宗派靈性的特點，重要的，是要留意五旬節宗派主要基於他們那獨特的靈性來理解自己。[124] 那是五旬節宗派身分的核心。[125] 根據波洛瑪（Margaret Poloma），
93 五旬節宗派「〔藉著〕提供一個與超自然相遇的媒介……〔以及〕以明確後現代的方式，將自然和超自然、情感和理性、靈恩式的和建制性的熔合起來，提出對現代性的人觀式的抗議。」她曾這樣描述這種五旬節宗派的世界觀：「這種世界觀對超自然——工具理性的現代社會中一種另類的世界觀

123 W. J. Hollenweger, "Charisma and Oikumene: The Pentecostal Contribution to the Church Universal," *One in Christ* 7 (1971): 332～333.

124 Richard Israel, Daniel E. Albrecht, and Randal G. McNally, "Pentecostals and Hermeneutics: Texts, Rituals, and Community," *Pneuma* 15, no. 2 (1993): 146。也參 Jean-Daniel Plüss, *Therapeutic and Prophetic Narratives in Worship: A Hermeneutic Study of Testimony and Vision* (Frankfurt: Peter Lang, 1993).

125 有關詳情，參 V.-M. Kärkkäinen, "On Free Churches' Identity in Ecumenical Context: Pentecostalism as a Case Study," *Mid-Stream: The Journal of the Ecumenical Movement* (forthcoming)。

（*Weltanschauung*）——的相信和經驗。」[126]

戴道諾（Donald Dayton）在《五旬宗的神學根源》（*Theological Roots of Pentecostalism*）[127] 這本重要著作中，促請五旬節宗派透過涉及幾個神學因素的範式來理解自己。他所列出那四個因素，是以稍為不同的方式在十九世紀美國的衞斯理聖潔運動中出現，但卻在五旬節宗派思想中被改造，並以四方福音會（Foursquare Gospel）——其中一個相當古老和最龐大的五旬節派羣體——的創辦人麥克弗森（Aimee Semple McPherson）所推廣的方式中有力地被使用：耶穌被理解為救主、在聖靈裏的洗／浸禮者、神聖的治療者，以及再來的君王。此外還加上另一面，以孕育五旬宗的聖潔運動為根源，並因此五旬節宗派被稱為「全備福音」（full gospel）基督徒。這全備福音由以下五個神學主題組成：

1. 在基督裏的因信稱義
2. 因信得以成聖，這作為恩典第二個確定的工作
3. 在拯救中，所有人身體都得醫治
4. 基督在千禧年前再來
5. 在聖靈裏受洗／浸，以說方言作為明證

這最後一個主題成了古典五旬宗的最大特點。[128] 或許，所

126 我在這裏找到這段引文：Timothy B. Cargal, "Beyond the Fundamentalist-Modernist Controversy: Pentecostals and Hermeneutics in a Postmodern Age," *Pneuma* 15, no. 2 (1993): 163。

127 Donald Dayton, *Theological Roots of Pentecostalism* (Peabody, Mass.: Hendrickson, 1987).

128 Steven J. Land, *Pentecostal Spirituality: A Passion for the Kingdom* (Sheffield: Sheffield Academic Press, 1993), 18.

有信徒的「先知身分」（prophethood）可以成為第六個主題。[129]

霍倫韋格曾認為，界定五旬節宗派身分的範式必須更廣義地被理解。他對構成五旬節宗派身分的範疇那經典描述包括以下幾點：

- 禮儀的口頭表達
- 神學和見證的敘事性
- 94 最多參與在反思、禱告和作決定的層面，因而是一種調和的（reconciliatory）羣體的形式
- 將夢和視象包含進個人和公共的崇拜形式中；它們作為個人和羣體的一種聖像（icon）
- 一種對身體／思想的關係的理解，這是由身體和思想的對應經驗所引導；這種洞見最驚人的應用，是祈禱醫治的職事[130]

我們在這裏不能確定，這些對五旬宗的描述最終是否合法，重要的，是留意五旬宗強調活的靈恩式的靈性，而不是論證性的神學（discursive theology）。

靈恩式的聖靈論的特點

雖然五旬宗和靈恩運動有基本的共同之處，它們也有確實的分別，這在聖靈論進路上變得明顯。[131] 基於靈恩神

129 Land, *Pentecostal Spirituality*, 18.

130 W. J. Hollenweger, "After Twenty Years' Research on Pentecostalism," *International Review of Missions* 75 (January 1986): 6。他在很多其他著作也提出這種清單，而且被很多這運動的觀察者熱忱地引述，包括運動以內和以外的人。在更近期，霍倫韋格（Hollenweger, "From Azusa Street," 3～14）用以下的話總結五旬宗的「根源」：（1）黑人口頭根源；（2）天主教根源；（3）福音派根源；（4）批判根源；（5）普世根源。

131 有關靈恩聖靈論的基本文件，參 Kilian McDonnell, ed. *Presence, Power, Praise:*

學（Charismatic theologies）是由不同的教會傳統模塑這事實，這分別是可以理解的。例如：天主教靈恩運動（Catholic Charismatic Movement）同樣（或更多）地由它對天主教教會的委身，加上它對某種屬靈經驗的委身所模塑的。[132]

雖然聖靈的洗／浸禮是大部分靈恩運動者的核心經驗，但
不是所有靈恩神學家都以同一方式理解洗／浸禮。大部分靈恩 95
神學家都以「有機的」（organic）方式看洗／浸禮，將它與
水的洗／浸禮等同，雖然它在很後期才是透過屬靈恩賜實現。
對靈恩運動者來說，這個觀點避免了「初步憑據」（initial
evidence）教義——兩個洗／浸禮的觀念——這個困難，也避免
將基督徒分為受聖靈洗／浸禮和沒有受聖靈洗／浸禮的。

五旬宗代表著那具有復原主義傾向（restorationist tendency）的復興運動，因此對歷史和傳統持輕視態度。相反，靈恩神學家通常更留意傳統，並且根據他們傳統的歷史根源來看聖靈。在自己的歷史中尋找——甚至是「在聖靈裏歌唱」——的例子，天主教靈恩運動者特別經常提醒基督徒，屬靈恩賜從沒有在教會生活中消失。

靈恩基督徒通常比五旬節宗派基督徒更專注於羣體。他們對羣體生活，以及對相通與聖靈的工作間的關係有更大的感

Documents on the Charismatic Renewal, 3 vols. (Collegeville, Minn.: Liturgical Press, 1980)。

132 進一步，參 Francis A. Sullivan, "Catholic Charismatic Renewal," in *The Dictionary of Pentecostal and Charismatic Movements*, 110～125；Kilian McDonnell, "Catholic Charismatic Renewal and Classical Pentecostalism: Growth and Critique of a Systematic Suspicion," *One in Christ* 23 (1987): 36～61；Kilian McDonnell, *Charismatic Renewal and Churches* (New York: Seabury Press, 1976)；Kilian McDonnell, *Charismatic Renewal and Ecumenism* (New York: Paulist Press, 1978)；和 Kilian McDonnell, ed. *The Holy Spirit and Power: The Catholic Charismatic Renewal* (Garden City, N.Y.: Doubleday, 1975)。

受。對在較禮儀的宗派裏的靈恩運動者來說，這尤其真實。他們看見聖靈透過傳統工作，這傳統帶有並解釋神聖的啟示。聖靈的新經驗是透過聖經和傳統來解釋的。相信聖靈在歷史和教會中工作，靈恩運動者尋找他們的新經驗與承傳給他們的信仰之間的延續性。例如：在天主教復興運動中，聖靈被視為在教會的七個聖禮中工作，而這一切都是有賴上帝的恩典和接受者的信心（如果是嬰孩洗禮，則是父母的信心）。

靈恩運動者也努力顯示他們的經驗怎樣補充傳統神學，並可以成為傳統神學的一部分。不過，孔加爾關心的是，在很多靈恩神學中，都有一種「恩賜」和「制度」之間不健康的對抗，[133] 這在五旬宗來說肯定是真實的。換句話說，聖靈的「自由」事奉得到欣賞，而組織的必要，甚至聖靈職事的領袖「控制」或引導卻受到質疑。

聖靈洗／浸禮的神學

五旬節宗派聖靈論最重要的方面是聖靈洗／浸禮的教義。[134] 近年，這個備受爭議的觀念在五旬節／靈恩運動者和其他基督教神
96 學家的對話中，成了其中一個廣受討論的聖靈論主題。近來甚至有人提出，在聖靈裏受洗／浸在今天的重要性，可以與路德時代因信稱義的重要性相比。已故的「五旬節先生」（Mr. Pentecost）杜普萊西（David du Plessis）主張，五旬宗的特點不是佈道的熱忱或醫治，而是聖靈的洗／浸禮——以屬靈恩賜作為彰顯。[135] 對很多人來

133 Cognar, *I Believe in the Holy Spirit*, 2:165～169.

134 聖靈洗／浸禮不同神學的標準來源是 Lederle, *Treasures Old and New*。也參 Kilian McDonnell and Arnold Bittlinger, *The Baptism in the Holy Spirit as an Ecumenical Problem* (Notre Dome: Charismatic Renewal Service, 1972)。

135 Sandidge, *Roman Catholic-Pentecostal Dialogue*, 1:41。在普世事業開始時的早期階段，杜普萊西已經指出在聖靈裏的洗／浸禮可以配合不同的教會體制。

說，聖靈洗／浸禮的教義不單是五旬宗的「獨特方面」（distinctive aspect），也是靈恩運動的「獨特方面」。[136]

五旬節派視聖靈洗／浸禮的事件為獨特的，而且是在歸信以後發生的。換句話說，聖靈洗／浸禮和歸信是兩件不同的事件，雖然它們通常有關連。因此，五旬節宗派相信，聖靈在歸信／重生和聖靈洗／浸禮中有不同的行動。

實際上，五旬節宗派有兩個版本的拯救秩序（*ordo salutis*）。早期的五旬宗往往強調，聖靈洗／浸禮是第三種獨特的經驗，在最先的稱義／新生／重生，以及接著的成聖之後。正如人們所創造的那樣：「聖靈的洗／浸禮，是降在成聖的生命上的能力恩賜。」[137] 較後期的古典五旬節宗派教導，愈來愈減輕甚至不理會成聖這第二個工作，作為聖靈洗／浸禮的先決條件。因此，現時五旬節宗派大致談及，聖靈洗／浸禮作為上帝恩典的第二個經驗，不是為了使生命成聖，而是為了得到力量作見證。一方面，成聖被理解為包括在歸信之中（作為初步階段）；另一方面，它則被理解為一生的成長過程。

除了得著能力外，五旬節宗派也用其他用語來傳達聖靈洗／浸禮的意義：對信仰的實在有一種新的感覺、有能力作見證、生命完滿、接受上帝的靈恩恩賜；等等。五旬宗最奇特的特點，是將在聖靈裏的洗／浸禮與說方言密切等同。顯然大部分五旬節宗派都相信，說方言是聖靈的洗／浸禮的「初步（肉體）憑據」（the initial [physical] evidence）。[138]

136 Lederle, *Treasures Old and New*, xi：「靈恩運動主要的特別教義肯定是聖靈的洗／浸和聖靈的恩賜。」

137 J. Rodman Williams, "Pentecostal Spirituality," *One in Christ* 10 (1974): 180～192。也參 Tak-Ming Cheung, "Understandings of Spirit-Baptism," *Journal of Pentecostal Theology* 8 (1996): 115～128。

138 進一步，參 Gary B. McGee, ed., *Initial Evidence: Historical and Biblical Perspectives*

97 對於聖靈洗／浸禮，其他五旬節宗派的解釋包括**聖禮**觀點（sacramental view）和**非聖禮／綜合**觀點（non-sacramental/integrative view）。根據聖禮觀點，聖靈洗／浸禮是一個突破，以達致有意識地察覺那透過水禮已經接受和臨在的聖靈。它不是新的賜予，而是將已經接受的恩典實現。有些五旬節宗派使用**釋放**（release）這個詞來形容這事件。[139] 這種觀點被稱為「原本天主教對聖靈洗／浸禮的解釋」。它「很接近官方天主教立場，也得到信義宗、聖公會和長老會圈子的支持。」[140]

非禮儀的觀點視聖靈洗／浸禮為「新的賜予」（new imparting），與任何即時的禮儀背景沒有關連。換句話說，接受聖靈並不在水禮的那一刻（自動）出現，而是需要另一個賜予。這個觀點的背景，可以在阿奎那對聖靈幾個賜予的理解中找到的。根據非禮儀的解釋，在聖靈的洗／浸禮中，人們接受聖靈真正的賜予。[141]

除了這些解釋外，還有第三個解釋，稱為「主導觀點」或「基督徒經驗的統一模式」。根據這個觀點，我們可以在同時稱義又是有罪的信徒身上，看到一個逐漸發展的模式，這沒有任何兩個層次（稱義和聖靈洗／浸禮）或三個層次（稱義、成聖和聖靈洗／浸禮）的模式。巴特對聖靈洗／浸禮的理解，說明這個觀念：「因此我們認為，理解聖靈的洗／浸禮……為人過完整的基督徒生活的神聖預備，這是合法的。」[142]

---

on the Pentecostal Doctrine of Spirit Baptism (Peabody, Mass.: Hendrickson, 1991)。

139 進一步，參 Kilian McDonnell and George T. Montague, *Christian Initiation and Baptism in the Holy Spirit: Evidence from the First Eight Centuries* (Collegeville, Minn.: Liturgical Press, 1991)。

140 Lederle, *Treasures Old and New*, 105, 106.

141 Francis Sullivan, *Charisms and Charismatic Renewal* (Ann Arbor, Mich.: Servant Publications, 1982).

142 Karl Barth, *Church Dogmatics*, vol. 4/1 (Edinhurgh: T & T Clark, 1969), 31。巴特似乎將聖靈的洗／浸禮等同上帝在基督裏的復和行動。

天主教神學家麥克唐奈和蒙塔古（George Montague）對聖靈洗／浸禮的早期理解，進行了開創性的研究。他們顯示無可爭議的證據，藉以表明在最初的幾個世紀，基督徒視聖靈洗／浸禮為加入基督教那不可缺少的部分，而且它通常伴隨著一些五旬節式的屬靈彰顯。

一篇來自特土良的文章，說明了教父對基督教入門（Christian initiation）、聖靈洗／浸禮和恩賜的理解。根據特
土良所知，入門的禮儀包括水禮（water bath）、抹油、按手和 98
守聖餐。[143] 用特土良自己的話來說，教會「以水作印記，以聖靈作衣服，以聖餐作食物。」[144] 特土良的《論洗／浸禮》（*On Baptism*）接著指出：

> 因此，蒙福的你們，上帝的恩典正在等待你們——你們這些快將從新生（new birth）最神聖的水禮中開始的人，你們第一次在你們母親的房子裏伸出雙手：和你們的弟兄姊妹一起，求你們的父，求你們的主，賜下祂遺產的特別禮物——那恩賜的豐富。祂說，祈求就必得著。事實上，你們已經尋找，你們已經找到；你們已經叩門，門已經為你們打開。[145]

這段文字具說服力地顯示，在這個早期的時間，在教會中基督教入門的基本元素是水禮——「邀請和歡迎聖靈」——以及伴隨著的恩賜，例如預言和說方言等作為「遺產」。這個經驗是

143 Kilian McDonnell, "Communion Ecclesiology and Baptism in the Spirit: Tertullian and the Early Church," *TS* 49 (1988):678～679.

144 *Prescription against the Heretics* 36 (*SC* 46, 138～139).

145 *De baptisme* 20 (*SC* 35, 96)。特土良的話「第一次張開你雙手」（*primas manus... aperitis*）所指的是禱告，而「在你母親的房子」（*apud matrem*）所指的是教會。

在信徒做了一段時間——或許長達三年——的慕道者後發生的。麥克唐奈和蒙塔古根據他們的調查總結說：「研究支持古典的五旬節宗派的教導，並認為聖靈的洗／浸禮不是次要而是主要的。人們預期有聖靈的恩賜，並在入門的禮儀時接受這些恩賜，因為它們屬於基督徒的裝備，是用來建立羣體的。」[146]

·〔教會〕合一運動神學中的聖靈·

聖靈論的普世潛力

在結束我們對不同基督教傳統——包括新的和舊的傳
99 統——怎樣理解和挪用聖靈的研究時，我們轉向〔教會〕合一運動（ecumenical movement）對聖靈的神學和觀念。除了五旬節／靈恩運動的出現外，沒有任何發展好像〔教會〕合一運動那樣重新形塑基督教的性質，這說法是不會引起爭議的。我們可以從這事實中找到支持：自從一九六〇年代的第二次梵蒂岡會議以來，甚至羅馬天主教——雖然好像五旬節派一樣不是普世基督教會協進會的成員——也向普世主義（ecumenism）打開它的大門。

當然，我們需要留意，普世主義是一個比普世基督教會協進會或其他正式普世組織更全面的觀念；大部分基督徒都明顯不是普世基督教會協進會的成員。不過，同樣真實的是，普世

146 Kilian McDonnell, "Five Defining Issues: The International Classical Pentecostal/Roman Catholic Dialogue," *Pneuma* 17, no. 2 (1995): 180。在《基督徒入門》（*Christian Initiation*）中，麥克唐奈和蒙塔古研究十三段後聖經文本（post-biblical texts）。這些見證包括五位教會的學者：希拉流（Hilary）、區利羅、屈梭多模（John Chrysostom）、巴西流、拿先斯的貴格利，再加上特土良、俄利根（Origen）及菲洛克塞努斯（Philoxenus），並包括拉丁、希臘和敍利亞文化。

基督教會協進會在基督教會努力提供合一的見證，以及尋找方法克服現存的障礙方面，其角色是無可比擬的。

近年，幾位天主教普世主義者提到聖靈論對基督教統一的工作的重要性。杜勒斯（Avery Dulles）認為，普世〔教會〕神學的規則必須「以聖經為根源，向教會負責，向批評開放，對聖靈現時的帶領敏感」。[147] 羅薩托（Philip Rosato）充滿信心地宣告，聖靈論為分裂的基督教羣體提供新的會面地點，以供對話。[148] 迪特里希・立敕爾（Dietrich Ritschl）闡釋「神學的治療任務」（therapeutic task of theology），在其中，由聖靈推動的多元化和多樣化被承認為統一的條件。[149]

值得留意的是，羅馬天主教是第一間與五旬節宗派和靈恩運動者——代表著基督教對聖靈的經驗和反思那最年青的部分——開始官方對話的教會，而且直至一九九六年世界改革宗教會聯盟（World Alliance of Reformed Churches）和世界五旬節教會（World Pentecostal Churches）開始展開國際對話前，羅馬天主教都是惟一展開這種對話的教會。對普世教會來說，這對話帶來很大的潛力，其中原因有幾個。首先，這是兩個最大的基督教會之間的對話，它們幾乎總共佔了全體基督徒的三分二。第二，它的核心焦點是聖靈和靈性，因此它可以為統一

147 Avery Dulles, "Method in Ecumenical Theology," in *The Craft of Theology: From Symbol to System*, ed. Avery Dulles (New York: Crossroad, 1992), 195。從這個意義來說，我們可以批評龔漢思（Hans Küng）所提供的普世〔教會〕神學模式，因為它完全沒有提到聖靈論，這從他對普世主義的定義可以清楚看到，見 Hans Küng, *Theology for the Third Millennium: An Ecumenical View* (New York: Doubleday, 1988), 169, 206。

148 Philip Rosato, "Called by God, in the Holy Spirit: Pneumatological Insights into Ecumenism," *The Ecumenical Review* 30 (1978): 110～126.

149 Dietrich Ritschl, "The Search for Implicit Axioms behind Doctrinal Texts," *Greg* 74 (1993): 219.

100 打開新的前景。[150] 第三，這是具有悠久歷史和傳統的建制教會與全球獨立教會運動之間的對話；以普世方法論（ecumenical methodology）的辭彙來表達，它代表了普世主義未來的挑戰和潛力。

天主教的李保羅——其博士論文提及關於這對話的某些方面——認為，這對話有助天主教神學家試驗邁向基督教的合一那真正的聖靈論進路。

> 這科學〔也就是聖靈論〕提供新的普世匯集地，特別是關於教會在神學上更一致的理解。聖靈繼續為教會帶來盼望、活力和新的洞見。今天基督徒對聖靈論重新感興趣，這對更全面和以上帝為中心的教會論，有正面的含義。聖靈神學正在增長的一致性，有希望帶來新的突破，例如在傳統教會論中「靈恩式的」和「制度性」之間、平信徒和聖職人員之間、歷史和終末之間，以及將教會理解為「事件」和「組織」之間的張力。[151]

李保羅進一步主張，聖靈論提供「可供現在經驗和已實現（realized）的終末論式盼望（eschatological hope）」，並在分歧的基督教世界中，提供「供對話的新相會點」。[152] 它為普世工作帶來新盼望和新挑戰。[153]

同樣，在與普世基督教會協進會有關的神學中，正在浮現

150 有關對話頭十五年的聖靈論的分析，參 V.-M. Kärkkäinen, *Spiritus ubi vult spirat: Pneumatoloy in the Roman Catholic-Pentecostal Dialogue (1972～1989)*, Schriften der Luther-Agricola-Gesellschaft 42 (Helsinki: Luther-Agricola Society, 1998)。

151 Lee, "Pneumatological Ecclesiology," 2.

152 Lee, "Pneumatological Ecclesiology," 277.

153 Lee, "Pneumatological Ecclesiology," 287.

一個有趣的聖靈論觀點。我們現在就轉向這個課題。[154]

普世基督教會協進會神學中聖靈論視角的浮現[155]

普世基督教會協進會在一九九一年在坎培拉舉行的第七屆大會，以聖靈為核心焦點的。我不會分析那次會議的結果——
那些結果有詳細的紀錄，而且很容易取得[156] ——然而，我會簡 101
單追溯在普世基督教會協進會中那聖靈論視角的發展，這個視角在坎培拉會議中達到頂點。[157]

在一九四八年普世基督教會協進會成立前所舉行的主要普世會議，其報告所提到關乎聖靈的內容，都是頗為傳統的，是跟隨新教的普遍思想。信仰三一論的認信是得到正式承認的，但對聖靈身為一個位格，並與父和子相通這方面的肯定，卻很大程度上未經發展。根據賴澤爾，將聖靈相對地從屬於耶穌的位格，這看法很大程度上代表了那些年間的新教神學和福音派的那種敬虔。[158]

在洛桑（Lausanne，1927 年）和愛丁堡（Edinburgh，1937 年）舉行的信仰和教制會議（The Faith and Order

154 進一步，參 V.-M. Kärkkäinen, "Pneumatology as a New Ecumenical 'Model'," *Ecumenical Trends* 27, no. 9 (1998): 10～16；和 V.-M. Kärkkäinen, "The Ecumenical Potential of Pneumatology," *Greg* 80 (1999): 121～145。

155 我使用普世基督教會協進會神學（WCC theologies，眾數而不是單數），這反映我相信沒有明確的普世基督教會協進會神學，因為對作為提供論壇以供合作、而不是確定的相通的組織來說，這會是矛盾的。

156 Michael Kinnamon, ed., *Signs of the Spirit: Official Report*, Seventh Assembly (Geneva: WCC, 1991).

157 在這一節，我要十分感激 Konrad Raiser, "The Holy Sprit in Modern Ecumenical Thought," *The Ecumenical Review* 41, no. 2 (1989): 376ff。有用的資料和洞見也可見於 Albert C. Outler, "Pneumatology as an Ecumenical Frontier," *The Ecumenical Review* 41, no. 3 (1989): 363～374。

158 Raiser, "The Holy Spirit," 376.

conferences），則主要是將聖靈與教會關連起來，並指聖靈為賜予教會生命的那一位。聖靈透過道和聖禮潔淨和更新教會，並吸引它邁向統一。[159]

普世基督教會協進會在阿姆斯特丹（Amsterdam，1948年）的第一屆大會，其報告集中在基督身上，並指出祂帶來教會。它們肯定，教會在聖靈的臨在和能力下維持其延續性，並在歷史中持續下去。[160] 有趣的是，「恢復先知的靈，辨別時代的徵兆」這句成了梵二口號的話，在這裏也被引用。[161]

一九五二年在維林根（Willingen）舉行的國際宣教會議（The International Missionary Conference），和同年在倫德（Lund）舉行的信仰及教階會議，都對宣教的任務有新的理解—— 視之為有分於上帝的宣教（*missio Dei*）。透過聖靈，教會可以宣告上帝在基督裏的拯救工作，並等候祂的最後勝利。倫德會議肯定了很多早期關於聖靈的公告。教會在歷史的延續，「由復活主透過聖靈不住的行動」而得到保證，並透過
102 「祂內住的靈那合一的能力」，基督身體的有機統一性便得以維持。[162]

普世基督教會協進會在新德里（New Delhi）的第三屆大會（1961年），明顯出現了新的進路。普世基督教會協進會的基礎得到擴大，藉以肯定明確的三一論式的、榮耀頌式的規劃：「榮耀歸於獨一的上帝，父、子和聖靈。」[163] 宣言的前言將對

159 Edinburgh, section III, in *A Documentary History of the Faith and Order Movement 1927～1963*, ed. L. Vischer (St. Louis: Bethany, 1963), 45, #29.

160 Amsterdam, section I, in *A Documentary History*, 78, #11.

161 Amsterdam, section II, in *The Church's Witness to God's Design* (New York: Harper & Brothers, 1948), 222.

162 Lund, section I, in *A Documentary History*, 90, #19.

163 W. A. Visser't Hooft, "The Basis: Its History and Significance," *The Ecumenical Review* 37, no. 2 (1985): 170～174.

統一性的理解置於三一論的、聖靈論的背景中：

> 父和子在聖靈的統一性中的愛，是所有人和創造的統一性的來源和目標，而這是三一上帝的旨意。我們相信，我們在耶穌基督的教會中有分於這統一……在五旬節，這統一的實在，在聖靈的恩賜中得到彰顯，並且透過聖靈，我們在這世代得知子與祂的父那完美聯合的初熟果子，而這只有在一切事物都在基督的榮耀中，由祂帶到完滿時，才會完全實現。[164]

蒙特利爾（Montreal）的信仰和教制會議（1963年），以在新德里的會議為基礎，從而發展出一個聖靈論視角，特別是關於聖經和傳統，以及職事的棘手課題。關於職事的宣言，預示了靈恩運動的興起和恩賜在教會的復興：「聖靈內住於教會之中……祂也賜下不同恩賜（*charismata*）給羣體和個人……因此教會所有成員都為了共同的好處而擁有恩賜。」[165] 在蒙特利爾會議後，有關於聖靈論的新研究出現，特別是涉及東西方聖靈論的理解的研究，這些研究是以教父研究為基礎，並進而研究「基督、聖靈和職事」。另一個有影響力的研究，是涉及聖禮和聖靈之間的關係（布里斯托爾〔Bristol〕，1967 年）。但

---

164 新德里關於統一性的段落，收錄在 *A Documentary History*, 144, #1。賴澤爾（Raiser, "The Holy Spirit," 378）特別留意東正教對這統一公式的貢獻，並指涉由尼西奧蒂斯所撰寫的重要文章：Nikos Nissiotis, "The Witness and the Service of Eastern Orthodoxy to the One Undivided Church," in *The Orthodox Church in the Ecumenical Movement*, ed. C. Patelos (Geneva: WCC, 1978), 231ff。

165 Montreal, section III, in *The Fourth World Conference on Faith and Order: The Report from Montreal 1963*, ed. P.C. Rodger and L. Vischer (New York: Association Press, 1964), 65, #92.

卻是在烏普薩拉大會（Uppsala Assembly，1968 年），才產生
103 「到目前為止，關於聖靈的普世思想最全面的總結」。[166] 該大
會研究傳統和聖靈之間的關係、教會和聖靈之間的關係，以及
聖靈對基督教統一的重要性。

魯汶（Louvain）的信仰和教制會議（1971 年），聚集了那些由蒙特利爾會議開始的研究，並為信仰和教制那更重要的文件《洗／浸禮、聖餐和職事》（*Baptism, Eucharist, and Ministry*）而鋪路；這份文件在大約十年後才發表。[167] 賴澤爾這樣綜合魯汶會議以後的聖靈論視角：

1. 第一個宣言，涉及聖靈在信仰認信中的角色。關於「和子」那具影響力的研究中顯示，需要對「聖靈的位格和工作有新的敏感，聖靈在自己的完滿中，是既住在耶穌基督裏的那一位，又是基督給教會的恩賜，是人類及整個創造的主和生命的賜予者。」[168]《認信同一信仰》（*Confessing One Faith*）的計劃，已經是在關於認信的聖靈那研究中最廣泛的一個。[169] 它闡述了在〈尼西亞—君士坦丁堡信經〉中，關於聖靈的古老肯定。
2. 第二，是聖靈與教會之間的關係。當然，在這裏，《洗／浸禮、聖餐和職事》處於前列位置。聖靈論視角雖然不是研究的核心焦點，但它卻臨在於與聖禮和職事的關係中，這關係是建基於對教會的聖靈論理解。

166 Raiser, "The Holy Spirit," 380；參 *The Uppsala 68 Report*, ed. N. Goodall (Geneva: WCC, 1968)。

167 *Faith and Order Paper 111* (Geneva: WCC, 1982).

168 Lukas Vischer, ed., *Spirit of God, Spirit of Christ: Ecumenical Reflections on the Filioque Controversy* (London: SPCK; Geneva: WCC, 1981), 18.

169 *Confessing One Faith: Towards an Ecumenical Explication of the Apostolic Faith*, Faith and Order Paper 140 (Geneva: WCC, 1987).

3. 隨著更多來自第三世界的教會加入普世基督教會協進會，關於聖靈和宗教多元主義的問題——也就是賴澤爾的總結的第三個主題——就成了核心焦點。[170] 莫特曼和其他人近年的著作，就為從宗教神學和聖靈的角色而來的發展，提供了補充的分析。
4. 那發展的第四個方面，是在普世基督教會協進會的成員教會和羅馬天主教會中出現那靈恩式的復興。從一九六〇年代開始，很多成員教會都經歷了靈恩式的復興的彰顯，這是集中在聖靈 104
的洗／浸禮、靈恩式的職事和不同的恩賜上。在一九九九年，在上屆大會（即：津巴布韋的哈拉雷，1997 年）後，普世基督教會協進會和五旬節宗派成立了聯合工作小組，促進合作和促進對彼此的認識，特別是關於聖靈的教義和靈性。

近年普世基督教會協進會具普世聖靈論視角的發展，其中一個最值得留意的，是在聖地亞哥・德・孔波斯特拉所舉行的信仰和教制會議（1993年）所產生的影響。[171] 該會議對相通神學（*koinōnia*-theology）的強調，帶有發展聖靈論的潛力，因為關於教會是「聖靈裏的相通」（communion in the Spirit），這共識愈來愈強。

在這一章，關於對聖靈不同進路的討論，是源自不同宗派的神學和教會背景。和任何神學軌迹一樣，聖靈論是必然與一個神學系統背後的引導原則連繫在一起的。同一個原則在下一

170 參 Stanley J. Samartha, "The Holy Spirit and People of Various Faiths," *Courage for Dialogue* (Geneva: WCC 1981).

171 有關會議的議項，參 *On the Way to Fuller Koinonia: Messages to the Churches*, WCC, Fifth Conference on Faith and Order, Santiago de Compostela, Spain, 3～14 August 1993 (Geneva: WCC, 1993)。

章同樣明顯，在下一章我們會探討，在當代一些主要神學家的著作中，聖靈的角色和意義。在這些思想家中，有些花了很多精力特別研究聖靈論課題，而另一些則主要以聖靈作為神學計劃必不可少的一部分來考慮。顯而易見的是，與聖靈有關的課題，在大部分神學中的地位都愈來愈高，無論是在西方還是在「三分之二世界」。

5

當代主要神學家論聖靈

Leading Contemporary Theologians on the Spirit

· 聖靈論的大雜燴 ·

研究過主要基督教傳統對聖靈的教義和靈性的不同進路後，是時候集中討論聖靈在當代一些主要神學家思想中的角色。六位代表將會闡明聖靈論不同視角的豐富和多樣性。他們是東正教傳統的薛斯奧拿、羅馬天主教的拉納、信義宗傳統的潘寧博、改革宗的莫特曼和韋爾克，以及浸信會／福音派傳統的潘嘉樂——他近年才認同靈恩神學。

我們可以合法地說，所有這些神學家都代表他們各自的傳統。探討他們對聖靈的獨特理解，這反映他們的神學和他們整個神學背景之間的連繫。拉納的神學不能脫離他對天主教信仰的委身；薛斯奧拿的神學也不能脫離他的東正教觀點。但我們也應該指出，例如，拉納的神學和天主教神學並不是同義詞；這裏有幾種當代的天主教神學，而拉納只是一個代表性的例子。潘寧博的情況同樣是這樣。當然，潘寧博的著作給人的感

106 覺是，他是從信義宗的豐富資源汲取養分的神學家，但潘寧博很難被標籤為「純一信義宗」（Lutheran-only）神學家。他不單批評一些信義宗的觀點，也擴充它們，藉以創造一種普世的、會議的神學（conciliar theology）。對莫特曼和韋爾克也可以提出同樣的例子。

這一切都表明，專注於個別神學家，既澄清了一些在討論主要的基督教傳統時已經觸及的、主導的聖靈論主題，但也令整幅圖畫變得模糊。這兩個視角在神學上都是有幫助的。如果當代神學那無盡多樣性中有任何單一的向度，那就是神學——即使是「認信神學」——那「多元中的統一」（unity-in-diversity）這種特性。現存的是幾種信義宗的、天主教的或五旬節／靈恩的神學。

而且，令研究個別神學家對聖靈的見解那麼刺激——和確實是一個學習過程——的是，在每一種神學進路中，聖靈的教義都當然是神學其他內容所不可分割的部分。潘寧博或薛斯奧拿對聖靈論的獨特觀點，如果不參照他們神學的特定架構和強調，便永遠都是不能理解的。即使在這一章的限制中，我不能全面介紹這些神學家那更廣闊的神學觀點，但我也會將他們對聖靈所相信的事情，連繫到他們神學的一些重要主題。

·薛斯奧拿：相通聖靈論·

「相通存有論」

薛斯奧拿（John Zizioulas）是希臘佩加門（Pergamon）的主教，是當代最著名的東正教神學家。和卡利斯托斯主教（Kallistos；英國人，原名為韋爾〔Timothy Ware〕）一樣，薛斯奧拿在東西方之間建立起橋樑。

薛斯奧拿那遍佈在他所有神學和教會觀的最獨特觀念是相通（communion, *koinōnia*）。薛斯奧拿將上帝的存有與人類的存有作對比。上帝最特別的是，祂是關係中的存有（being in relation）。身為三一，神格的三個位格間是彼此相連的，擁有一種三一內部愛的關係。以這同一種愛，三一上帝以「上帝—人的」相通，與人類和世界交往，並擁抱他們。因此，薛斯奧拿的基本論據是這樣的：

> 基於一個人是教會的成員這個事實，他成了「上帝的形
> 象」，他的存在猶如上帝自己的存在，他有上帝「存有 107
> 的方式」。這存有的方式……是一種與世界、與其他
> 人，以及與上帝的**關係**，是一件**相通**事件，並正因為這
> 樣，它不能作為**個人**的成就來實現，而只能夠作為**教會**
> 性事實（ecclesial fact）來實現。[1]

事實上，薛斯奧拿強調相通不單是描述存有的另一種方式——無論是個人還是教會的存有——它也屬於存有的**存有論**（ontology of being）。因此，我們應該談論一種真實的「相通的存有論」（ontology of communion）。第二次梵蒂岡會議（簡稱「梵二」）對教會的觀點基本上說同樣的話。梵二表示上帝「的旨意是要人成為聖潔，並拯救他們，但不是作為個體——即他們之間沒有任何連結或連繫——而是要令他們成為羣體，可以在聖潔中承認祂和事奉祂。」[2]

薛斯奧拿區分了「生物的」（biological）和「教會的」

1　John D. Zizioulas, *Being as Communion: Studies in Personhood and the Church* (Crestwood, N.Y.: St. Vladimir's Seminary Press, 1985), 15，強調為筆者所加。

2　*LG* 9.

（ecclesial）存有。前者指在與上帝和別人相通以外的人類，而後者則代表活在相通中的人。而且，薛斯奧拿的相通教會論，是基於基督論和聖靈論之間那不可或缺的關係，我們在探討他的教會論前，先討論這個課題。

基督與聖靈

薛斯奧拿嘗試恰當地結合基督論和聖靈論，作為其教會論的基礎。[3] 他正確地指出，在新約，兩者間有的是相互性，而不是任何一方較為優先。一方面，聖靈由基督賜下（約七 39）；另一方面，如果在基督的受洗／浸（馬可福音）或出生（馬太福音和路加福音）時，沒有聖靈的工作，也沒有基督。這兩個觀點可以在同一個正典中共存。不過，在最初的幾個世紀，特別是在西方基督教，由於洗／浸禮和堅振禮的分開，在禮儀層面產生了混亂。只要這兩個禮儀被聯合起來，便可以論證說，聖靈論（堅振禮）和洗／浸禮（基督論）結合而成一實體（entity）。[4]

108 換句話說，根據薛斯奧拿那特殊的辭彙，基督只有在聖靈裏才是歷史人物（太一 18～20；路一 35）。薛斯奧拿甚至預備說：「基督只以聖靈論的方式存在。」與東方一樣對三一論的敏感，他補充說，談論基督就是同時談論父和聖靈。他也說：「因此，教會的奧祕起源於三一整個的經世行動，並在於由聖靈論構成的基督論。」[5]

---

3 進一步，參 J. Zizioulas, "Die Kirche als Gemeinschaft," in *Santiago de Compostela 1993*, Fünfte Weltkonferenz für Glauben und Kirchenverfassung; Beifeft zur Ökönomischen Rundschau 67, ed. G. Gassmann und D. Heller (Frankfurt: Otto Lembeck Verlag, 1994), 100；J. Zizioulas, "Die pneumatologische Dimension der Kirche," *Internationale Katholische Zeitschrift "Communio"* 2 (1972): 134ff。

4 Zizioulas, *Being as Communion*, 126～129.

5 Zizioulas, *Being as Communion*, 112.

與他的相通神學一致，薛斯奧拿主張兩種基督論。首先，我們可以將基督理解為一個個體；其次，我們可以在祂與祂的身體——也就是教會——的關係中，將祂理解為一個「集體位格」（corporate personality）。[6] 在前者，基督是一個「個體」（individual）；在後者則是一個「位格」（person）。聖靈的角色在這裏湧現出來：「聖靈不是**幫助**我們縮短基督和我們之間距離的那一位，而是三一的位格——真實地在歷史中實現我們稱為基督的那一位……這樣，我們的基督論便**在性質上**由聖靈論決定，而不單像在第一個情況那樣是次要的；事實上，基督論是由聖靈論**構成的**。」[7]

我們也可以這樣表達：基督的集體位格是由聖靈論形成的。因此，重要的是，自從保羅的時代開始，聖靈便與相通的觀念聯繫起來。聖靈論為基督論（因而也為教會論）創造相通的向度。[8]

教會作為聖靈裏的相通[9]

薛斯奧拿指出一個明顯的事實：在新約中，復活節（基督的工作）和五旬節（聖靈的傾出）彼此相屬。[10] 從古時開始，

6　Zizioulas, *Being as Communion*, 130.

7　Zizioulas, *Being as Communion*, 110～111，強調為原文所有。

8　Zizioulas, "Die pneumatologische Dimension der Kirche," 95～104.

9　進一步，參 V.-M. Kärkkäinen, "Spirit, Christ, and Church: An Ecumenical Inquiry into a Pneumatological Ecclesiology," *One in Christ* 36, no. 4 (2000)：尤參 340～343。對薛斯奧拿的相通教會論與天主教和自由教會教會論的對話，一個很好的研究可見 Miroslav Volf, *After Our Likeness: The Church as the Image of the Trinity* (Grand Rapids: Eerdmans, 1998)。

10　有關詳細的分析，也參 James D. G. Dunn, *The Parting of the Ways between Christianity and Judaism and Their Significance for the Character of Christianity* (London: SCM Press; Philadelphia: Trinity International, 1991), 265ff；James D. G.

教會的信仰認信將教會與聖靈連繫在一起，由此教會的聖靈論
109 向度便得到強調。但關於聖靈的角色，教會論式的分歧，具體上是甚麼？在薛斯奧拿的教會觀中，聖靈論的角色是甚麼？[11]

新約稱教會為基督的身體（林前十二 12～13；弗一 22～23，四 15～16；等等）。教會從沒有被稱為「聖靈的身體」，基督徒亦從沒有被稱為「聖靈的肢體」（members of the Spirit）。[12] 因此，傳統將教會建基於基督論之上，似乎有充分理由。薛斯奧拿留意到一個事實：傳統上，教會論是建基於兩條古典法則的其中一條——安提阿的伊格那丟或愛任紐提出的法則。伊格那丟提出，教會的教會性可以藉著基督的臨在而得到保證：「基督在哪裏，普世教會便在那裏。」[13] 根據愛任紐，具決定性的是上帝的靈的臨在：「上帝的靈在哪裏，教會和所有恩典便在那裏。」[14]

薛斯奧拿和東方神學的傳統一樣，指出教會是建基於兩重的神聖經世行動：基督的工作和聖靈的工作。[15] 以聖經的語言為基礎，東方神學家談及教會作為基督的身體和聖靈的完滿。我們看到那子和聖靈的相互關係在於：子來到地上，並透過聖靈實現祂的工作時，聖靈也來到世上，由子所差派（約十五

Dunn, "Unity and Diversity in the Church: A New Testament Perspective," *Greg* 71 (1990): 629～656。

11 Zizioulas, "Die pneumatologische Dimension der Kirche," 133.

12 J. Zizioulas, "Implications ecclésiologiques de deux types de pneumatologie," in *Communio Sanctorum: Mélanges offerts à Jean-Jacques von Allmen* (Geneva: Labor et fides, 1982), 141～154.

13 Ignatius, *Smyrn*. 8.2.

14 Irenaeus, *Adversus haereses* 3.24.1.

15 例如：Vladimir Lossky, *The Mystical Theology of the Eastern Church* (Crestwood, N.Y.: St. Vladimir's Seminary Press, 1976), 156～157；Vladimir Lossky, "Concerning the Third Mark of the Church: Catholicity," in *In the Image and Likeness of God*, ed. John H. Erickson and Thomas E. Bird (Crestwood, N.Y.: St. Vladimir's Seminary Press, 1985), 177～178。

26）。聖靈的工作不是從屬於子的工作，五旬節也不是道成肉身的延續，而是道成肉身的結局和結果。

但當薛斯奧拿以東方教會論的悠久傳統為基礎，他是批判地進行的。[16] 雖然他同情洛斯基和其他東方神學家，但他也看到特殊的「聖靈的經世行動」，以及區分「客觀」（基督論）和「主觀」（聖靈論）這兩個觀念的困難。[17] 他也自我批判地強調，甚至東方教會論也沒有在基督論和聖靈論之間取得適當的平衡。[18]

薛斯奧拿以有幫助的方式談及，教會是由基督「建成」，並由聖靈「構成」的。[19] 他主張，只談及聖靈論與教會的關係 110
並不足夠，而是應該令聖靈論（連同終末論[20]）成為構成教會論的元素；換句話說，聖靈論必須使教會的存有論符合要求。聖靈不是只「賦予生命」給那已經存在的教會。「聖靈論並不是指涉教會的安好，而是指涉教會那完全的存有。」因此，聖靈論在教會論中是存有論的範疇。[21]

那麼，這聖靈論向度對教會的生命有甚麼主要結果？首先，它防止過分制度化（institutionalization）。在缺乏聖靈論時，其中一個結果是教會（local church）那階級化、中央化的觀念。第二，它恢復視地方教會為基本的實體（entity）——這是新約的教導。在這樣做時，它令教會更接近肢體，並鼓勵眾人皆祭司。如果聖靈論不是在存有論上構成基督論，那便首

16 Zizioulas, *Being as Communion*, 124～125.

17 另外兩位薛斯奧拿不斷與他們互動的東方神學家是尼西奧蒂斯和鮑瑞斯考伊（Boris Bobrinskoy）。

18 Zizioulas, *Being as Communion*, 124～126.

19 Zizioulas, *Being as Communion*, 132, 136, 140.

20 有關終末論在教會論中的角色，參 Zizioulas, *Being as Communion*, 131ff。

21 Zizioulas, *Being as Communion*, 131～132（引文見 132）。

先只能有一間教會，然後才有眾多的教會。不過，如果聖靈論構成教會論，基督的身體便在存有論上被聖靈構成。換句話說，五旬節事件是一件由教會論構成的事件。而且，當教會只有一個基督論基礎時，它便成了階級性，意思是，那最根本的是基督的普遍身體。當聖靈被視為共同構成教會的元素時，教會每個肢體和每間地方教會便有基督的臨在和恩賜，並屬於整個教會，但教會並非從那裏接受它的教會性。[22] 第三，在聖靈教會論中，所有金字塔式觀念都消失，在其中「一」和「多」並存，作為同一存有的兩個方面。[23] 第四，根據薛斯奧拿，聖靈論幫助教會論向終末論視角開放。體現出終末論視角，能避免「宏大歷史主義」（meta-historicism）：在其中教會的教義脫離了歷史的實在（有時認為東方傳統便是這樣）；也避免將教會制度「歷史化」（historization）：在其中教會的教義除了
111 說教會是歷史的實在外，甚麼也沒有說（這是西方教會內的危險）。[24] 第五，聖靈論向度對職事也有影響。教會的職事是基督的職事。但當基督論是從聖靈論構成時，聖靈便構成基督和聖工之間的關係。這實際上和保羅在哥林多前書十二章的論證是一致的。基督身體的生命和職事是由聖靈論形成——根據聖靈的恩賜。無論是按立的問題或信徒的角色，正確的背景都是在基督身體成員中的聖靈相通。屬乎聖靈恩賜的生命，是構成

22 Zizioulas, *Being as Communion*, 132～133。不過薛斯奧拿認為，較古老的東方強調地方教會，引致一種「會眾主義」（congregationalism），這是有問題的。這是因為阿芬拿斯夫（Afanasiev）和其他人給聖靈論優先地位，而不是平衡聖靈論和基督論，從而帶來錯誤的聖餐教會論（133）。

23 Zizioulas, *Being as Communion*, 139.

24 Zizioulas, *Being as Communion*, 139～140。有關終末論和聖靈論對教會論的意義，參這部重要著作：Gerhard Ebeling, *Dogmatik des Christlichen Glaubens* (Tübingen: Mohr, 1979), 3:5～32。

教會的存有，而不是衍生自教會的存有。[25]

有趣的是，薛斯奧拿指出，東正教沒有西方教會的一些經驗，例如教權主義或反制度主義的問題，這可以視為一個迹象，以指出直到現時為止，聖靈論在很大程度上拯救了東正教的生命。[26] 無論我們認為這句話在東正教的實際生命中有多準確，它都包含值得思考的神學洞見。

·拉納：超越的聖靈論·

在聖靈中的普遍超越性啟示

雖然宣稱拉納（Karl Rahner）[27] 為當代最重要的天主教聖靈論者是言過其實，[28] 但稱他為梵二後天主教會最有影響力的神學家，這則是事實。從他那令人難以置信地龐大的神學產量中，浮現出對聖靈一個奠基性觀點，成為他整體神學計劃必不
可少的一部分。拉納的角色是兩種天主教主流神學的中介者， 112
那包括尋求配合現代心態的「現代主義」（modernism），以及強調天主教傳統的完整性、並反對適應現代文化的「整全主

25 Zizioulas, *Being as Communion*, 210～212, 217n.20.

26 Zizioulas, *Being as Communion*, 140.

27 近期對拉納聖靈論一個十分有用的概述是：John R. Sachs, " 'Do Not Stifle the Spirit' : Karl Rahner, the Legacy of Vatican II, and Its Urgency for Theology Today," in *Catholic Theological Society Proceedings*, ed. E. Dreyer, 51 (1996): 15～38。

28 一九九六年美國天主教神學學會（Catholic Theological Society of America）的週年大會以聖靈為核心焦點，就拉納對聖靈論和教會論的影響，作了全面的評估。正如在頌詞中往往出現的情況那樣，言過其實取代了正確的判斷；薩赫斯（Sachs, " 'Do Not Stifle the Spirit,' " 20），和基恩（Philip S. Keane, "The Role of the Holy Spirit in Contemporary Moral Theology," in *Catholic Theological Society Proceedings*, 109n.41）主張，拉納是當代最有影響力的聖靈論者。在不否定拉納那令人難以置信的生產力和前所未有的影響下，他在聖靈論方面會超越例如康納（Cognar）和米倫，這卻不是事實。

義」（integralism）。

拉納給自己這個充滿野心的任務，將兩個似乎是矛盾的領域連結起來：一方面是聖靈的普遍拯救行動；另一方面是超自然啟示和信心的必要性。為了使這兩個領域連結起來，啟示和信心必須在普遍的、超越的層面發生。拉納的基本命題是，上帝在人對自己有限的經驗中，向每個人啟示祂自己，但這絕對是開放的超越性。上帝是聖潔的奧祕，祂是人類主觀性的基礎和視域。[29] 人類可以身為位格而存在，他的生命從其位格對上帝的開放中，得到終極的意義。

這普遍進路的背景在於拉納那「超越的方法」（transcendental method）。「超越的經驗」顯示出，人類天生朝向聖潔的奧祕——這奧祕稱為上帝。人類天生是「靈」，這表示人類是開放而接受啟示的。上帝對人類本性來說並不陌生，而是它固有的部分，並作為人類主觀性的必備條件。[30] 透過「超越的反思」，個人尋求發現人類經驗那必須的先決條件。人類不單是大自然的一部分，也是朝向存有那無限、密契的領域，而這被基督徒了解為上帝。對拉納來說：

> 不單人類的天性總是向上帝開放（*potentia oboedientalis*），他們也總是超自然地被上帝提升，以致在超越的開放性中，這提升成為人在其生命中對上帝的實際經驗。上帝實際上向每個人傳達祂自己，仁慈地提供白白的恩典，以致上帝的臨在成為每個人人性那存在的、構成的元素。[31]

29 Karl Rahner, "Experience of Self," in *Theological Investigations* 13 (New York: Seabury Press, 1975), 122～132；和 Sachs, " 'Do Not Stifle the Spirit'," 20～21。

30 在這裏，拉納同意潘寧博。

31 Stanley J. Grenz and Roger O. Olson, *Twentieth-Century Theology: God and the*

因此，人類是「上帝那自由的、不配得和饒恕的，以及絕
對自我傳達的事件。」[32] 上帝的自我傳達表示，上帝令祂本身的 113
自我成為人類最內在的構成元素；對拉納來說，這是聖靈的奧
祕：「上帝……已經隨時隨地在聖靈裏，向每個人傳達自己，
作為他存在最內在的中心。」[33]

關於自我和上帝那屬聖靈的經驗，永遠都不是個別的經驗，而是在與別人的關係中發生的事情：「因此，對另一個人那位格化的愛的行動，是包含一切的基本行動……它給予其他一切東西意義、方向和量度。」[34] 換句話說，在最基本的層面，我們與上帝的相遇正好發生在我們與別人的相遇中。真正人類在愛中的超越之所以可能，只是因為上帝在聖靈裏那仁慈的自我傳達。[35]

在拉納的神學中，對特殊啟示的需要又怎樣呢？他的答案是，「範疇性啟示」（categorical revelation）——在歷史中透過事件、言語和象徵出現的特定啟示——是需要的，用來完成那些超越的、隱含的、沒有主題的啟示所要揭示關於上帝的東西。兩者雖是特殊，但又是互相依靠的。範疇性啟示揭示上帝的內在實在，而單透過超越性啟示，那實在是不能被發現的：上帝的位格本性和祂與屬靈受造物的自由關係。因此，在聖靈裏對上帝普遍的、超越的經驗，並不令歷史的、特殊啟示的必要性變成無效。

World in a Transitional Age (Downers Grove, Ill.: InterVarsity Press, 1992), 245.

32 Karl Rahner, *Foundations of Christian Faith* (New York: Seabury Press, 1978), 116.

33 Rahner, *Foundations of Christian Faith*, 139; Sachs, " 'Do Not Stifle the Spirit' ," 21.

34 Karl Rahner, "Reflections on the Unity of the Love of Neighbour and the Love of God," in *Theological Investigations* 6 (Baltimore: Helicon, 1969), 241.

35 Rahner, "Reflections on the Unity of the Love of Neighbour and the Love of God," 237～239.

> 隨時隨地、並從一開始，這聖靈便是啟示和拯救的歷史那生命的原理（entelechy；或譯「完滿實現」）——即決定性原則；根據它的性質，它的傳達和接受，永遠都不以抽象的、超越的形式發生。它總是透過歷史的中介而來到。[36]

教會中的能動元素[37]

拉納對聖靈論有持久的興趣。在梵二前夕，他熱忱地撰寫了〈不要消滅聖靈的感動〉（“Do Not Stifle the Spirit”），[38]要求人們對聖靈開放，他並在文章中談及教會所面對的重大潛
114 力和挑戰。他發出一個嚴厲的警告：那隨意吹的聖靈，「在那些我們稱為教會的職事生活、她的原則、聖禮系統和教導中，永遠不能完全地找到充分表達的形式。」[39] 他十分關注教會那靈恩式的元素：

> 這是由一種精神造成的情況：在教會中，以過分輕率和過分不妥協的態度，將教宗那教義性定義視為首要，並以這定義作為統一性的連繫和真理的保證，在羅馬的教會官僚主義、那很大程度上的中央集權裏，這種態度將自己客觀化。[40]

---

36 Karl Rahner, “Jesus Christ in the Non-Christian Religions,” in *Theological Investigations* 17 (New York: Crossroad, 1981), 46; Sachs, “ ‘Do Not Stifle the Spirit’ , ” 22.

37 進一步，參 Kärkkäinen, “Spirit, Christ, and Church,” 346～350.

38 Karl Rahner, “Do Not Stifle the Spirit,” in *Theological Investigations* 7 (New York: Herder, 1971), 72～87.

39 Rahner, “Do Not Stifle the Spirit,” 75.

40 Rahner, “Do Not Stifle the Spirit,” 76.

幾年後，當會議仍在進行時，拉納發表了另一篇稱為《教會的能動元素》（*The Dynamic Element in the Church*）的著作，以呼籲教會內那靈恩式的元素。[41] 拉納有力地號召教會那靈恩式的架構，他指出聖靈首要地被應許和賜給教會職事的，不是要壓抑聖靈的自由流動，而是為這流動創造空間。[42] 教會應該到最終都是「持守聖靈的教會」。[43]

拉納提出，我們必須學習在恩賜最初出現時便看到它們，而不應該在那些靈恩式的人死後才將其封聖：

> 幾乎更重要的是，在這些聖靈的恩賜最初出現時便能看到它們，因而讓它們可以被促進，而不是被周圍——包括聖職人員在內——的不理解和理智上的疏懶，甚至惡意和憎恨所壓抑……但那靈恩式的方式必定是新的，而且總是令人驚奇的。它也肯定與較早時已在教會出現的東西，有內在的——雖然是隱藏的——延續……不過，它是新的和不能計算的，並且在最初看見時也並非立即明顯讓人看到，在教會那持續的整體中，一切都是依舊……因此那靈恩式的特點——當它是新的時候，我們幾乎可以說只有它是這樣，那才是靈恩式的——具有些令人震驚的東西。[44]

根據拉納，聖靈以比教會的制度性架構更基本的方式構

41 Karl Rahner, *The Dynamic Element in the Church* (New York: Herder & Herder, 1964).

42 Rahner, *The Dynamic Element in the Church*, 42ff.

43 Rahner, *The Dynamic Element in the Church*, 47～48.

44 Rahner, *The Dynamic Element in the Church*, 82～83.

115 成教會。[45] 當我們片面地強調基督論時，教會的架構便傾向變得主導（這也是天主教較舊的觀點——視教會為延續的道成肉身——的結果）。靈恩式的元素「並不單作為制度因素在同一層面的相反，而與它有辯證的關係。相反，在教會作為教會的性質中，靈恩式的元素是眾多內在形式特點中最首要的，也是最終極的。」[46] 拉納也說，教會主要是「由基督的靈帶來那靈恩在歷史上的具體化。」[47] 明顯的是，在拉納的觀點中，**靈恩**（charismatic）這個詞並不指涉教會任何特定的羣體，而是指涉所有信徒的生命和職事。

如果教會是由聖靈的至高行動建立，那麼我們便需要將教會理解為一個「開放的系統」（open system）。[48] 換句話說，我們不能從教會本身來理解或界定教會，而需要從外面、從上帝的靈來進行。[49]

拉納對教會靈恩式架構的觀點那實際結果是明顯的。首先，這個觀點對聖靈的推動創造出一種開放性。第二，它給予聖靈比教會的架構和職位更優先的位置，縱使那些架構本身亦表達聖靈（拉納從沒有提倡個人主義）。第三，合法的多元性來自聖靈的至高行動。[50] 第四，拉納的聖靈教會論向普世主義開放。有一種終極的統一性已經存在於所有基督徒之中，而這種統一性是由上帝的靈帶來的。在聖靈裏，「我們所有人都

45 Karl Rahner, "Observations of the Factor of the Charismatic in the Church," in *Theological Investigations* 12 (New York: Seabury Press, 1974), 97.

46 Rahner, "Observations of the Factor of the Charismatic in the Church," 97.

47 Rahner, "Observations of the Factor of the Charismatic in the Church," 86.

48 Rahner, "Observations of the Factor of the Charismatic in the Church," 88.

49 參 Sachs, " 'Do Not Stifle the Spirit'," 30。

50 參 Karl Rahner, "Heresies in the Church Today?" in *Theological Investigations* 12 (New York: Seabury Press, 1974), 117～141。

『認識』一些東西，是比我們在神學觀念的層面所認識的和表達的，更為簡單、更為真實和更為實在的。」[51]

聖靈的普遍性

拉納對宗教神學那迫切問題（也就是其他宗教在拯救中是否扮演任何角色？如果有，那是甚麼角色？）的進路是特殊地聖靈論式的，因為是聖靈令人類能夠接受上帝的恩典和自我對存在的超越性的經驗。[52] 聖靈的超越性經驗朝向明確的察覺。 116
對拉納來說，這在世界的宗教傳統中被表達出來，並在上帝於基督裏最終的自我啟示中達到頂峯。其他宗教也有這種「個別的時刻」，它令那些人成為「匿名的基督徒」（anonymous Christians）。不過，由於人類的墮落，每一件這種啟示的事件，仍然是部分的、並混雜錯誤的。宗教的價值在於聖靈傳遞這些經驗，即使它們並不夠完美。[53]

在這意義上，所有宗教傳統都有潛力表達關於上帝在聖靈裏自我傳達的真理，因此是啟示歷史的一部分。當然，這並非表示所有宗教都同樣有效地表達神聖的自我啟示：任何宗教都有錯誤。但透過基督的死和復活，上帝在聖靈裏仁慈的自我傳達，在歷史中便變得明顯：「世界被上帝的靈吸引進入它屬靈

51 Karl Rahner, "Some Problems in Contemporary Ecumenism," *Theological Investigations* 14 (London: Darton, Longman & Todd, 1976), 245～253，這裏在 251；也參 Karl Rahner, "Church, Churches, and Religions," in *Theological Investigations* 10 (New York: Herder, 1973), 42ff。

52 Gary Badcock, "Karl Rahner, the Trinity, and Pluralism," in *The Trinity in a Pluralistic Age: Theological Essays on Culture and Religion*, ed. Kevin J. Vanhoozer (Grand Rapids: Eerdmans, 1997), 149.

53 Amos Yong, *Discerning the Spirit(s): A Pentecostal-Charismatic Contribution to Christian Theology of Religions* (Sheffield: Sheffield Academic Press, 2000), 42～44, 72～76; Sachs, " 'Do Not Stifle the Spirit' ," 22～23.

的完滿，上帝在整個世界的歷史——包括整個長度和闊度——中，引領它朝正確的目標走。」[54]

拉納論證說，當人可以積極地回應上帝的恩典時，便有一種先於聆聽福音而有明確信仰的存有狀況。他這看法建基於孔加爾的「基督奧祕的身體」（mystical body of Christ）。在這種狀況的人符合資格稱為「匿名的基督徒」，只要這種對恩典的接受是「以隱含的方式存在——透過那人在忍耐的安靜真誠中，並在對自己的實際義務，及對需要他照顧的人的獻身中，每天承擔及活出責任。」[55] 根據拉納，基督透過祂的聖靈在非基督徒的信徒中（並因此在非基督教的宗教中）臨在和產生功效。而且，匿名的基督徒是「被上帝的恩典稱義，由聖靈所擁有。」[56]

117 我要感謝黃克鏞（Joseph Wong）看到以下這段文字，它恰當地總結了拉納那宗教的聖靈論神學：[57]

> 每當人們將自己降服於上帝或終極實在——無論以甚麼名字——並獻身於公義、和平、友愛和與其他人休戚與共的事業，他們便隱含地接受了基督，並在某程度上進入了這個基督式的存在。正如基督透過聖靈建立這存在的新領域，同樣，任何人如果進入這基督式存在的愛和自由，這人都是在基督的靈引導下行動的。[58]

54 Karl Rahner, "The One Christ and the Universality of Salvation," in *Theological Investigations* 16 (New York: Crossroad, 1983), 203.

55 Karl Rahner, "Anonymous Christians," in *Theological Investigations* 6 (Baltimore: Helicon, 1969), 394.

56 Karl Rahner, "Jesus Christ in the Non-Christian Religions," 43.

57 Joseph H. Wong, "Anonymous Christians: Karl Rahner's Pneuma-Christocentrism and an East-West Dialogue," *TS* 55 (1994): 630.

58 Karl Rahner, "Observations on the Problem of the 'Anonymous Christian'," in

與天主教的立場一致，拉納沒有視「匿名的基督徒」這個命題為削弱了教會或宣教的有效性，而是他認為，個人應該由教會——順服地實行其佈道命令——帶到信仰的完滿中。[59]

・潘寧博：普世聖靈論・

聖靈主觀化的危險

自從巴特出版了他的巨著《教會教義學》（*Church Dogmatics*）後，除了潘寧博（Wolfhart Pannenberg）外，沒有神學家嘗試建構全面、整全的神學系統。潘寧博一生的工作在三卷《系統神學》（*Systematic Theology*）中變得成熟。

對潘寧博來說，神學——因而也包括聖靈論——是公共學科，而不是敬虔的操練。他堅決地反對將信仰和神學廣泛地私人化。神學需要向共同關注說話，因為沒有特殊的「宗教真理」（religious truth）。因此，科學和神學的關係是必要的。它們不是兩個獨立的領域，而是有共同研究的客體，就是創造。神學所宣稱的東西需要與其他探索領域所宣稱的共鳴：只能夠有一個真理。正如潘寧博不厭其煩地強調，如果某件事情是真實的，它便需要對每一個人來說是真實的，而不只是對某一個人而已。

事實上，對潘寧博來說，真理的問題是神學的主要問題。 118
現代神學大致上遺棄了真理的問題，對自己造成損害，但潘寧博不願意放棄對一個真理的追尋。結果，潘寧博的神學以理性和論證為核心焦點；神學陳述——以「假設」的形式——需要

Theological Investigations 10 (New York: Seabury Press, 1976), 291.

59 Karl Rahner, "Anonymous Christianity and the Missionary Task of the Church," in *Theological Investigations* 12 (New York: Seabury Press, 1974), 161～180.

接受嚴格的批判性質疑。信仰不是盲目的行動或信心的跳躍；反而，它是建基於公共性、歷史性知識。

在潘寧博的神學中，上帝是所有神學的客體和決定性實在：上帝是決定一切的力量。如果上帝的觀念必須能夠不單照亮人類生命，也照亮世界的經驗，那麼聖靈論也必須這樣。和拉納相似，潘寧博視人類為天生具有宗教性的：「向上帝開放」（open to God）。人類是一個指向上帝的問號。

雖然對第三個千禧年而言，潘寧博無可否認是其中一位最值得留意的聖靈論者，但有趣的是，他沒有產生獨立的聖靈論。[60] 相反，他將其聖靈的教義併入他那野心很大的神學計劃之內。事實上，聖靈論交織進他整個系統的每個主要軌迹之內，特別是上帝、創造、人類、基督論、教會和終末論。他的神學也包括對聖靈與拯救關係的豐富討論，正如典型的新教聖靈論那樣，但他嘗試避免那危機：只將聖靈私人化，以至聖靈只屬於主觀範圍。自從中世紀開始，神學便給予聖靈論次要的地位，以及宗教改革運動的神學將聖靈關於拯救論的行動加以限制，他對此持批評態度：「新約提及的聖靈不是敬虔經驗『無知的庇護所』（*asylum ignorantiae*），讓人豁免那解釋其內容的責任。基督教的信息不會重拾它的宣教力量……除非不再理會這種從敬虔的歷史中發展出來那對聖靈的虛假看法。」[61]

60 他只特別寫了幾篇專門討論聖靈論的文章：Wolfhart Pannenberg, "The Doctrine of the Spirit and the Task of a Theology of Nature," in *Beginning with the End: God, Science, and Wolfhart Pannenberg*, ed. C. R. Albright and J. Haugen（Chicago: Open Court, 1997）, 65～79（最初發表在 *Theology* 75, no. 1 [1972]: 8～20）；Wolfhart Pannenberg, "The Working of the Spirit in the Creation and in the People of God," in *Spirit, Faith, and Church*, ed. W. Pannenberg, A. Dulles, and C. E. Braaten (Philadelphia: Westminster, 1970), 13～31。

61 Wolfhart Pannenberg, "The Doctrine of the Spirit and the Task of a Theology of

聖靈作為「力場」

在聖經，聖靈被描述為賜生命的原則，所有受造物的生 119
命、運動和活動都有賴聖靈。這對動物、植物和人類來說都是真實的：「你發出你的靈，牠們便受造；你使地面更換為新。」（詩一〇四 30）和這一致的是第二個關於創造的記載，那裏說上帝「用地上的塵土造人，將生氣吹在他鼻孔裏，他就成了有靈的活人」（創二 7）。相反，上帝收回祂的靈時，所有生命都消滅（伯三十四 13～15；詩一〇四 29）。所有生物的靈魂和所有人類的氣息，都在聖靈手裏（伯十二 10）。[62]

潘寧博提問：聖經這個生命的觀點怎樣與現代的生物學協調？在現代的生物學，生命是取決於生物那有生命的細胞，而生物是自我支持和繁殖的系統。潘寧博借用現代物理學（法拉第〔Michael Faraday〕）的「場概念」（field concept），藉此來處理這個重要的問題。潘寧博的聖靈論最特殊的觀念，是他用力場（force field）的辭彙來描述聖靈。[63]

潘寧博相信這是與聖經使用 *ruach/pneuma* 相呼應的，而他看見較新的科學理論和神學觀念之間達至一致的那些「令人驚訝的可能性」。這是因為當代物理學由「物質」轉向更「屬靈」（spiritual）的觀點；即使身體本身也是力的形式，這些力不再是身體的特質，而是獨立的實在。潘寧博也指出，場觀念

Nature," *Theology* 75, no. 1 (1972): 10.

62 Wolfhart Pannenberg, *Systematic Theology* (Grand Rapids: Eerdmans, 1994), 2:76～77.

63 和潘寧博一樣，幾位現代的系統神學學者和聖靈論者都談及聖靈作為「力場／場力」（field of force/field force），這是使用了現代物理學的標準觀念：Michael Welker, *God the Spirit, trans*. John F. Hoffmeyer (Minneapolis: Fortress Press, 1994)；Bernd Jochen Hilberath, *Pneumatologie* (Düsseldorf: Patmos, 1994)；甚至拉納在一九七〇年代已經在其文章中也提到「能量場」（energy field）的觀念：Karl Rahner, "Experience of Self" in *Theological Investigations* 13 (New York: Seabury Press, 1975)。

在形而學上源自前蘇格拉底哲學（pre-Socratic）。科學採納了一個不是源自「科學」的觀念。這個現代科學觀念與宗教解釋並不是格格不入的。[64]

潘寧博以兩種方式使用**靈**這個詞：作為靈的上帝以及三一第三位格的聖靈。第一個用法代表上帝作為靈。換句話說，潘
120 靈博將上帝定義為無限的屬靈性質。傳統以兩個進路來看上帝的性質。一方面，教父對澄清上帝的他者性（otherness）感興趣，並因斯多亞（Stoic）教義那物質的 *pneuma* 而拒絕視上帝為物質的觀念，這些都導致將上帝理解為至高的理性。不過，這個關注不再是問題，因為**靈**被視為非物質的實體。另一方面，在高等經院哲學中，上帝作為理性的觀念由上帝作為意志的觀念補充。潘寧博批評這兩個上帝觀念（上帝作為理性和意志），並支持聖經將上帝描述為靈。[65]

而且，靈也代表三一的第三個位格——聖靈：「雖然父和子與也是神格性質的聖靈區分，但祂們透過三一的第三個位格聖靈連繫在一起。同樣，在位格性中聖靈榮耀其他位格，也就是將自己從祂們區分出來時，祂『知道』自己與父和子連繫起來。」[66]

靈的這兩方面都是需要的。如果靈只是非位格的神聖範疇，神聖性質（= 靈）就會是非位格的；在聖經裏，靈不單是父和子的共同生命，也作為活動的位格化中心而出現。

---

64 Pannenberg, *Systematic Theology*, 2:79～83。說明潘寧博的創造性神學建構的是，他將聖靈的應用在幾個哲學和神學課題中理解為場的觀念，例如“Space and Time as Agents of the Spirit's Working”（2:84～102）和天使的教義（2:102～109）。

65 Wolfhart Pannenberg, *Systematic Theology* (Grand Rapids: Eerdmans, 1991)，尤參 1:370～378。

66 Stanley J. Grenz, *Reason for Hope: The Systematic Theology of Wolfhart Pannenberg* (New York: Oxford University Press, 1990), 61.

上帝作為靈同時包含內在性和超越性。聖靈超越世界，但同時也是內在的來源——生命的原則。

三一中的聖靈

潘寧博對三一上帝的教義的處理，其中一個最特別的特點是
三一的教義先於上帝統一性的教義。[67] 其他人幾乎都是相反的。
這個倒轉是重要的，因為三一不是加到上帝的統一性的東西；
上帝實際上以三一存在的。潘寧博使用了黑格爾的觀念，黑格
爾是從上帝作為靈得出三一的觀念，但在一個重要的方面，潘
寧博卻與黑格爾不同。潘寧博不想從上帝的統一性——無論是
靈還是其他——得出三一，因為這會帶來模態論（modalism；
或譯「形態論」）[68] 或從屬論（subordinationism；或
譯「次位論」）[69] 。相反，三一的教義必須建基於啟示，也就 121
是父、子和聖靈怎樣在啟示事件中出現。因此，三一論教義的
出發點，是耶穌的信息——上帝那父親般的關心和上帝國，祂
對所有創造的統治。[70]

潘寧博的教義其核心是他那「自我區分」（self-differentiation，與黑格爾一致）的觀念，也就是位格的性質在於將自己給予自己的對應角色的行動，從而由他者得到自己的身分。這是對三一論「自我區分」那傳統觀念的一種糾正，那傳統觀念指透過父帶來第二和第三個位格，因而暗示父的優先性。根據潘寧博，將自己從他者區分出來的那位，其身分有賴於別人。從這個意義來說，父的父親身分有賴於子和聖靈的活動，

67 Pannenberg, *Systematic Theology*, 2:280～299.

68 這觀點指出，三一論的位格不是真正的位格，而是行動的模式或現象。

69 這觀點指出，子或聖靈從屬於父。

70 Pannenberg, *Systematic Theology*, 2:259～280.

反過來也一樣。在這個理解中，潘寧博跟隨亞他拿修的規則[71]（根據這規則，沒有子，父不會是父，反過來也一樣）；即使在這裏，也可以明顯看見三一對上帝那存有論上的存有，是必不可少的。耶穌將自己從上帝區分出來，並主動從屬於上帝，事奉祂和祂的國度，讓位給父那神性的宣稱（腓二 6～8）。反過來說，父將主的地位交給子，直至子在終末交還給祂（林前十五 24～25；腓二 9～11）。父的國度倚靠子和祂的順服。[72]

這個範式也解釋了聖靈從父和子區分出來。潘寧博訴諸約翰關於聖靈榮耀子的陳述。他指出，聖靈的三一論觀念同樣發展自耶穌的來臨；早期教會視上帝的靈為耶穌的羣體與父的中介，以及信徒參與基督的中介。這個行動構成聖靈與父及子一樣，作為一個特殊的位格；正如耶穌榮耀父而不是祂自己，從而與父為一；聖靈也榮耀子，並與祂一起榮耀父。[73]

現在可以明顯看到潘寧博拒絕「和子」的觀點（聖靈同時從父和子流出）。他認為這個觀點是錯誤的，因為它的前設是，「父—子」是基本的來源關係，在此再加上聖靈的螺旋。這令聖靈變得次等，並代表聖靈的從屬。[74]

創造中的聖靈

122 潘寧博號召「對聖靈在創造中的角色的聖經陳述作新的理解。」[75] 對於創造和人性的教義，他有一個具決定性的聖靈論進路。聖靈的場理論為潘寧博的創造觀念提供背景。

71 Pannenberg, *Systematic Theology*, 2:279.

72 Pannenberg, *Systematic Theology*，尤參 2:308～319。

73 Pannenberg, *Systematic Theology*，尤參 2:314～316；也參 304～305。

74 Pannenberg, *Systematic Theology*, 2:317～319.

75 Grenz, *Reason for Hope*, 82.

潘寧博強烈支持創造的進化觀點，並視包括天主教和新教的基督教會較早時對進化觀點的普遍反對為嚴重的錯誤，這妨礙了信仰和科學之間的對話。[76]

他提出一個創造的三一論教義，在其中聖靈扮演一個重要的角色。子是一個與父不同的「他者性」模式。子從父的自我區分，是世界作為獨立於父而存在的基礎。從這個意義來說，子是創造的中介。聖靈是上帝在創造中內在性（immanence；或譯「內蘊」）的原則，以及在神聖生命中參與創造的原則。這裏有一個有趣的弔詭：創造的目標是建基於子的獨立，但參與上帝——神聖生命——同樣是必須的；後者是聖靈的角色。[77]

聖靈作為生命原則這個聖經的觀念，在潘寧博的聖靈論中湧現出來，這是相對於「生命絕對是出神的」這個背景觀念。這表示每個生物都在培育它的環境中生活，並且每個生物都由它自己的推動力，以超越它倚賴的即時環境為目標，朝著它的將來和它物種的將來而發展。聖靈是環境網絡或「場」，在其中並從那裏，受造物得以生活。藉著它們有生命這個事實，受造物透過聖靈參與上帝。聖靈是「力」，將受造物提升到它的環境之上，並使它們朝向將來。因此聖靈作為力場，是受造物在其中活動最全面和有力的場。[78]

聖靈教會論

潘寧博的神學和聖靈論最特別的特點是他那整全、全面的進路。[79] 創造、拯救、教會和終末彼此相屬。在所有這些領域

76 Pannenberg, *Systematic Theology*，尤參 2:118～123。

77 Pannenberg, *Systematic Theology*, 2:20～34.

78 Pannenberg, *Systematic Theology*, 2:198～199, 451～452.

79 進一步，參 Kärkkäinen, "Spirit, Christ, and Church," 343～346。

123 中，將一切聯合起來工作的是同一位上帝的聖靈：「聖靈作為終末恩賜的教義……以拯救的終末性完成為目標。」[80] 在拯救中活躍那同一位上帝的聖靈，也活躍於創造和上帝永恆計劃的完成中：

> 以完全特定的方式賜給信徒，藉以寓居在他們裏面那同一位上帝的聖靈（羅五 9；林前三 16），在自然事件的整個範圍中，以及在死人復活的新創造中，完全是所有生命的創造者……上帝的聖靈在祂教會和信徒中的工作，有助完成創造世界中的工作。[81]

潘寧博以「聖靈的傾出、上帝的國和教會」（“The Outpouring of the Spirit, the Kingdom of God, and the Church”）為一章的題目，來開始他第三卷著作，而這卷著作的主題是教會論和聖靈論。潘寧博的教會視角視聖靈和子有整全、對話的關係。「基督論的制定和聖靈論的制定並不互相排斥，而是彼此相屬，因為聖靈和子作為三一論的位格，祂們互相寓居在對方裏面。」[82] 聖靈在每一處的工作，都與子的工作緊密相連，從創造到拯救，到創造在終末的完成。

在新約，[83] 耶穌基督自己在成孕（路一 35）、洗／浸禮

80 Pannenberg, *Systematic Theology* (Grand Rapids: Eerdmans, 1998), 3:xiii；也尤參 Pannenberg, “The Working of the Spirit”。

81 Pannenberg, *Systematic Theology*, 3:2.

82 Pannenberg, *Systematic Theology*，尤參 3:16～17；這個強調在他於第三卷較早的部分有關教會那基礎的整個討論中，都明顯可見。

83 潘寧博（Pannenberg, *Systematic Theology*, 3:6～7）正確指出新約中聖靈的觀念絕對不是一致的。保羅（但也包括彼得前書三章 18 節）將耶穌的復活追溯到聖靈，路加和約翰對這個主題卻沒有說任何話。我們還可以加上其他分別；不過，在這裏指出，根據潘寧博，對聖靈的不同觀念，只是表達基於舊約的不同方面，而且

（可一 10）和復活（羅一 4，八 11）[84] 中，被視為接受聖靈和聖靈的工作，這事實強調了相互性而非不對稱性（通常以基督論作為優先的形式出現）。根據約翰，聖靈是「沒有限制」地給予耶穌基督（約三 34），而對信徒來說，聖靈是恩賜，這與他們藉著與耶穌基督相通成為兒女有關（羅五 15，六 3 及其後
經文）。[85] 由於復活的主是完全被神聖的生命的靈所充滿，所 124
以祂可以將聖靈賜給其他人，只要他們與主有相通。[86]

聖靈的恩賜不單是給個別信徒，也以建立信徒的相通為目標──「建立教會和不斷將新生命賜給教會。」[87] 因此，聖靈將信徒與基督聯合起來，並使他們與其他信徒相通。五旬節的故事（徒二）表達著一個事實：聖靈不單個別地保證每個信徒自己與耶穌基督的相通，同時也建立信徒之間的相通。[88]

潘寧博正確地指出，在保羅的著作中，耶穌基督是教會的基礎（林前三 11），而在使徒行傳中，教會似乎是由聖靈的「能力」建立的（徒二）。在系統地評估新約的教導時，重要的是不要看這些不同觀念為不同的選擇，也不要藉著協調而壓抑那些分別。每個教會的神學觀念，都必須將自己整合進一些實質層面，而這些層面在同一個正典所找到不同的向度中得到闡述。這樣，約翰的陳述是有幫助的，因為它們和路加的著作一樣，對聖靈作為獨立的實體（entity）感興趣，但同時又處理聖靈的工作和耶穌基督之間的連繫這個主題。聖靈的工作是榮

在這個背景中明顯彼此相屬，這已經足夠。

84 Pannenberg, *Systematic Theology*, 1:316; Pannenberg, *Systematic Theology*, 2:84; Pannenberg, *Systematic Theology*, 3:4～5.

85 Pannenberg, *Systematic Theology*, 3:9.

86 Pannenberg, *Systematic Theology*, 1:269.

87 Pannenberg, *Systematic Theology*, 3:12.

88 Pannenberg, *Systematic Theology*, 3:13.

耀耶穌（約十六 13～14），但這事發生時，耶穌自己透過聖靈的工作與父合而為一（約十四 20）。[89]

簡單來說，教會因此同時是聖靈和子的創造。所以，潘寧博論證說，我們需要視「將教會單向地建基於基督論」的看法，為扭曲了教會的完整實在。正如西方教會的歷史顯示，這帶來過分強調正式的教會架構是直接源自耶穌基督的。[90] 一方面是基督論，另一方面則是聖靈論與創造，以及聖靈論與終末論之間的整全關係，兩者一起有助避免將聖靈論從基督論的角度被壓縮，令聖靈的工作只在信徒的相通中找到。在這限制聖靈的工作中，潘寧博又進而看到將聖靈一方的工作誇大，並以有害的熱忱顯示出來——如孟他努主義者——正如從教會歷史可以明顯看到那樣。[91]

125 潘寧博加入古典的雙重描述，將教會形容為基督的身體[92]和信徒的相通，前者強調基督論向度，後者強調聖靈論向度。[93]是聖靈以自己的工作建立基督的身體，因為祂在信徒的心裏為耶穌基督作見證。[94] 聖靈是令個別信徒能夠在作為耶穌基督身體的教會中、即時接觸耶穌基督的中介。[95] 同一位聖靈不單是直接接觸的基礎，也是信徒在基督身體的統一性中相通的基礎。

從這一切，潘寧博得出一個十分重要的教會論原則，那就是聖靈的工作釋放和調解教會觀念中相通和個人之間的張力，

89 Pannenberg, *Systematic Theology*, 3:15～16.

90 Pannenberg, *Systematic Theology*, 3:17～19.

91 Pannenberg, *Systematic Theology*, 3:19～20.

92 對潘寧博（Pannenberg, *Systematic Theology*, 3:102）來說，基督的身體不單是隱喻，也不單是聖經描述教會性質的一種方法。相反，它反映了信徒與基督不可分離的聯合這實在性。

93 Pannenberg, *Systematic Theology*, 3:99～110.

94 Pannenberg, *Systematic Theology*, 3:151.

95 Pannenberg, *Systematic Theology*, 3:122ff.

因此也釋放和調解社會和個人自由之間那潛在的人觀張力。聖靈的工作出神地將個人從他們自己的特殊性中提升，不單讓他們參與基督的兒子身分，同時也讓他們經驗著基督身體裏的相通，這相通將個別基督徒和所有其他基督徒聯合起來。而且，聖靈的工作是出神，不單在個別基督徒裏面，也在教會的生命裏。[96] 聖靈在教會的角色，在主餐中得到增強，在其中，聖靈在聚集於桌旁的百姓中，傳遞基督的臨在。[97]

‧ 莫特曼：整全聖靈論 ‧

生命的聖靈

莫特曼（Jürgen Moltmann）是當代其中一位最多產和最富創意的神學家。他最初的三個神學貢獻是《盼望神學》（*Theology of Hope*, 1964）、《被釘十字架的上帝》（*The Crucified God*, 1972），以及那稱為《聖靈能力中的教會》（*The Church in the Power of the Spirit*, 1975）的聖靈教會論。他較後期的著作包括：《三一和上帝國》（*The Trinity and the Kingdom of God*, 1981）、《創造中的上帝》（*God in Creation*, 1985）、《耶穌基督的道路》（*The Way of Jesus Christ*, 1990），以及他主要的聖靈論著作《生命之靈》（*The Spirit of Life*, 1992）。雖然聖靈論在莫特曼所有的著作中都扮演重要的角色，例如在他關於創造的論述中，但他也曾特別寫 126
了兩本書來討論聖靈的不同方面。

莫特曼主要的聖靈論著作《生命之靈》，其英語版本的副題是「一個普世的肯定」（“A Universal Affirmation”）。

96 Pannenberg, *Systematic Theology*, 3:130, 133～134.

97 Pannenberg, *Systematic Theology*, 3:304～324.

這個翻譯並不能反映原本德語的所有細緻內容。原本的德語是 *Eine ganzheitliche Pneumatologie*，這表示一種「整全的」、「包含一切的」或「全面的」聖靈論。這本書的題目就莫特曼的目標給我們一點提示。首先，他強調上帝的靈在賜予生命和支持生命上的重要角色；其次，他的目標是創造一種不排拒生命任何方面的聖靈論。

令莫特曼的聖靈論那麼吸引和刺激的是，他在討論中留意到廣闊的普世性材料，從東正教會的教父聖靈論到年青教會五旬節宗派的經驗。他在這相反的兩極之間，放置了當代（歐洲）的問題，例如與主觀性和經驗有關的問題。[98] 他的進路也是普世性的，他留意到〔教會〕合一運動的最新發展，正如潘寧博一樣，他多年以來都積極參與這工作。〔教會〕合一運動從很多方面已碰到聖靈論的問題，例如透過與對聖靈有不同經驗和神學的教會相遇。事實上，〔教會〕合一運動被先驅者視為由聖靈開展的工作。[99]

莫特曼的基本命題是，哪裏有對生命的熱忱，那裏便有上帝的靈在運行：生命相對於死亡，解放相對於壓迫，公義相對於不義；等等。因此，惟一合法的態度是肯定生命：

> 因此，必須的事情是肯定生命——其他受造物的生命——其他人的生命——我們自己的生命。如果我們不這樣做，便沒有重生和受威脅的生命的恢復。但任何真正向生命說「是」的人，都向戰爭說「不」。任何真正愛生命的人，都向貧窮說「不」。因此那些真正肯定和

98 Jürgen Moltmann, *The Spirit of Life: A Universal Affirmation*, trans. Margaret Kohl (Minneapolis: Fortress Press, 1992), 2～3.

99 Moltmann, *Spirit of Life*, 3～5.

> 愛生命的人，便起來對抗暴力和不義。他們拒絕對暴力和不義習以為常。[100]

內在的超越性：上帝在萬物中

莫特曼視聖靈和道有相互的關係。由於沒有人類對上帝的 127
靈的經驗，也就沒有人類關於上帝的話，所以由聖經和教會所說出的宣告之言，也必須與今天人類的經驗有關。如果將道和聖靈視為存在於相互的關係中，這便有可能的。一方面，聖靈是決定道的主體，而不單是道的運行。因此，聖靈的效力超越道。另一方面，聖靈的經驗不單在言語中表達。聖靈也有「說不出的」話。[101]

道和聖靈之間的對立可以追溯到歷史更早的時期，神聖啟示和人類對聖靈的經驗之間那錯誤的選擇，很大程度上是源於巴特的辯證神學（dialectical theology），巴特對士來馬赫和自由主義者那種他視為「從下而來的神學」（theology from below），反應過分強烈。莫特曼堅持，神聖啟示和人類經驗彼此相屬；它們不是彼此相反的。[102]

因此，莫特曼沒有將關於上帝的啟示和我們對上帝的靈的經驗設想為對立，而是指出，啟示是「在上帝於人類經驗裏的內在性中，並在人類於上帝裏的超越性中找到。」由於上帝的靈臨在於人類之中，人類的靈是自我超越地與上帝一致。[103] 這個在一切中看見上帝，在上帝中看見一切——用莫特曼的話來說，是「內在的超越性」（immanent transcendence）——的可

100 Moltmann, *Spirit of Life*, xii.

101 Moltmann, *Spirit of Life*, 3.

102 Moltmann, *Spirit of Life*, 5～8.

103 Moltmann, *Spirit of Life*, 7.

能性，在神學上是建基於將上帝的靈理解為創造的能力和生命的泉源（伯三十三 4；詩一〇四 29 及其後經文）。每個關於聖靈創造的經驗，因此也是關於聖靈本身的經驗。而每個對自我的真正經驗，也成了在人類生命中那神聖的靈的經驗。「活著的每一刻都可以在上帝的靈那不能想像的親密中活出。」[104]

宇宙的聖靈

莫特曼生動地描述過去那有限的聖靈論進路：

> 128 新教和天主教的神學和靈修，都傾向單單視聖靈為拯救的靈。祂的位置是在教會，祂保證男人和女人的靈魂得到永恆的賜福。這拯救的靈脫離身體的生命和自然的生命。祂令人轉離「這個世界」，盼望這個世界以外一個更好的世界。然後他們在基督的靈中尋找和經歷一種能力，是和生命的神聖能量不同的，而根據舊約的觀念，那種生命的神聖能量滲透所有生命中。因此神學教科書談及聖靈與上帝、信仰、基督徒生命、教會和禱告的關係，卻很少談及聖靈與身體和自然的關係。[105]

結果是可悲的。這種對聖靈的有限觀點令教會變得貧乏和空虛，而「聖靈則移居到自發的團體和個人的經驗」。[106]

莫特曼相信，這樣忽略聖靈在世界和創造中的角色，其中一個原因是「和子」：神學談及基督的靈和拯救的靈，而不是父創造主的靈。結果，基督的靈和耶和華的 *ruach* 彼此沒有任

104 Moltmann, *Spirit of Life*, 35.
105 Moltmann, *Spirit of Life*, 8.
106 Moltmann, *Spirit of Life*, 2.

何關連。因此，聖靈在創造和新創造中的工作的延續性已被割斷。[107] 在古典用語中，成聖的靈（*Spiritus sanctificans*）和賜生命的靈（*Spiritus vivificans*）之間是沒有延續性的。

結果，莫特曼熱忱地歡迎研究聖靈的新進路，例如生態神學、宇宙基督論、在神學中重新發現身體等。這些進路從希伯來人將聖靈理解為創造的靈開始。「因此，在內心的信仰和愛的羣體性中經驗那賜生命的靈，這經驗引導它自己超越教會的限制，而在大自然、植物、動物和地球的生態系統中，重新發現同一位聖靈。」[108]「上帝的 *ruach* 是內在於所有生命、身體、性、生態和政治的生命力量。」[109]

莫特曼徹底擴展「聖靈的相通」這個傳統觀念，用來包括整個「創造的羣體」（community of creation）——從最基本的粒子到原子，到分子，到細胞，到生物，到動物，到人類，到人類羣體。在這「作為進程的相通」中，所有人類羣體都被包含在自然羣體的生態系統之中，並以與它們交換能量為基礎而
生存。[110] 任何範疇的創造羣體都是聖靈的相通。要掌握這點， 129
需要有整全的聖靈教義。[111]

莫特曼強調，聖靈甚至在政治領域工作。他運用約翰保惠師（*paraklētos*；辯方律師）的觀念，這保惠師致力公義和解放。稱義和解放不只適用於個人從罪中得釋放，正如傳統上基督教拯救論的解釋。[112]

---

107 Moltmann, *Spirit of Life*, 8～9.

108 Moltmann, *Spirit of Life*, 9～10.

109 Moltmann, *Spirit of Life*, 225～226.

110 Moltmann, *Spirit of Life*, 225～226.

111 莫特曼在《生命之靈》中，實際上明確稱自己的聖靈論為「整全的」（holistic）；Moltmann, *Spirit of Life*, xiii。

112 有關他對待傳統稱義教義的特殊進路，進一步，參 Moltmann, *Spirit of Life*, chap. 6。

作為另一個擴展傳統聖靈論範疇的方法，莫特曼以更廣義的詞彙來談論聖靈的恩賜（*charismata*）。傳統上，恩賜分為兩類：「超自然的」（林前十二 6～10）和「自然的」（羅十二 6～8）。但兩類都只限於在教會和個人敬虔中運作。莫特曼強調，聖靈為在世界的服事而賜下屬靈恩賜，例如在解放和生態運動中的先知式言說。

> 如果恩賜不是賜給我們，讓我們可以從這個世界逃進宗教夢想的世界；但如果它們是要見證基督在這個世界的衝突中那解放之主的身分，那麼靈恩運動便必定不能成為非政治宗教，更不要說成為去政治的（de-politicized）宗教了。[113]

生命的成聖

傳統上，成聖和聖靈的職事被連繫起來，這正如在古代的信經中所明顯看到的。和稱義的教義在傳統神學上的理解相稱，成聖的教義被稱為屬靈生命在個別信徒中的發展。莫特曼的出發點是一個觀察：由於所有生命都要持續、要成長，所以成聖與生命成長的推進和促進有關。

從這更全面的視角看成聖，它包括幾個方面。它表示重新發現生命的聖潔和創造的神聖奧祕，並保護它們免受生命的操控、自然的世俗化，以及世界透過人類暴力而來的破壞。地球屬於上帝的，因此是需要保護的。從這種態度生出對生命的敬
130 畏。這種態度將一種對生命的宗教態度，與對生命的道德尊重連結起來。在這個意義上，成聖也表示捨棄對生命使用暴力。

113 Moltmann, *Spirit of Life*, 186.

任何種類的暴力，只要威脅生命和成長，都是反對生命的靈的目的。生命的成聖也包括尋求「生命的和諧及一致」。[114]

聖靈能力中的教會

和龔漢思（Hans Küng）的《教會》（*The Church*）一樣，莫特曼關於教會論的主要著作——它的名稱暗示了它的進路——《聖靈能力中的教會》[115]，在當代教會教義的發展中，是重要的一步，特別是作為聖靈教會論。在這本書之前，莫特曼已經開始在其他著作發展他主要的聖靈論觀點。例如：在他的《盼望神學》[116] 中，他談及在聖靈能力中，基督的復活所給予的終末應許創造了一種宣教的教會，以及「辯證盼望」的教會（被釘十字架和與上帝分離的基督，也從死裏復活和與上帝聯合）。這終末應許裝備教會服事世界，這包括政治的參與。

莫特曼透過四個範疇討論他的教會觀：耶穌基督的教會、宣教的教會、普世的教會和政治的教會。[117] 整體的內容和背景不單充滿聖靈論，也是徹底的三一論。[118] 他將教會置於上帝三一論式的歷史中，並更特定地置於聖靈的歷史中。[119]

---

114 Moltmann, *Spirit of Life*, 171～174（引文見 173）。

115 副題是 *A Contribution to Messianic Ecclesiology* (New York: Harper & Row, 1977)。

116 副題是 *On the Ground and the Implications of a Christian Eschatology* (London: SCM Press, 1967)。

117 Moltmann, *The Church in the Power of the Spirit*, 1～18.

118 在他的《聖靈能力中的教會》第三部分：「耶穌基督的教會」（"The Church of Jesus Christ"）；第四部分：「上帝國的教會」（"The Church of the Kingdom of God"），以及第五及第六部分：分別是「在聖靈臨在中的教會」（"The Church in the Presence of the Holy Spirit"）及「在聖靈能力中的教會」（"The Church in the Power of the Holy Spirit"）這些架構中，莫特曼那教會論的三一論觀點成了核心焦點。

119 尤參 Moltmann, *The Church in the Power of the Spirit*, 28～36。

許多具決定性因素模塑著莫特曼的教會觀，結果是一個高度跨文化，甚至處境化的聖靈論式的教會論：普世的接觸和工作（特別是與普世基督教會協進會和東正教會）；在第三世界廣泛的遊歷；對五旬節／靈恩運動的興趣和與他們的接觸；[120]
131 與新教自由教會的「自決宗教」（這相對於德國的國家教會而言）、與拉丁美洲和其他地方的自由神學、與拉丁美洲的天主教基層羣體、與受迫害的教會，以及與他自己被囚時期進行互動。

一方面，教會論只能夠從基督論發展。關於基督的陳述也超越教會，而指向國度，就是基督將來的統治；這基督就是以聖靈的能力帶來祂的國度的彌賽亞，那能力亦是使祂從死裏復活的同一力量。在莫特曼偶然稱為「靈恩式的教會論」（charismatic ecclesiology）的理論中，當教會在耶穌的歷史和對將來國度的期盼中生活時，聖靈向我們傳遞終末的將來；聖靈服事子國度的來臨。在這意義上，教會參與聖靈的使命。[121]

教會在五旬節那天誕生，而說方言（*glōssolalia*）是它誕生的標記。[122] 但由於聖靈的工作不限於教會——聖靈在創造的任何地方工作——教會不能將自己絕對化，而它的性質總是臨時性的。

莫特曼的「關係教會論」（relational ecclesiology）主張，教會從來都不是為了自己而存在，而總是在與上帝和世界的關

120 例如：參 *Journal of Pentecostal Theology* vol. 4 (1994)，那是用來作他的主題演講："The Spirit Gives Life: Spirituality and Vitality," 以及莫特曼和他的回應者——每一個大洲的代表——之間的討論，在 *All Together in One Place: Theological Papers from the Brighton Conference on World Evangelization*, ed. Harold D. Hunter and Peter D. Hocken (Sheffield: Sheffield Academic Press, 1993)。

121 Moltmann, *The Church in the Power of the Spirit*, 33ff., 197ff.

122 Moltmann, "The Spirit Gives Life," 26.

係中存在；因此，它是服事、宣教的教會。事實上，一切（包括上帝），都只在關係中存在。上帝是「開放的三一」（open Trinity）：在創造中，祂向世界開放自己，也在歷史中容易受事件所傷害。這就是莫特曼的「社羣的三一」的動力。[123]

對這宣教、受苦的教會，十字架和復活定下了基調。教會參與基督的受苦和「聖靈的歎息」，直到上帝喜樂及和平的國度來臨。說方言是「聖靈那麼強烈的內在緊抓，以致它的表達離開能夠明白的言語領域，並以特殊的方式表達它自己，正如強烈的痛苦以不受控制的呼喊來表達，或很大的快樂以跳躍和舞蹈來表達。」[124]

對莫特曼來說，教會是平等的人的「靈恩式的相通」。 132
負責職事的人和百姓之間沒有區分。[125] 對保羅來說（林前十二～十四）—— 對莫特曼來說也一樣 —— 教會是聖靈以湧流的能力（恩賜）來自我彰顯的地方。結果，上帝的百姓在他們作為「聖靈的創造」的存在中看自己：「聖靈使他們有生命；聖靈給羣體權柄實行它的使命；聖靈令祂永活的能力和源自那些能力的事工有效；聖靈聯合、整理和保存羣體。」[126] 結果，教會的職事在性質上是靈恩式的。根據莫特曼：「如果我們不從每個信徒 —— 無論有沒有職位 —— 都是上帝彌賽亞百姓的成員出發，那麼教會論便變成教階主義。」「如果我們不令獨一的靈恩永活羣體成為我們的出發點」，職事便變成乏味，「沒有精神的公務，而恩賜便成了宗教天才的一種崇拜。」[127]

123 進一步，參 Moltmann, *Spirit of Life*, 289～308，這是從聖靈論的視角出發的。

124 Moltmann, "The Spirit Gives Life," 27.

125 Moltmann, *The Church in the Power of the Spirit*, 298.

126 Moltmann, *The Church in the Power of the Spirit*, 294.

127 Moltmann, *The Church in the Power of the Spirit*, 289～290.

同樣，莫特曼將聖禮的慶典置於聖靈論背景中：

> 當它聆聽彌賽亞世代的語言，並在洗／浸禮和主餐中歡慶黎明和盼望的記號，教會便在聖靈的臨在中視自己為以將來的國度為目標的彌賽亞百姓。在彌賽亞筵席中，它察覺到它的自由和責任。在聖靈的能力中，教會經驗本身是彌賽亞式相通——為了服事在世界中上帝的國度。[128]

莫特曼認為教會是開放、靈恩式的相通，一種包含「開放的友誼」，[129] 在這個基礎上，我們完全可以明白，他對國家教會的模式持批評的態度，並支持自主的「自由教會」模式。教會是委身信徒的相通，並在聖靈的能力中將生命順從於基督的主權之下。

‧ 韋爾克：實在聖靈論 ‧

多元聖靈論

在過去大約十年所有出現過聖靈論中，韋爾克（Michael Welker）的《聖靈上帝》（*God the Spirit*）[130] 在形式和內容上
133 是最特殊的。這本書不是系統性或哲學性論著，而是徹底地處理聖經新舊約的經文，只要它們與上帝的靈有關係。正如韋爾克自己指出，這本書也可以稱為「聖靈的聖經神學」[131] ——雖

128 Moltmann, *The Church in the Power of the Spirit*, 289.

129 Moltmann, *Spirit of Life*, 255～259.

130 Michael Welker, *God the Spirit*, trans. John F. Hoffmeyer (Minneapolis: Fortress Press, 1994).

131 Welker, *God the Spirit*, xii.

然這不是傳統的方式。

韋爾克主要的批評針對形而上學、玄思臆測或抽象的聖靈論：「這本書引導人們經過那些錯誤的路——即被關於聖靈的傳統理解所接受的全面形而上學、純屬玄思臆測的三一論主義、抽象的密契主義，以及非理性主義。」一個適當的例子是被「古老歐洲形而上學」俘虜的神學。從正面來說：「這本書尋求先闡述上帝的靈那廣闊的經驗，搜尋和追尋聖靈，並對界定當代世界的靈持抱懷疑態度。」[132]

韋爾克主要的問題是：上帝的靈在哪裏？或者我們可以在生命哪裏辨別聖靈？他的論題指出：

> 與所謂自然聖靈論相對，現在……清楚看到聖靈並不「怎樣」支持「一切」的服務。相反，在時間完滿時行動的聖靈，決定性地「停留」在無私、受苦和被鄙視的彌賽亞身上……但和所有「超脫的」聖靈論不同，現在清楚看到，上帝的靈在肉體的、會消滅的、地上的生命裏面，在這生命之上面，並透過這生命行動，而正是在這方式，聖靈決意要證明上帝的榮耀，並彰顯永恆生命的力量。[133]

因此，在這追尋中，韋爾克想糾正兩種錯誤。一方面，他對將聖靈連繫到一般的「生命」，並看不見聖靈和（諸）靈之間有分別的自然聖靈論持批評的態度。另一方面，他對他稱為「超脫的聖靈論」（pneumatologies of the beyond）也感到不安。這種聖靈

132 Welker, *God the Spirit*, ix.

133 Welker, *God the Spirit*, 338～339.

論將聖靈和遠離實在生命、那古怪和模糊的行動和經驗連繫起來。韋爾克論證說，聖經少數經文將聖靈描述為不能理解、超自然的能力（numinous power），它們應該根據大部分以具體、可理解的方式來談論聖靈的經文來閱讀，而不是倒過來。[134]

韋爾克稱自己的進路為既「實在」（realistic）又「多元」（pluralistic）的。在他對聖經正典的閱讀中，韋爾克得出一個結論，「我們遇到上帝的靈那經證明的經驗，這些經驗牢牢地
134 嵌入不同的生命經驗中，特別是在那些受到威脅和危害的生命
經驗，但也包括得到解救和解放的生命。」聖靈的實在神學與經驗的不同架構性模式有關，這些經驗培養對那些不同模式間的分別的敏感性。[135]

韋爾克的進路同時也是多元的：在聖經和生命中彰顯那些關於聖靈不同種類的經驗和回應，他的進路對之敏感。後現代[136]多元神學認真看待聖經的不同傳統和它們不同的「生命處境」。這種多元性也可以在觀察中看到：在正典中有一個發展，就是從在最初的幾卷書中「聖靈的能力那些早期、不清楚的經驗」，[137]發展到更清楚地被闡述的觀念。

和他的多元進路相稱，韋爾克批評傳統的進路，在其中聖靈的功用是創造聯合和統一性。反而，他論證說聖靈也擁護多樣性和多元性：「為了上帝的公義，為了上帝的憐憫，並為了對上帝的豐富和榮耀的全面見證，上帝的靈的行動是多元的。」[138]五旬節是這種多樣性的偉大例子，在其中「透過聖靈的傾出，上帝

134 Welker, *God the Spirit*，尤參 50～51。

135 Welker, *God the Spirit*, x；也參 46～47。

136 韋爾克也會樂意稱他的進路為「後現代」。Welker, *God the Spirit*, xii。

137 這是第二章的標題，Welker, *God the Spirit*, chap. 2；尤參 50～51。

138 Welker, *God the Spirit*, 25.

帶來對祂自己包括世界、多語言、多個體的見證。」[139] 不過，「個體地分裂為多元」和「聖靈那促進生命、賜予活力的多元性」之間，是有確定的分別的。（後）現代的思想傾向對分裂的多元性抱懷疑態度，這種多元性反對聖靈那促進生命的能力。[140]

聖靈和「現代對上帝的距離的意識」

對韋爾克來說，他的實在聖靈論的催化劑，是今天在世界中的經驗，他稱為「現代對上帝的距離的意識」。[141] 韋爾克將這種大部分現代（西方）人所感到的、與上帝疏離的感覺，與五旬節／靈恩基督徒對上帝此時此刻的臨在那生動、幾乎好像小孩一樣的熱忱作出對比。對五旬節和靈恩運動者來說，上帝似乎是接近的；對其他人來說，談論上帝的靈卻毫無意義。 135
擁有西方世俗常識的人，即使要遙遠地一瞥任何接近上帝的靈的事物，他們都有很大的困難。如果談到任何與屬靈有關的事情，他們卻只會看到鬼魂。[142]

只有透過聖靈，上帝的知識和上帝的創造能力才成為可能，上帝的靈在這裏才變得重要。即使在這裏，我們也必定不能天真；韋爾克並不相信聖靈是「常識（common sense）最親密的朋友」，正如巴特所曾說過的。相反：

> 今天，在很多文化中，常識就是難以與聖靈互建友誼，無論是因為常識甚至不能看見這種友誼，還是因為常識在偶然嘗試與聖靈交朋友時得到很少幫助。這樣一種懷疑便鞏固下來，認為聖靈是幽靈、鬼魂。但常識

139 Welker, *God the Spirit*, 235.

140 Welker, *God the Spirit*, 25～27.

141 這是標題，Welker, *God the Spirit*, 1。

142 Welker, *God the Spirit*，尤參1～13。

> 知道——特別是自從啟蒙運動以後——沒有鬼魂這種東西。[143]

促成西方文化這種視聖靈為「鬼魂」那抽象、超自然觀念的是傳統神學，它強調聖靈那抽象的、超越的、他世的和密契的性質。相反，聖經很多關乎上帝的靈的見證，都談及聖靈進入人類生命那多樣的實在。[144]

上帝的靈的任務是令上帝的能力為人所知。上帝的靈令人可以知道上帝那創造性能力，這能力將受造物那多樣性帶進豐富、有成果和支撐生命的關係中。上帝的靈的經驗不單是私人經驗（正如現代思想所傾向想到那樣），它們也不限於孤立的羣體（正如靈恩的思想所傾向暗示那樣）。因此，神學聖靈論的主要挑戰，是正視聖經見證（在聖靈裏面，上帝以可以經驗的具體方式行動），與世俗常識主張（上帝是遙遠和沒有能力）之間的張力和衝突。[145]

解放者聖靈

根據聖經的彌賽亞應許，上帝透過彌賽亞——上帝的靈臨在其身上——建立公義、憐憫和對上帝的知識。上帝將聖靈傾
136 注在所有血肉之軀中，令所有人有自由克服用來將人們分隔的社會和文化界限。韋爾克在解放和女性主義神學的出現中，看到聖靈大能工作的清楚標記。聖靈在多樣的人民和羣體中，以不同的方式工作，令被擄的得自由。這解放的工作令不同的解

143 Welker, *God the Spirit*, 2～5.

144 Welker, *God the Spirit*, 6.

145 Welker, *God the Spirit*, 6.

放神學成了今天最重要的神學形式。[146]

對韋爾克來說，聖靈的職事其中一個主要形式是祂的解放工作，無論是關於少數羣體、婦女、窮人或任何渴望自由的羣體。在他對聖經聖靈論的闡釋中，韋爾克特別集中在關於解放的故事上。士師記在他的著作中尤其得到詳細的註釋。在這些情況下，聖靈特別為了恢復團結一致和羣體行動的能力而工作。韋爾克視士師記的故事不是奇迹的故事，而是關於上帝的靈致力在百姓間恢復團結一致的敍事：

> 上帝的靈並不「降在」英雄和那些煥發得勝榮耀的人身上。聖靈在上帝的百姓間產生一種新的一致，釋放百姓脫離由他們自己的「罪」所帶來的無力，並令受壓迫的生命得以起來……
>
> 在所有經驗上帝的靈的早期見證中，開始和即時的問題是恢復內部的秩序，至少是新的委身、團結一致和忠誠。上帝的靈降下，其直接結果是在困苦中的百姓聚集和團結起來。他們得到同胞的支持；在聖靈降臨後，產生了一個新的羣體，一種新的委身。[147]

同時，韋爾克誠實地提出聖經的故事，沒有粉飾聖靈所使用的人。[148] 事實上，聖靈的行動對帶有聖靈的人來說不一定是好事。[149]

韋爾克進而說在舊約，給上帝的靈的行動所作的見證，並

146 Welker, *God the Spirit*, 16～17.

147 Welker, *God the Spirit*, 52, 57.

148 Welker, *God the Spirit*, chap. 2.

149 Welker, *God the Spirit*, 63.

不傳遞關於聖靈清楚的知識，更不用說是詳盡的知識。結果，「辨別諸靈」的任務便是必須的。不過，雖然聖靈的工作有含糊之處，但即使在早期的經驗中，也有清楚的顯示，就是上帝的靈是「公義和憐憫的靈」。[150]

應許在彌賽亞身上的公義及和平的靈

137 韋爾克詳細解釋以賽亞書及其他的彌賽亞經文，它們都談及彌賽亞生命中的聖靈。核心焦點在於擴展公義及道德的職事，以及上帝的知識，甚至超越以色列的界限。[151]

韋爾克同樣強調在新約中基督與聖靈之間的基本關係：基督由聖靈在使命中任命，而不是由自私的公眾（self-serving public）任命。雖然受膏者確立公義及和平，但彌賽亞不是政治人物。我們不能在街上聽到祂的聲音；祂是受苦的彌賽亞。[152]

耶穌生命的特點是聖靈具體的臨在。在聖靈的能力中，祂藉著趕鬼和釋放那些被囚、沒有出路的人，而幫助那些無力的個體。被聖靈充滿的彌賽亞，其權力後來傳給祂的追隨者，讓他們醫治病人，釋放被囚禁的人。聖靈的臨在和能力是祂彌賽亞身分的決定性標記：「我若靠著上帝的靈趕鬼，這就是上帝的國臨到你們了。」（太十二 28）[153]

韋爾克提供詳細的清單，列出基督的靈進行的工作，例如以不同形式幫助無力、被擄和被囚的人；將那些經驗沒有自我和沒有公共權力的人，聚集到上帝統治的領域中，在其中人們得到力量，成為上帝呼召他們所要成為的人；作為解放的

150 Welker, *God the Spirit*, 55.

151 Welker, *God the Spirit*, chap. 3.

152 Welker, *God the Spirit*, 124ff.

153 Welker, *God the Spirit*, 195～196.

靈，將人類從痛苦和罪中釋放；並恢復團結一致和集體行動的能力。[154]

聖靈的公共位格

韋爾克關於聖靈論的書在性質上不是系統性著作，而是與聖經那多重和多樣的見證展開廣泛的對話。因此，他沒有討論關於三一中聖靈的問題，甚至沒有討論聖靈的位格。韋爾克最接近界定聖靈的是在使用「聖靈的公共位格」（the public person of the Spirit）的時候。聖靈是位格，但更特定地是公共位格：「如果位格只是作為個體── 人類行動的中心── 來思
想和理解，聖靈的位格性仍然是含糊的。」[155] 我們也可以說聖 138
靈是基督共鳴的領域，一種力場。[156]

韋爾克對比兩種「靈」：西方文化和哲學的靈／精神，以及上帝的靈。西方世界的靈／精神是由一種「展現與上帝的靈不同的制度、興趣、目標和權力架構」所模塑和界定的。「這個靈／精神也擴展到世界的其餘地方。」[157] 危險之處在於它往往被等同上帝的靈。西方的靈／精神源自亞里士多德（Aristotle）和黑格爾的哲學。韋爾克把這靈描述為自我指涉和自我生產的（self-productive），這是相對於上帝的靈的無私。[158]

在亞里士多德那形而上學的幫助下，西方哲學描述位格

---

154 Welker, *God the Spirit*, 220～221.

155 Welker, *God the Spirit*, 312.

156 Welker, *God the Spirit*, 314。在這裏韋爾克運用「共鳴的領域」（domain of resonance；來自盧曼〔Niklas Luhmann〕）這個觀念：人類得到位格的特點，只是藉著在關係的多元網絡中被模塑（我們是位格人，正如我們是兒女、親戚、朋友；等等）；這些共鳴的網絡只是部分地倚賴我們的活動。

157 Welker, *God the Spirit*, 279.

158 Welker, *God the Spirit*, 283.

（和靈／精神的位格性）為「自我指涉的；在世界以外，又與世界有關的；明白一切，因而是完美的；控制一切，同時又與自我同一。」[159] 這種靈／精神的特點是個人主義、自我肯定、泰然自若、自我生產，並特別主宰人類和自然。結果是受造物和環境受到主宰，以及人類被征服。[160]

不過，上帝的靈並不為靈作見證，而是使那自我引退的、自我犧牲的、被釘十字架的一位臨在。上帝的靈的特點是在本性上捨己的和自我引退的，甚至無私的。聖靈是轉向他者的。[161]

藉著轉向基督和他者，聖靈創造團結和相通。真正和真實的教會，普世和跨越各大洲的教會，是超越特定的時代，具體地存在於此時此地，在以前和現在它都是由聖靈建立的：「由於人類被帶到這相通中，他們作為軟弱的孤立、消費主義地被腐化的個別性——由大眾傳媒毒害，而且沒有公眾共鳴——都為他們，並且透過他們而被消解。」[162]

139 韋爾克強調，但上帝的靈不滿足於只在有形的教會裏工作。那獨一的靈也在很多宗教和世俗環境中可以辨認得到。[163]

·潘嘉樂：系統聖靈論·

潘嘉樂（Clark Pinnock）是福音派運動其中一位主要的神學家，這運動近年成為有影響力的神學力量，特別是在英語世界。福音主義從更反動及保守的基要主義區別出來，它支持保

159 Aristotle, *Metaphysics XII* 7.

160 Welker, *God the Spirit*, 284ff.

161 Welker, *God the Spirit*, 280～283.

162 Welker, *God the Spirit*, 308.

163 Welker, *God the Spirit*, 308.

存基督教傳統的古典教義，但同時又公開面對後啟蒙運動和後現代世界的挑戰。在過去十年，潘嘉樂對一般的聖靈論和靈恩問題都有重大的貢獻。身為自由教會的神學家，他特別強調浸信會的遺產。

他主要的聖靈論著作《靈風愛火——再思聖靈論》（*Flame of Love: A Theology of the Holy Spirit*）[164] 是特殊的。它沒有產生自己的聖靈論，而是從明確的聖靈論視角討論主要的系統性主題，例如三一、創造、啟示、基督論和教會。潘嘉樂想挑戰一般的神學，它們給予聖靈次要的地位。[165] 這本書的吸引力在於它那來自經驗的、幾乎是熱忱的風格。很明顯，這是一種「見證書」，但也是系統神學。[166] 和大部分神學家不同，潘嘉樂想同時運用頭腦和內心。

宗教的聖靈論神學

當代神學和宣教學其中一個最迫切的挑戰是宗教神學這個問題：在教會／基督以外有沒有拯救——或至少拯救的成分？

在福音派神學中，對宗教真正的聖靈論神學那最重要的呼籲是來自潘嘉樂，他多年以來都以負責任的包容立場撰寫了大
量著作。這個立場主張，雖然基督是標準和絕對的救主，但拯 140

164 Clark Pinnock, *Flame of Love: A Theology of the Holy Spirit* (Downers Grove, Ill.: InterVarsity Press, 1996).

165 Pinnock, *Flame of Love*, 10～11。他的評論是尖銳的：「我們的語言往往有啟發性——聖靈是第三個地方的第三個位格」（10）。

166 Pinnock, *Flame of Love*, 12。實際上，潘嘉樂說：「雖然這不是見證書，但我希望讀者會感到我怎樣與上帝相愛，以及改進的神學有多大的實際用處。」這個意義上的「改進的神學」（improved theology），指正確地被聖靈論視角充滿的神學。

救必定不能限制在福音的宣告上。[167] 潘嘉樂主要是以基督論[168]為基礎而開始向包容主義（inclusivism）進發，但後來則轉向更確定的聖靈論觀點。[169]

潘嘉樂正確掌握了需要避免的錯誤：其中一個錯誤是教條地說所有人都會得救，另一個錯誤則是說只有很少人得救。基督教信息的兩極——上帝拯救所有人的普遍旨意和拯救只在於基督的最終性（finality）——需要以既不打擊傳福音、也不令大部分人得不到拯救的方式來處理。潘嘉樂認為，反對限制主義（restrictivism）不單是上帝身為父的本性，以及基督代贖普遍性的性質，也是永在的聖靈的性質，「祂可以在任何地方和每一個地方促進與上帝那具轉化作用的友誼。」[170]

潘嘉樂通往欣賞聖靈那更不受限制的職事的大門，是「聖靈運作的宇宙範圍」。[171] 強調聖靈在拯救中的工作，這不應該理解為否定那以拯救工作為基礎的創造工作，正如常見的情況

167 Clark Pinnock, "The Finality of Jesus Christ in a World of Religions," in *Christian Faith and Practice in Modern World: Theology from an Evangelical Point of View*, ed. M. A. Noll and D. F. Wells (Grand Rapids: Eerdmans, 1988), 152～168; Clark Pinnock, "Toward an Evangelical Theology of Religions," *Journal of the Evangelical Theological Society* 33 (1990): 369～368; Clark Pinnock, "Evangelism and Other Living Faiths: An Evangelical Charismatic Perspective," in *All Together in One Place*, 208～218; Clark Pinnock, "An Inclusivist View," in *More Than One Way? Four Views of Salvation in a Pluralistic World*, ed. D. L. Ockholm and T. R. Phillips (Grand Rapids: Zondervan, 1995), 93～148; Pinnock, *Flame of Love*，尤參 185～215；也參 49～78，這是有關他怎樣處理聖靈在創造的角色和它對我們主題的含義。

168 進一步，參 Clark Pinnock, *A Wideness in God's Mercy: The Finality of Jesus Christ in a World of Religions* (Grand Rapids: Zondervan, 1992)。

169 他的《靈風愛火》實際上是綜合的系統神學，從聖靈的角度寫成。第六章的題目是「聖靈與普遍主義」（"Spirit and Universalism"），它集中討論宗教的神學，但另外幾章，特別是第四章「聖靈與基督論」（"Spirit and Christology"），它們也立下基礎，正如他在最後的第七章很好地處理啟示那樣。

170 Pinnock, *Flame of Love*, 186～187.

171 Pinnock, *Flame of Love*, 49。以普世的精神，潘嘉樂在這裏認同地引述教宗若望保

那樣。[172] 在神學（特別是福音派神學）中，聖靈在創造和在拯
救中的角色往往沒有關連。結果，拯救被人以頗為有限的形式 141
來理解。上帝基於創造而提供給所有人的東西被忽略。潘嘉樂論證說，藉著承認聖靈在創造中的工作，我們實際上容許對聖靈的職事有更普遍的視角，在其中，聆聽福音的準備工作，不是在基督裏福音的完滿的對立。[173]「人們在耶穌裏遇到的是，以前聖靈發出的邀請的完滿。」[174]

潘嘉樂論證說，通往恩典，對以聖靈論為基礎的宗教神學來說，其所遇到的問題比排他地以基督論為基礎的宗教神學為少。子的道成肉身被限制在時間和歷史的特定地方，但透過聖靈的職事，其普遍效果可以傳到地上最遠的地方。[175]

對福音派神學家來說，真正革命性的洞見是，宗教不是人類無用地試圖接觸上帝（如保守派），或對上帝的拯救知識的障礙（如年青的巴特），而可以是聖靈用來指向上帝及與上帝接觸的途徑。[176] 而且，每個人類經驗都可以同樣被聖靈使用，

祿二世（John Paul II），他提到「生命的闊度，令所有創造、所有歷史都一起流向它最終的結果，在上帝無限的海洋中」（Pope John Paul II, *On the Holy Spirit in the Life of the Church and the World*, Encyclical of the Supreme Pontiff [Sherbrooke, Quebec: Editions Paulines, 1986], 95）。

172 Pinnock, *Flame of Love*, 51。一個適當的例子是福音派神學家多馬士（W. H. Griffith Thomas, *The Holy Spirit of God* [Grand Rapids: Eerdmans, 1964], 187, 196, 201），他寧願避開聖靈的宇宙活動，因為他認為這些活動威脅福音的獨特性。

173 Pinnock, *Flame of Love*, 63.

174 Pinnock, *Flame of Love*, 63.

175 Pinnock, *Flame of Love*, 188.

176 Pinnock, *Flame of Love*, 203。他問道：「如果聖靈賜生命給創造，並給恩典每一個受造物，我們會期望祂在文化生活的宗教向度臨在，讓別人感受到祂（至少偶然地）。為甚麼聖靈在任何地方活動，但卻不在這裏活動？上帝接觸所有民族，並不讓自己沒有見證人（徒十四 17）。這見證不會有時在宗教領域出現嗎？」（200～201）。

因為人類「身為靈」，是被造以致向上帝開放的。[177]

在最終的分析，子的職事和聖靈的職事可以被視為「同
142 時一以及」（both-and）。「惟一的中保基督支持獨特性，而聖
靈——上帝在任何地方的臨在——則保障普遍性。」[178]

聖靈與啟示

潘嘉樂從聖靈論的角度看真理和啟示的問題；換句話說，他問聖靈怎樣啟示上帝的身分並令啟示完成。[179] 聖靈論觀點集中在「適時的必要」，也就是集中在上帝的啟示對當下的適切性。教義是受時間限制的見證，而不是不受時間影響的抽象。[180] 同時，上帝的靈永遠都不限於目光偏狹的利益，而總是為了各民。聖靈「指導、引誘、追求、影響和吸引所有人類，而不單是教會」。[181]

潘嘉樂在討論啟示時關心的不是神聖的靈感——這是很多

177 Pinnock, *Flame of Love*, 73。在這裏，我們可以看到拉納對潘嘉樂思想的影響，雖然他沒有在這裏的上下文闡釋這點。而且潘寧博的神學人觀也在這個觀念中發揮作用。另一個潘嘉樂向普世態度開放的迹象，是他認同地引述天主教女性主義神學家約翰遜（Elizabeth Johnson, *She Who Is: The Mystery of God in Feminist Theological Discourse* [New York: Crossroad, 1992], 125）：「那可以傳遞神聖奧祕的經驗其廣度和深度是真正的包容。它不單包含明顯與宗教意義有關的事件，例如教會、言語、聖禮和禱告，很多時甚至不是主要包含這些事件，雖然這些事件明顯是為了傳遞神聖。由於上帝的奧祕支持整個世界，被視為世俗或只是普通人類生活的很多東西，都可以是聖靈一智慧（Spirit-Sophia）磨坊的麵粉，進行吸引和傳遞。」

178 Pinnock, *Flame of Love*, 192。有關對潘嘉樂整個計劃的理解，以及對他這裏的神學方法學的批評，參 Amos Yong, "Whither Theological Inclusivism? The Development and Critique of an Evangelical Theology of Religions," *Evangelical Quarterly* 71 (1999): 327～348。

179 基本的論據可以在這裏找到：Clark Pinnock, "Word and Spirit," in *The Scripture Principle* (San Francisco: Harper & Row, 1984)。

180 Pinnock, *Flame of Love*, 215～216.

181 Pinnock, *Flame of Love*, 216.

傳統神學的核心焦點——而是基督徒和所有人身為道的聆聽者的成長。問題是上帝的道的挪用。潘嘉樂宣稱，聖靈關心真理在基督身體中的中心，並促進朝向真理的移動，縱使我們會有錯誤和謬誤。但聖靈不單在聆聽中扮演重要的角色，祂也在教義的發展中扮演重要的角色。潘嘉樂正確地指出，福音派強調真理的命題性質，這幾乎將注意力完全指向闡釋聖經，而忽略了詮釋中所涉及的其他動力。[182] 他認為自己是福音派神學家，他提出一套發展教義的理論，在其中聖靈將上帝真理的新向度帶給信徒，祂也在教會傳統中工作。聖靈引導基督徒的理解朝更正確地掌握真理的方向邁進。這些發展不一定顯示過去是腐敗的，但卻表示對啟示的理解比以前更清晰。[183]

有趣的是，潘嘉樂對待啟示的方式與羅馬天主教會的《啟示憲章》（*Dei Verbum*）相似：

> 啟示既不是沒有內容的經驗（如自由主義〔神學〕），也 143
> 不是不受時間限制的命題（如保守主義）。它是上帝自我揭示的動力；上帝在拯救歷史中讓人知道祂的良善，並在揭示的過程中於耶穌基督裏達到高潮。啟示主要不是存在式的影響（existential impact）或絕無謬誤的真理，而是帶來影響及指示的神聖自我啟示。這啟示的形式是自我揭示和位格之間的溝通。這樣，它充滿意義和可能的發展。[184]

要實現這工作，聖靈運用靈感（完成上帝的計劃）和光照（在持續的挪用和解釋中所給予的幫助）。或者我們可以談及

182 Pinnock, *Flame of Love*, 218～220.

183 Pinnock, *Flame of Love*, 231～235.

184 Pinnock, *Flame of Love*, 226.

靈感經文和讀者。「過去的靈感保障聖經，現在的靈感給予讀者力量。」[185]

聖靈和拯救

與大部分新教神學家相比，潘嘉樂對拯救論的進路是特殊的，因為它很大程度上引用了東正教拯救的聖靈論式教義。重要的是，《靈風愛火》中關於拯救的一章，其題目是「聖靈和聯合」（Spirit and Union）。他提醒我們，我們從聖靈的立場看拯救時，是以關係和影響來看它。潘嘉樂沒有以罪疚和罪這些標準新教的範疇作為核心焦點，而是尋求一個拯救的觀念，是以轉化、位格關係、聯合為目標的。跟隨克勒窩的伯爾納，他美妙地描述拯救的象徵為上帝的擁抱：「如果父親吻子，而子接受那親吻，將聖靈想為那個吻是合適的。」[186]

雖然拯救有不同的方面，但目的是榮耀上帝——聖靈——和與祂聯合。「我們註定要在上帝裏面找到真正的自我，在祂裏面我們棲居、活動和有我們的存有。藉著信心，基督寓居在我們心裏，聖靈以上帝的愛包圍我們。」[187] 已掌握了這個聯合向度的古老觀念，是東方教義中的神化。潘嘉樂富有洞見地指出，如果我們更明白與上帝聯合的前景，我們便不會抱怨那旅程的艱苦。在我們旅程結束時，我們將會透過聖靈被三一式的愛所擁抱。[188]

144 當聖經——潘嘉樂也是——最接近描述基督徒生命的整體目標，也就是聯合之時，它運用了性的形象。在保羅的著作

185 Pinnock, *Flame of Love*, 227～231（引文見 230）。

186 Pinnock, *Flame of Love*, 150.

187 Pinnock, *Flame of Love*, 150.

188 Pinnock, *Flame of Love*, 151～152.

中，丈夫和妻子的愛指向基督對我們的愛的奧祕（弗五 29～31）。這個親密的形象將拯救連繫到我們作為有性別的受造物那最深切渴望的實現。關於基督教信仰那神聖奧祕的喜樂慶典，在東正教的禮儀中響起：「讓我們歡欣雀躍，給祂榮耀，因為羔羊的婚宴來到，祂的新娘已經預備好了。」[189]

在運用愛和性的形象中，潘嘉樂說如果拯救是聯合，那麼歸信便是對愛的醒悟。聖靈呼喚任性的人回到上帝的擁抱中。一方面，父的邀請藉著恩典來到，而主動的是祂。另一方面，聖靈可以吸引人，但人必須同意。聖靈幫助我們，但我們亦是與上帝同工。我們作成我們的拯救，而上帝則在我們裏面工作（腓二 12～13）。歸信要求恩典和同意（assent）的相互作用。[190]

在聖靈拯救論中，我們也可以將歸信描述為賜生命的靈的事件（林後三 6），這是裏面的活水，湧出永生（約四 10、14，七 37～39）。復活的主將氣吹在使徒身上，並說：「你們受聖靈」（約二十 22），這令人回想起上帝將生命吹進亞當的鼻孔，以及在山谷中將氣息吹向已死去的骨頭。[191]

說方言的重要性

雖然潘嘉樂主張並非每個信徒都需要說方言，因為新約沒有說方言的律法，但他認為說方言和更新有關。說方言是聖靈臨在的一個證據。因此，較好的說法是，說方言是正常而不是規定的。使徒被聖靈充滿時說方言，但這可能不總是給所有人的模式。[192]

---

189 Pinnock, *Flame of Love*, 152～153（引文見 153）。

190 Pinnock, *Flame of Love*, 159.

191 Pinnock, *Flame of Love*, 163.

192 Pinnock, *Flame of Love*, 172.

對潘嘉樂來說，說方言是高貴和有培育作用的恩賜（林前十四 12）。那說方言的基督徒是在培育自己。因此，在這個背景下，方言不是能夠理解的語言，但卻是回應上帝那不能表達性的一種方式，是「一種從深處向上帝呼求，並一種表達內心
145 那些言語不能表達的歎息的方式。」方言是沒有概念的禱告，深刻和非認知的禱告。[193]

潘嘉樂論證說聖靈在洗／浸禮中賜下，並透過生命的經驗實現。經驗到枯乾或者不察覺恩賜的信徒，應該尋求復興。每個基督徒都在特定的恩賜模塑下接受聖靈：「各人有從上帝而來的特定恩賜」（林前七 7；譯自《新標準修訂版聖經》〔New Revised Standard Version, NRSV〕）。[194]

有關聖靈的神學論述不單局限於西方神學的學術圈子之內。「三分之二世界」（two-thirds world）的不同處境和地區，以及好像女性主義及進程思想（process thought）等西方的神學運動，都出現了豐富和富創意的方式來處理聖靈論。現在我們便轉而研究這些不同和互相補充的進路。

193 Pinnock, *Flame of Love*, 173.

194 Pinnock, *Flame of Love*, 173.

6

處境聖靈論
Contextual Pneumatologies

· 處境中的聖靈 ·

根據聖經的應許，聖靈會傾在「所有人」身上，換句話說，在各種人身上，包括年青和年長、來自各種文化和環境的（珥二 28～29；徒二 17～18）。聖靈的職事總是特殊和特定的。那一位上帝的靈不是在宇宙上空盤旋的超自然力量，而是在不同的生命境況和處境中活在人裏面、並遍佈他們的位格。雖然聖靈工作的目的總是相同——榮耀子並完滿父的新創造——但聖靈與每個人和羣體的交往方式都是特殊的。

在當代世界，神學有責任顯出它對文化的敏感。神學不能夠再成為一個羣體的專利。相反，當它在特定的境況中面對上帝和上帝的世界，並回應不同的需要和挑戰時，它必須對應特定的處境。

在近幾十年，對聖靈處境性的理解開始浮現，它主要糾正和補充那一直主導的西方進路。這一章強調聖靈論的豐富。

進程聖靈論（process pneumatology）以進程哲學和神學為基礎，嘗試以動態、演進和密契的方式來理解聖靈。解放神學
148 （liberation theology）在貧窮的拉丁美洲中孕育，但很快便傳到其他大洲，它從自由和生存的問題來看待聖靈。生態或綠色聖靈論（ecological or green pneumatologies）嘗試藉著運用聖靈論的洞見和資源，來處理創造將來所面臨的危機——污染、自然資源的耗盡和生態災難。女性主義聖靈論（feminist pneumatologies）嘗試從女性的角度來解釋聖靈的經驗，並在處理上帝和神聖的靈時找到女性的對應。「範圍研究」（area studies）那豐富多樣性的一個例子是非洲對聖靈的觀念。正如眾所週知，基督教會在西方以外的地方增長得最快，而非洲建制教會（African Instituted Churches, AIC）和其他非傳統教會的靈性和神學，都有相當重的聖靈論式和靈恩式元素。

·進程聖靈論·

進程中的世界

雖然進程哲學在二十世紀下半葉才進入基督教神學，但它主要的觀念卻不是新的。古代的哲學家赫拉克利特（Heraclitus，主前 540～475 年），透過他那經常被人引用的名言，來表達進程思想的傾向：「你不能踏進同一條河流兩次；因為你腳下不斷有新鮮的水流過。」現代幾位哲學家發展這個思想。例如黑格爾以包含每一部分、也被包含在每一部分中的整體（the Whole）來談論絕對（the Absolute），從而給終極實在有限性和自由。愛因斯坦（Einstein）的相對論最終使牛頓靜止的物理學不足信；愛因斯坦這相對論、哲學家柏格森（Henri Bergson）對實在的有機觀念，以及詹姆斯（William James）視人類的

意識為流動的觀念，都是更近期為進程哲學立下基礎的發展。數學家懷德海（Alfred Whitehead）所撰寫的《進程和實在》（*Process and Reality*），[1] 就提出進程思想主要的觀念。

在進程思想中，其中一個主要的觀念是所有事物的偶發性
（contingency）。我們活在一個互相倚靠的世界中，在其中每
一件事物都必須被視為無盡的因和接續的果的一部分。沒有事
物是孤立地存在的。一切事物都某程度上直接或間接地和每一
件別的事物或實體（entity）有關。除了藉著參與外，沒有東西
存在。進程思想將愛因斯坦相對論的觀念應用到作為整體的實
在。每個實體，無論是物件還是生物，它都是某個處境中關係 149
的匯聚；因此沒有實體、經驗或成就可以是絕對的。

一切事物那瞬變性（transience）的感覺是一個相對的觀念。宇宙中沒有東西是靜止的——無論在無機或是有機的層面。我們活在一個「成為」（becoming；編按：或譯「生成」）的世界中，在這裏事物、事件、社會，以及特別是個人，都是出現了又消失。相對於較古老的靜止觀念，在進程哲學中，實在本身展示新奇、即興和自我創造。這個觀點挑戰傳統對原因和效果的強調。因此，在最近幾十年，好像「成為」、「進程」、「改變」、「參與」和「動態」等詞語都得到廣泛使用。

進程神學誠實地嘗試，在當代科學和上帝於世界那富創意的臨在之間，找到相容的地方。由於「創造繼續下去」，對上帝的「新」行動具有開放性。

和所有實際的東西一樣，上帝是有兩極的，而且包含「原始」（primordial）和「結果」（consequent）的向度。原始的向度（或非時間或精神）指涉上帝對一切可能的掌握。這是上帝

1　Alfred Whitehead, *Process and Reality* (New York: Free Press, 1957).

作為具有無限可能的世界那進程的負責人的向度。結果（或物質或具體）的一極指上帝是「上帝對世界的感觸」（God's feeling of the world）、「完滿的物質感觸」（a fullness of physical feeling）：祂成了能夠明白、一同受苦的那一位。[2] 上帝回應創造的選擇和進程；上帝在與世界真正動態的交往中存在。

聖靈作為神聖的內在性

進程神學植根於古典上帝論，但也批評這種神學。進程神學對古典上帝論這觀點主要的抱怨是它否認（上帝和世界之間）相互性的原則。對進程思想家來說，基督教神學將相互性限制到一個程度，令它幾乎變得毫無意義。例如「自存性（aseity）、不可改變性和不動情性」等哲學上的偏見，削弱了相互性的觀念。因此，進程神學圍繞著穩定對動態、存有對成為、永恆對暫時、不變對不斷改變等與關係有關的問題。[3]

介紹建基於進程思想的聖靈論的主要著作，是雷諾茲（Blair Reynolds）的《邁向進程聖靈論》（*Toward a Process Pneumatology*）。這本書的目的「是在進程神學的範疇以內，朝建構聖靈──內在於我們並我們宇宙之內的上帝──的教義
150 走出第一步。」[4] 雷諾茲的出發點是以聖靈論的方式解釋懷德海關於神聖內在性（divine immanence）的觀念。在進程神學中，上帝在創造中的內在性是主要的主題，這可以用聖靈的教義來解釋。懷德海從沒有明確提到**聖靈**（Holy Spirit）這個詞，但他的觀念可以用聖靈論來解釋。

---

2 進一步，參 John B. Cobb and David Ray Griffin, *Process Theology* (Philadelphia: Westminster, 1976)。

3 Blair Reynolds, *Toward a Process Pneumatology* (London: Associated University Presses, 1990)，尤參第四章。

4 Reynolds, *Toward a Process Pneumatology*, 9.

懷德海付一切代價嘗試避免二元論（dualism，或者正如他所說的分支主義〔bifurcationalism〕）：「假設宇宙是不斷改變的，它是惟一的實在。」[5] 從聖靈論來看，這個原則是重要的，因為它排除上帝和世界之間傳統存有論的二元論。雖然上帝和世界之間有區別，但也有親密、雙向的關係。這個觀念也有深刻的**上帝**一學（*theo*-logical）結果。懷德海主張，除非置於統一的形而上學系統之中，否則上帝的觀念所得到的意義是那麼不明確和不確定，以致是不能理解的。上帝和世界彼此需要對方來理解對方。[6]

而且，上帝臨在於人類經驗之中。上帝是可以接觸的，就在附近：「上帝寓居在宇宙中，在我們當中，不是在世界以上和以外，一處遙遠、沒有時間的領域。」[7] 如果這個原則成立，那麼便表示在經驗世界時，我們也在某層面經驗上帝。換句話說，聖靈在上帝和我們之間起著真實接觸的作用。上帝是在我們的經驗中被相遇的。用進程思想的辭彙，我們也可以說每一個實在的東西（actual entity）攝取（prehends）每一個其他實在的東西（上帝是眾東西的其中之一）。[8]

基督教密契主義和進程聖靈論

雷諾茲的書其中一個最富挑戰性和刺激的特點，是他以基督教密契主義作為更傳統的基督教神學和進程神學之間一道潛在的橋樑。他研究不同的密契作者，例如亞略巴古的丟尼修

5 Reynolds, *Toward a Process Pneumatology*, 13.

6 Donald W. Sherburne, "Whitehead without God," in *Process Philosophy and Christian Thought*, ed. D. Brown, R. James, and G. Reeves (New York: Bobbs-Merrill, 1971), 313; Reynolds, *Toward a Process Pneumatology*, 14.

7 Reynolds, *Toward a Process Pneumatology*, 35.

8 進一步，參 Reynolds, *Toward a Process Pneumatology*, 40～41。

（Dionysius the Areopagite）、艾哈特（Meister Eckhart）、阿維拉的德蘭（Teresa of Avila）和十架約翰（John of the Cross），並尋求顯示：雖然密契傳統包含二元論元素，例如
151 靈和物質、聖潔和世俗之間的二元論，但它也看到上帝那動態的、相對的屬性，令它可以接觸進程思想。他顯示，幾位密契主義者在基督教上帝的教義和他們自己的密契經驗之間掙扎著，尋找平衡。例如：亞略巴古的丟尼修尋求比正統更動態的上帝觀。很多密契主義者也與神格明顯的改變和靈魂－身體辯證這些問題搏鬥。[9] 所有這些主題都是進程神學視為對古典上帝論的批判性挑戰。

雷諾茲頗為正確地指出在歷史上，密契主義產生了對聖靈的經驗中最詳細的論述。根據雷諾茲的解釋，密契出神和懷德海的美學經驗之間有相似之處。[10] 密契出神集中在上帝和世界之間的相互性，而上帝的臨在在感覺的完滿，並透過這完滿而被客體化和彰顯。[11] 出神的人渴望上帝「可以在最深的愛和內心的基礎上，全面遍佈她〔靈魂〕。」[12]

結果，雷諾茲看到進程聖靈論和基督教密契主義之間有幾個共同元素。在兩個傳統中，上帝的觸摸都是溫柔地行使。進程神學以上帝那敏感、溫柔的元素為中心。相似地，密契主義者傾向將上帝比喻為藝術家，那便與密契主義者相似。甜密、溫柔和親切的感覺是密契主義者生命的特徵。最後，密契主義者和很多進程思想家都以女性來比喻上帝。[13]

「情感拯救」（affective redemption）是雷諾茲對密契出神

9 Reynolds, *Toward a Process Pneumatology*, chap. 2.

10 進一步，參 Alfred Whitehead, *Adventures of Ideas* (New York: Free Press, 1967)。

11 Reynolds, *Toward a Process Pneumatology*, 78.

12 David Butler, *Western Mysticism* (London: Everyman's Library, 1919), 50.

13 Reynolds, *Toward a Process Pneumatology*, 80～83.

經驗的簡稱。他指出密契主義往往被人以普遍、二元、「冰冷」的辭彙來描述，但他尋求顯示：密契主義運用生命情感的一面，對聯合（union）具有熱忱。另一個值得留意的特點是，在密契傳統中，出神是一個過程，而不是靜止的歇息。雷諾茲總結說：

> 密契作品提供一個具體的說明，顯示一種有意義和價值的美學—情感聖靈論（aesthetic-affective pneumatology）……對上帝在宇宙瀰漫那基本的密契直覺，為一種靈性提供基礎，在其中，純正不是在脫離時間—物質世界中找到，而是在更深地深入宇宙中被形成的。[14]

動態的聖靈

聖靈論其中一個主要掙扎是將聖靈連繫到時間—物質秩 152
序。根據雷諾茲，從最早的時間開始，人們便假設上帝作為純粹的靈，是空間—時間世界那可變、多重和短暫的對立。這令人難以——若非不可能的話——談論上帝實際存在於或貫穿宇宙。

在面對這個挑戰時，雷諾茲提供一個與愛任紐引人入勝的對話。愛任紐否認聖靈是生命的賜予者或自然的主要解釋元素：「令人活著的生命氣息是一回事，令人成為屬靈的生命的靈則是另一回事。」[15] 不過，愛任紐思想的某些方面反映了一種宇宙的基督那神聖內在性的觀念，雷諾茲稱為「進程拯救論」（process soteriology）。愛任紐對諾斯底主義的駁斥，令雷諾茲認為，愛任紐嘗試超越任何靈—物質的二元論。他致力

14 Reynolds, *Toward a Process Pneumatology*, 103.

15 Reynolds, *Toward a Process Pneumatology*, 110.

綜合或統一自然和靈，身體和靈魂，創造和拯救。愛任紐的重演理論（recapitulation theory）暗示一種世界和創造那動態而不是靜止的觀念。而且，他對拯救作為成熟和完滿的觀念，接近「上帝和世界之間有同感聯繫，以及聖靈是創造性轉化的愛等這種進程觀念」。[16]

雷諾茲也指出，相對於加帕多家教父和亞他拿修的傳統，聖靈最特殊的特點是前進——向前的移動。這暗示上帝動態的一面。[17] 雷諾茲與奧古斯丁的對話同樣有啟發性，他尋求在古典傳統和進程的強調之間找出共通點。一方面，對奧古斯丁來說，不變和其他上帝的屬性是重要的。但另一方面，奧古斯丁也似乎暗示，我們都分享和參與上帝的存有。雖然奧古斯丁關於聖靈的概念存在嚴重的含糊性，但他將聖靈描述為上帝動態地與世界關連。[18] 雷諾茲的總結是關乎奧古斯丁的聖靈論一些較不著名的特點。這個總結是有啟發性的：

> 因此，某意義上，上帝的內在性藉著意志的連續行動使
> 我們繼續存在，藉此，創造是持續、動態的過程。在奧
> 153 古斯丁裏，有一種強烈的看見，認為聖靈是愛的臨在，
> 是生命的意志而不是抽象的意志。這裏強烈訴諸所有實
> 在的偶然性和相互倚靠：如果宇宙繼續討上帝喜悅，它
> 便繼續存在。因此自然中有新奇性。如果一切都是預先
> 決定，沒有任何事物會是偶然的。事實上，奧古斯丁的
> 強調在於聖靈作為完成者，這暗示最好將聖靈想為創造
> 的靈，以及祂的活動是持續的。因此，聖靈是動態的實

16 Reynolds, *Toward a Process Pneumatology*, 111.

17 Reynolds, *Toward a Process Pneumatology*, 116～119.

18 Reynolds, *Toward a Process Pneumatology*, 119～131.

> 在：祂是賜生命、創造性能量的發散……聖靈在歷史中繼續作為創造者和拯救者的工作，因此聖靈關注所有生命，不單是那些被特別視為屬靈的或教會的方面。需要留意的是，在加爾文（John Calvin）的《基督教要義》（*Institutes*, 2.15）中，有一段動人的文字，那裏可找到一個可比較的主題。[19]

雷諾茲的思想其中一個最富創意的方面，是他視聖靈在三一中的地位為通往進程思想的橋樑：「三一暗示在本來是簡單、不變、自足的上帝裏面，有相對、複雜或多樣和可變的元素。」[20] 而且，三一的一個位格的道成肉身，顯示上帝可以有物質的形式，並可以克服上帝論中那相當普遍的二元論。事實上，雷諾茲論證說，道成肉身和拯救的教義可以用來限制聖靈作為不變這個單極的觀念：這些教義暗示一位無限的存有為我們的罪受苦。耶穌是時間的存有；耶穌受苦。

形成中的聖靈論

以進程哲學和神學為基礎，上帝的靈那全面教義的發展已經走出了最初的幾步。這思想中的幾個特點令這種努力既有前景又富挑戰性。以下評論為進一步思想提供總結和建議：

- 進程聖靈論認真看待上帝的內在：上帝在聖靈裏存在於所有造物和所有人類中。
- 聖靈被描述為對自然和歷史的偶發性動情和敏感——甚至是易受傷害的。

19 Reynolds, *Toward a Process Pneumatology*, 125.

20 Reynolds, *Toward a Process Pneumatology*, 132.

- 上帝／聖靈作為愛的觀念以關係性、受苦的能力和可變性為前設。一些進程神學家合適地稱聖靈為「創造—回應的愛」（creative-responsive love）。
154 • 有特殊的「三一論」觀點；聖靈作為上帝結果的本性，祂代表上帝對創造的親密回應性。
- 聖靈裏的生命不是逃離世界，而是我們對自己作為受造物存在的能力那可能最全面的實現；世界——包括我們——和上帝之間有相互的關係。
- 上帝的靈和人類的靈之間的關係是相互性的：所有人都有能力模塑他們自己的命途，但這創造性潛力的完滿是植根於上帝那「創造—回應的愛」或勸說的愛的臨在。
- 進程神學中的聖靈不是奇迹的超自然能量，用來懾服和充滿人們（非人化）；相反，聖靈代表受造存在性的潛力那最完滿的表達。

‧ 解放聖靈論 ‧

追尋自由

根據莫特曼，拉丁美洲的解放神學是第一個正如聖經傳統吩咐那樣，有說服力地結合對上帝的信仰和自由意志的綱領。由於這個進路，解放神學不單挑戰政治建制，也挑戰傳統基督教神學和聖靈論。[21] 韋爾克在解放神學的出現中，看到聖靈在世界的新工作那確定的標記。[22]

---

21 Jürgen Moltmann, *The Spirit of Life: A Universal Affirmation*, trans. Margaret Kohl (Minneapolis: Fortress Press, 1992), 109.

22 Michael Welker, *God the Spirit*, trans. John F. Hoffmeyer (Minneapolis: Fortress Press, 1994), 16～17.

雖然莫特曼看見好像解放神學那樣，以歷史、宗教經驗開始聖靈論會有潛在的危險，就是令神學受制於某個處境；但他也看見，這是對「形而上、超越性或位格性神學」（往往包括傳統神學）一個有用的糾正。藉著專注於真正的歷史，解放神學並沒有分開兩種歷史——世俗和拯救歷史，也沒有分開創造和拯救、自然和恩典。[23]

比利時天主教神學家、牧者和社會批評家孔布林（Joseph Comblin），自從一九五八年開始便在拉丁美洲生活和工作，他以在拉丁美洲對聖靈的經驗作為他的聖靈論的出發點，而他的 155
著作稱為《聖靈和解放》（*The Holy Spirit and Liberation*）。[24] 他的基本論題是「在拉丁美洲新基督徒羣體中所找到的上帝經驗，可以正確地被稱為對聖靈的經驗。」孔布林宣稱，西方神學的錯誤是忽略聖靈，「大部分構成這些羣體的基督徒都不知道這種〔對聖靈的經驗〕是他們的經驗；由於他們的宗教教養，這聖靈對他們來說仍然是『巨大的未知者』（the Great Unknown）。」[25] 事實上，孔布林強調，基督教本身建基於聖靈的經驗；新約對這點是頗為確定的。孔布林巡查了新約，以引介他的研究方式。

貧窮——這個解放神學的另一個主要關注——一直都是教會的挑戰。教會過去的其中一個回應方法是自願守貧（voluntary poverty）。在中世紀，屬靈貧窮運動（movements of spiritual poverty）祈求聖靈的靈感，並將他們的呼召歸因於聖靈，而這運動和流行的政治運動攜手並進。方濟修會（Franciscan orders）就為這種屬靈更新提供了一個例子。孔布林關心的是，

23 Moltmann, *Spirit of Life*, 110～112.

24 Joseph Comblin, *The Holy Spirit and Liberation* (Maryknoll, N.Y.: Orbis, 1989).

25 Comblin, *Holy Spirit and Liberation*, xi.

「精英」靈性的主導性相對於「貧窮人」的靈性。[26]

聖靈經驗的重新出現

在好像拉丁美洲天主教基層羣體這樣的解放羣體中，孔布林看到聖靈經驗在今天重新出現，這種經驗在讀經、禱告和活力中彰顯。這種聖靈經驗的其他方面包括以下幾點。

首先，它是行動的經驗。窮人通常要承受別人的行動的影響；現在他們採取行動。通常是被動的人，例如美洲印第安人（Amerindians）、黑奴、貧民窟的居民、失業的人和農民，他們得到聖靈的充權（empowered），採取行動改善自己的生活。他們可能甚至沒有意識到聖靈充權給他們，也沒有察覺到自己參與行動。相反，羣體可能只感到他們當中有些新事情出現。孔布林稱它為「重生的經驗」（experience of rebirth），並將之歸因於聖靈。[27]

第二，它是自由的經驗。長達五百年，拉丁美洲的人民都
156 很少經驗到自由。他們感到自然世界和物質需要主宰著他們。對於其他人，這種被壓迫的感覺更強烈。而且，孔布林指出，窮人感到天主教會的教規是宰制的法律。

不過，聖靈解放人們，甚至令他們脫離對死亡的恐懼。這裏最重要的是，這種自由並非來自外面：「沒有人可以使別人自由。」[28] 莫特曼談到聖靈在三方面的解放工作，並將它們連繫到三種經典的德行：（1）解放信心：自由作為主體性；（2）解放愛：自由作為社羣性（sociality）；和（3）解放盼

26 Comblin, *Holy Spirit and Liberation*，尤參 51～55.

27 Comblin, *Holy Spirit and Liberation*, 21.

28 Comblin, *Holy Spirit and Liberation*, 24.

望：自由作為將來。[29] 根據孔布林，雖然解放有直接的社會和經濟含義，但它首先不是政治或經濟事件，而是新位格性的出生。[30]

第三，它是言語的經驗。窮人暢所欲言，這在拉丁美洲是新的實在。他們總是在家裏、田裏和市場說話，但只談論無關重要的事情。被聖靈充權和鼓勵，每個人都說有價值的話，甚至向當權者說話。如果放膽說話的是受過教育的人，那只是自然現象，但現在是那些沒有受過智性訓練的人放膽說話。

第四，它是羣體的經驗。「對幾乎所有拉丁美洲人來說，羣體是一個發現。」[31] 社會嘗試壓抑在窮人中任何羣體精神的表現。美洲印第安人被迫分散、移民；農民不獲准在村莊中聚集，而需要住在地主居住的地方；貧民窟並不是羣體。正因為這樣，羣體是奇迹。從歷史和地理來說都與任何種類的連繫疏遠的人口中，擁有一種新的羣體意識、新的知覺，這並不是自然的；那是來自上帝的奇迹。[32]

最後，它是生命的經驗，這經驗是來自死亡的經驗。這是對生命新的渴望。死亡來自個體的孤立；生命則源自羣體。被解放和充權的羣體培養一種「不擁有更多，但卻成為更多」的態度。

孔布林正確地看到，這些方面的每一個都可以從純粹人類的辭彙來解釋。不過，有合理的原因將它們歸因於上帝的靈：

> 這種經驗有單一的客體：上帝和創造聯合。它是對創造 157

29 Moltmann, *Spirit of Life*, 114～120.

30 Comblin, *Holy Spirit and Liberation*, 25.

31 Comblin, *Holy Spirit and Liberation*, 27.

32 Comblin, *Holy Spirit and Liberation*, 28.

> 中的上帝和上帝裏的創造的經驗。它是對上帝同時在我們身上和世界上行動的經驗，使我們與世界連繫，以及世界與我們連繫，而且這不是含糊的、宇宙的接觸，而是特定和有限的行動過程。[33]

世界中的聖靈

解放和自由來自基督的靈，但我們不應該將聖靈的行動或聖靈限制在教會之內。聖靈被差遣到上帝的百姓那裏，但這百姓為了世界而存在。聖靈被差遣到整個世界，帶來新創造，而聖靈在教會的行動是從屬於這個目標。[34]

帶來復活的同一位聖靈也產生新人類，他們是按上帝的形象被造，甚至在列國中有力地工作。五旬節代表來自創造主的呼召。藉著接受這個呼召，列國沒有喪失自己的身分，因為在國度中每個人都以自己的語言說話，而文化的多元性在基督裏的統一性中得以維持。「聖靈並不強迫列國都穿同一種衣服。」[35]

這個理解是與第二次梵蒂岡會議一致的，會議提到「主的靈，充滿全地」。[36] 稱為〈現代世界中的教會〉（“The Church in the Modern World”）的文件，將傳統以教會為中心來理解聖靈的觀念擴展：

> 基督現在透過祂的靈的能量在人們心裏工作。祂不單引起對將來世代的渴望，並藉著這個事實，祂使那些高尚的渴望有生命、純潔和有力量，人類家庭藉以努力令它

33 Comblin, *Holy Spirit and Liberation*, 31.

34 Comblin, *Holy Spirit and Liberation*, 43.

35 Comblin, *Holy Spirit and Liberation*, 47.

36 *Gaudium et Spes* 11.

> 的生命更具人性，以及令整個世界都順從這個目標。[37]

很明顯，會議承認聖靈不單臨在於致力社會和政治改變的運動中，也承認祂臨在於由科學、技術和勞力帶來的經濟進步中，因為「上帝的靈不斷在人身上動工」。[38]

聖靈和佈道

一九九〇年代對全球天主教會來說是佈道的十年。以 158
佈道運動和訓練佈道者的形式所進行的「新福音化」（new evangelization），受到聖職人員和平信徒熱烈歡迎。這種佈道的新熱忱很大程度上源自拉丁美洲，甚至涉及普通人。

不過，奇怪的是，「宣教辯論中很少援引聖靈。這反映了西方神學缺乏聖靈。」[39] 當孔布林對較早的佈道持批評的態度，特別是在土著中間的佈道，他也挑戰教會和它的神學，要求它們被聖靈喚醒，對將基督的福音帶給那些仍未聽到的人有新的熱忱。子和聖靈的共同參與，需要成為宣教的常規，正如在基督教的任何其他方面一樣。基督教的信息不是惟獨宣告基督，也要宣告聖靈。

而且，明顯早在基督教的信息未接觸非基督徒羣體以先，聖靈已經活躍。聖靈在列國中密契地活動：

> 自從人類開始出現，聖靈已經在外邦人和所有宗教中行動。聖靈以我們不能預知的方向帶領人民和宗教。我們所能夠做的是觀察聖靈在工作的記號，並跟它一起走。

37 *Gaudium et Spes* 38.

38 *Gaudium et Spes* 41; Comblin, *Holy Spirit and Liberation*, 48～49.

39 Comblin, *Holy Spirit and Liberation*, 161.

> 我們不能預測它。如果聖靈帶領列國到基督那裏，我們不知道那實際採取了甚麼步驟或方式；對此我們好像外邦人一樣無知。我們實際上知道得比他們更少，因為那些聖靈的記號首先賜給他們，而不是我們。我們需要向他們學習聖靈在他們的演化中怎樣行動。[40]

除了準備列國接受福音和接受上帝公義的旨意外，聖靈也在列國當中預備教會。教會學習以基督介紹自己的同一方式介紹基督：謙卑和十字架的方式。基督來自貧窮，來自窮人當中。祂把自己介紹為沒有權力的人。是聖靈指導人們這種謙卑和貧窮的方式。「這樣，基督和聖靈也在宣教中聯合起來，只有祂們在宣教中的聯合，才令宣教在人類歷史這個關鍵時刻變得可能。」[41]

・ 生態聖靈論 ・

聖靈的「綠色」教義

159 近年基督教神學中出現了新的辭彙：生態／創造靈性（ecological/creation spirituality）、深層生態（deep ecology）、生態女性主義（ecofeminism）、動物權利運動（animal rights' movement）、地球醫治（earth healing）、蓋亞假說（Gaia-hypothesis）、[42] 生態聖靈論、綠色聖靈論；等等。這是一個由人類中心到生態中心框架的確定轉變。

---

40 Comblin, *Holy Spirit and Liberation*, 161.

41 Comblin, *Holy Spirit and Liberation*, 162.

42 蓋亞假說設想人類、動物、自然生命，以及創造的狀況之間有必要的相互關係。

在一篇發人深思的文章中，懷特（Lynn White）指控基督教具剝奪性的視角的，在西方帶來生態危機。[43] 根據這個觀點，即將來臨的生態危機源自猶太一基督教傳統，這傳統以創世記一章 26 節和其他經文為基礎。根據這個解釋，大自然服事人類，而基督教則支持一種掠奪倫理（exploitative ethic），容許科學和技術作為剝削的工具。

莫特曼對創造受到的破壞敏感，而在他的重要著作《創造中的上帝：新創造神學和上帝的靈》（*God in Creation: A New Theology of Creation and the Spirit of God*）[44] 中，他論證說聖經那征服的命令是飲食的命令：人類和動物都要從地上的果實而活；聖經沒有教導人類攫取權力征服自然的意圖。莫特曼也強調生態危機的社會政治向度，並號召人們檢視社會權力的架構。科學不是中性的；它與政治連結。因此，莫特曼號召神學和科學之間的關係進入一個新階段：如果人類要生存，這兩個範疇的研究在生態危機中必須視自己為伙伴。神學家的任務是澄清一個問題：「我們應該怎樣把自然理解為上帝的創造？」莫特曼的回答是說，自然既不是神聖也不是邪惡。我們不應該好像新紀元思想那樣將自然神化，也不應該好像某些極端形式的宗教思想那樣否定它。

莫特曼的「內在的超越性」幫助我們專注於聖靈和自然之間那基本的關係。父是創造被造的源頭；宇宙的基督是創造存在的基礎；生命的聖靈是賜生命的源頭。透過聖靈，上帝參與創造的命途；透過聖靈，上帝與受造物一同受苦。因此，聖靈

43 Lynn White, "The Historical Roots of Our Ecological Crisis," *Science* 155 (1967): 1203～1207.

44 Jürgen Moltmann, *God in Creation: A New Theology of Creation and the Spirit of God* (San Francisco: Harper & Row, 1985).

160 的內在性推翻上帝和自然的二元論，這種二元論是西方傳統的特點。還有一個終末式的強調：肯定過去創造的良善（創一）並不足夠，我們也必須肯定，當聖靈為解放創造和它的兒女而「歎息」（羅八 19～21）時，受造物則在徒勞中殷切期待。[45]

近年，麥菲（Sallie McFague）和其他人都論證聖靈論對保護地球的重要性。在她較早期的著作《上帝的原型：生態、核子時代的神學》（*Models of God: Theology for an Ecological, Nuclear Age*）[46] 中，麥菲大大批評聖靈論對自然教義的價值。她批評傳統對聖靈的描述是難以捉摸和空洞的，並認為聖靈語言對醫治地球的任務是一個不足夠的資源，因為這種語言「不明確、含糊、蒼白」。不過，在她更近期的著作《上帝的身體：生態神學》（*The Body of God: An Ecological Theology*）[47] 中，麥菲欣賞聖靈論在醫治地球上的角色，因為它揭示上帝透過聖靈在創造中那內在性的臨在。

「在徹底生態的時代重新發現聖靈」[48]

從神學來說，最重要的「綠色聖靈論」可以在華萊士（Mark Wallace）的《聖靈的碎片：自然、暴力和創造的更新》（*Fragments of the Spirit: Nature, Violence, and the*

---

45 Moltmann, *Spirit of Life*，尤參 31～38。也參 Jürgen Moltmann, *The Source of Life: The Holy Spirit and the Theology of Life* (Minneapolis: Fortress Press, 1997)。

46 Sallie McFague, *Models of God: Theology for an Ecological, Nuclear Age* (Philadelphia: Fortress, 1987)，尤參 169～172。

47 Sallie McFague, *The Body of God: An Ecological Theology* (Minneapolis: Fortress Press, 1993), 141～150.

48 這個題目借用自 Mark I. Wallace, "The Green Face of God: Rediscovering the Spirit in an Age of Radical Ecology," in *Advent of the Spirit: Orientations in Pneumatology*, Conference Papers from a Symposium at Marquette University, 17～19 April 1998 (unpublished)。

Renewal of Creation）[49] 中找到。華萊士論證說，我們的文化在屬靈敏感方面經歷了深刻的改變：很多人感到我們活在「聖靈的時代」中。結果，由土著到現代的新異教徒，都重新欣賞那些參與以自然為基礎的宗教的人。那些有屬靈敏銳的人宣稱，在所有生命形式中對靈表示敬畏，這是對全球生態崩潰這個威脅最有前途的回應：

> 似乎正在出現一種思想感情，就是以為聖靈論這個主 161
> 題，是普世〔教會〕神學的正確核心焦點，以應付我們
> 這個時代的屬靈盼望和渴望……
> 對生態謀殺這個威脅最有說服力的回應，會否是恢復聖
> 靈作為自然、活著的存有——居住在所有生命形式之
> 中，並支持著這些生命形式？以地球為中心，重新展望
> 聖靈作為上帝在世界中的綠色臉孔，會否是在我們人類
> 歷史中，當我們掠奪的胃口似乎註定要消滅地球時，成
> 為盼望和更新的最佳基礎？[50]

重要的是，華萊士深入神學傳統，為當代的目的尋找資源。他在〈尼西亞信經〉（Nicene Creed）中明顯看到，聖靈被稱為「主，生命的賜予者」。聖靈這個以生命為中心的模式擴

---

49 Mark Wallace, *Fragments of the Spirit: Nature, Violence, and the Renewal of Creation* (New York: Continuum, 1996)。有關對這個正在冒起的題目的其他著作，參 Peter C. Hodgson, *Winds of the Spirit: A Constructive Christian Theology* (Louisville: Westminster John Knox, 1994)；Chung Hyun-Kyung, "Welcome the Spirit, Hear Her Cries: The Holy Spirit, Creation, and the Culture of Life," *Christianity and Crisis* 51 (15 July 1991): 220～223；和 Elizabeth Johnson, *She Who Is: The Mystery of God in Feminist Theological Discourse* (New York: Crossroad, 1992)。

50 Wallace, "The Green Face of God," 2, 4.

展了聖靈於三一內部的角色，包括一個以生物為中心的角色，作為在所有受造物中醫治和更新的力量。這個模式重拾聖經某些關於聖靈的象徵，藉以應付環境危機。

對華萊士來說，最好將聖靈理解為醫治的生命力量，而不是形而上的東西：他想談及「生態聖靈論」，以相對於「形而上的聖靈論」（metaphysical pneumatology）。以不同的聖經和文學形象——水、光、鴿子、母親、火、氣息和風——為基礎，華萊士沒有將聖靈理解為神聖的智性或意識的原則，而是醫治和顛覆的生命形式。換句話說，華萊士喜歡「修辭性」（rhetorical）的理解（運用聖經的具體形象）多於「哲學性」的理解（抽象，基於觀念，好像黑格爾那樣）。[51]

考慮到很多聖經形象都將聖靈與自然連繫起來，華萊士質疑「貶抑聖靈的生態身分」的原因。例如，聖靈被視為：

- 令所有生命有生氣的氣息（創一 2；詩一〇四 29～30）
- 醫治的風（士六 34；約三 6；徒二 1～4）
- 活水（約四 14，七 37～38）
- 潔淨的火（太三 11～12；徒二 1～4）
- 神聖的鴿子（創八 11；太三 16；約一 32 及其後經文）[52]

162 在西方神學和哲學，靈的概念「大多充滿困難，傳達乏味和二元的東西，暗示精神和物質、靈魂和身體、人和自然、男性和女性，以及聖潔和凡俗之間的分離與等級」。生態聖靈論捕捉聖靈為「活著具體的存有」，致力醫治環境和羣體，並作

51 Wallace, "The Green Face of God," 5ff.

52 Wallace, "The Green Face of God," 13～14.

為「野性和叛亂的」醫治力量。[53] 在這個觀點中，聖靈的工作不是藉著將祂的活動單置於自然的旁邊而被馴化。相反，自然本身被理解為聖靈在世界工作的基本存在模式。

聖靈、相通和自然

與莫特曼「聖靈的相通」（fellowship of the Spirit）[54] 的觀念相似，華萊士重拾聖靈作為**相通**（communion）這個觀念。他以奧古斯丁[55] 和其他人為出發點，但卻擴充這個觀念的範圍，他強調聖靈不單是三個位格之間關係的力量，也是上帝和所有創造之間關係的力量。這裏他從東方教父，特別是該撒利亞的巴西流那裏找到支持。對巴西流來說，聖靈是三一內不能分開的聯合的中介。聖靈和創造者和拯救者一起努力而作為完成者，祂增強和完成世界中拯救的神聖工作。[56] 華萊士也提到較後期中世紀的聖像作者（iconographers），他們將聖靈描繪為「愛的連繫」（*vinculum caritatis*），也描繪為鴿子——牠的翅膀包圍父和子，牠那龐大的爪和尾巴為三個人物提供交會點。

事實上，聖靈在自然中也是「愛的連繫」，藉以促進創造的安好。上帝透過聖靈對生態系統的維持，而在活著的基督裏臨在，這是生物中心式三一論神學（biocentric trinitarian theology）的基礎。

從神學來說，重要的是要指出這個生物中心的核心焦點，並不削弱也不否定聖靈的其他角色，而是補充聖靈的工作。[57]

---

53 Hodgson, *Winds of the Spirit*, 276.

54 進一步，參 Moltmann, *Spirit of Life*，尤參 225～228。

55 Augustine, *De Trinitate*, bk. 15.

56 Basil of Caesarea, *De Spiritu Sancto*, bk. 16.

57 Wallace, "The Green Face of God," 14.

這個平衡的觀點在普世基督教會協進會於一九八〇年，在日內
瓦所舉行的磋商中變得明顯。磋商提議，聖靈在世界的角色有
三個主要向度：（1）教會論進路：聖靈致力所有教會的統一和
聯合見證；（2）宇宙進路：聖靈更新創造，賜下生命的完滿；
163 這包括身體的醫治和社會關係的醫治；和（3）聖禮進路：在
聖禮神學更新它們對聖靈的核心焦點時，聖靈透過個人歸信、
洗／浸禮、堅振禮和按立而被傳遞。

「上帝具體的教義」（embodied doctrine of God）包括三部分。首先，創造者聖靈吹氣令世界存在，從而在自然秩序的創造和維持中使自己具體化。第二，神聖生命在耶穌裏體現——祂好像亞當，是來自塵土的地上受造物。第三，這帶來耶穌在聖靈裏那互滲互存式的聯合（perichoretic union）。所有這一切對華萊士來說，都顯示「上帝自己進入支持生命的生命領域」。

> 從這個視角，自然是上帝三一論的愛的具體化。作為三一，上帝在自然秩序的節奏中為所有生命形式體現神聖的憐憫。神聖的三一對所有生物的完整那無限的憐憫，在上帝保存——是我們共同的生物遺產——的生命網絡中反映出來。上帝作為三一是這樣被提出的：父／母上帝創造生物圈，子使所有存在物與祂和好，以及聖靈將生命賜給創造秩序的每個成員，而他們依賴聖靈的善行每天支撐著他們。身為創造者，上帝在季節的更替——其栽種和收成不斷提醒人們地球原本的祝福——中彰顯。身為拯救者，上帝在生物和地球互相支持這複雜的交往中彰顯，這個互相倚靠的經世行動最能由耶穌在十字架上的復和工作所象徵。身為支撐者，上帝透過將氣息吹進生命網絡中的所有成員，而顯示上帝

> 自己，這是對所有事物的神聖憐憫那活生生見證。[58]

這個理解糾正了西方聖靈論的片面性：即使聖靈總是被承認為上帝的和創造的靈，但前者幾乎總是處於優先地位。

受傷的聖靈

如果聖靈和地球內在地彼此調節和遍佈，那麼他們是不能分開但又可以區分的。根據這個觀點，「地球是聖靈的身體」。「隱喻地說，上帝作為靈透過生物圈的互相給予生命而賦予上帝實體。」[59] 在將生命吹進人和其他生物裏面時，上帝
自己裏面出現了基本的轉化。華萊士堅持，「上帝在那綠色熔 164
合（green fuse）中是完全成肉身的，這綠色熔合是在讚美創造者的靈的嘉年華會中，推動著所有形式的生命邁向自然的成熟。」[60]

正如上帝曾經在耶穌的身體裏成為人，上帝在地球上的生命那體現出來的實在中，繼續使祂自己具體化。聖靈和地球都是生命的賜予者。聖靈以神聖生命那激活的氣息給地球靈魂，而地球在聖靈為一切生物提供屬靈和物質支持時給聖靈肉體。華萊士正確地指出，這是對傳統亞里士多德式和早期基督教的上帝教義的一個主要挑戰，那教義認為上帝是不改變和自我支持，基本上不受創造影響的。

一個重要的結果是，如果聖靈和地球互相調節，那麼「上

58 Wallace,"The Green Face of God," 11.

59 Wallace,"The Green Face of God," 15。這裏華萊士借用一個來自麥菲於《上帝的身體》的隱喻；有關這兩位作者之間的持續對話，參 Wallace, *Fragments of the Spirit*, 139～144。

60 Wallace,"The Green Face of God," 16～17.

帝作為靈似乎容易受到嚴重損失和損傷，正如地球受到破壞和掠奪一樣」。[61] 聖靈在自己的決定中仍然是自由的，但在決定於地球裏成為肉身後，聖靈將自己置於險境：「因此，上帝是那麼內在地與宇宙關連起來，而生態謀殺的幽靈生出謀殺上帝的危險。」[62] 在這裏，華萊士得益於莫特曼《被釘十字架的上帝》（*The Crucified God*）中那個弔詭的觀念：十字架上的上帝以沒有神（godless）的方式死去，但卻沒有死！[63]

・女性主義聖靈論・

母親聖靈

我們活在一個「懷疑詮釋學」（hermeneutics of suspicion）的時代；以前令人感到自在的東西現在都受到質疑。這適用於上帝作為父親的形象。戴利（Mary Daly）強調，將上帝人格化為父親，是父權主義最重要的象徵。她也宣稱父—上帝的形象准許壓迫女性的機制，從而產生男性主宰。[64] 根據呂特爾（Rosemary Ruether），宗教中大部分上帝的形象都以社會中的統治階級為原型。[65]

我們需要誠實面對女性主義神學的挑戰。上帝作為父的語言無可否認可以帶來——而且往往也確實帶來——社會對女性的壓迫。認為上帝是父這種象徵是暴力、強姦和戰爭這些誤用
165 權力的原因，雖然這可能是言過其實，但語言不單反映實在，

61 Wallace, "The Green Face of God," 17.

62 Wallace, "The Green Face of God," 17.

63 Jürgen Moltmann, *The Crucified God* (New York: Harper & Row, 1974), 244; Wallace, "The Green Face of God," 17～18.

64 Mary Daly, *Beyond God the Father* (Boston: Beacon, 1973).

65 Rosemary Ruether, *Sexism and God-Talk* (Boston: Beacon, 1983).

也建構實在，這卻是事實。[66]

有趣的是，女性主義神學家提出的問題適用於三一的所有位格。我們要稱上帝為父親或母親或其他名稱嗎？耶穌的男性身分怎樣連繫到人類的另一個性別？聖靈是陽性還是陰性？

雖然基督教神學很遲才面對男性語言的傳統，但這個問題卻不是新的。拿先斯的貴格利嘲笑他的對手，他們以為上帝是男性，因為上帝被稱為父；或者上帝是女性，因為這個詞的性別；或者聖靈是中性，因為祂沒有位格性名字。貴格利強調，上帝的父親身分和婚姻、懷孕、接生或性沒有關係。[67] 已經有人指出，雖然我們稱上帝為**他**（him），但我們不經常將上帝設想為男性。那只是使用語言的便利方法。孔布林正確地指出，和很多其他宗教不同，基督教的上帝是沒有性別的：神聖位格都沒有性別。但在祂們在人類和世界的行動中，每個位格都借用性別語言的名稱來彰顯。[68]

近年，有些作者強調聖靈的女性或母性特質，藉以抗衡父和子的男性代名詞。但也有人論證說，稱聖靈為女性並不表示聖靈是女性，就好像父並不表示男性一樣。相反，每個位格都是「他／她」或超越性別和性別主義（sexism）。

雖然這樣，以女性或母親來稱呼聖靈，在基督教或猶太神學中並非完全陌生的。在希伯來語和敍利亞語（Syriac）中，**靈**（spirit）這個詞是陰性的，這有助克服用來形容上帝那完全陽性的語言。幾位早期的作者將聖靈比作夏娃，藉以補充將基督比作亞當。身為夏娃，聖靈賜生命，並扮演母親的角色。有些

66 進一步，參 Ted Peters, *God-The World's Future: Systematic Theology for a Postmodern Era* (Minneapolis: Fortress Press, 1992), 109～120.

67 Peters, *God-The World's Future*, 109.

68 Comblin, *Holy Spirit and Liberation*, 50.

人會說啟示錄十二章的女性是聖靈。聖靈因而與教會有連繫。[69] 而且，三、四世紀敘利亞的聖靈論也談及聖靈作為母親。[70]

166 應用女性形象到聖靈在聖經上是合法的，因為在聖經，聖靈的角色通常涉及與母親和女性有連繫的活動：啟發、幫助、支持、圍繞、生產。[71] 不幸地，由於奧古斯丁認為女性並非完全按上帝的形象受造，[72] 因而在他的影響下，西方將所有女性語言從神學中剔除，雖然如此，但他的著作也以溫暖、慈愛的靈性顯示上帝的內在性。藉著表達珍愛這種女性質素，聖靈指向上帝那特殊地女性的一面——即上帝那種願意保存、接受的一面。因此，奧古斯丁將聖靈比喻為母雞。[73]

貝梅若（Luis Bermejo）提醒我們留意在三一論的所有位格中，聖靈往往與親密有關連。雖然我們在心理上需要與每一個神聖位格有親密的關係，但我們在任何時間都不能將同等的注意力給予三個位格。我們需要與聖靈特別親密，這種親密是那麼深刻，以致我們對藉著與另一位聯合而達到完全的渴望，在聖靈的位格裏得以實現。換句話說，我們不單應邀「相信」聖靈，也應邀「感受和經驗」聖靈。[74]

「她的所是」

麥菲嘗試藉著隱喻式語言的幫助，避免言說上帝中那性別

---

69 Comblin, *Holy Spirit and Liberation*, 49.

70 Bernd Jochen Hilberath, "Pneumatologie," in *Handbuch der Dogmatik*, ed. von Theodor Schneider et al. (Düsseldorf: Patmos, 1992), 1:512～513.

71 Comblin, *Holy Spirit and Liberation*, 39; Hilberath, "Pneumatologie," 536～538.

72 Comblin, *Holy Spirit and Liberation*, 39.

73 Reynolds, *Toward a Process Pneumatology*, 125.

74 Luis Bermejo, *The Spirit of Life: The Holy Spirit in the Life of the Christian* (Chicago: Loyola University Press, 1989), 114～115；也參 Fatula, *The Holy Spirit*, 100～101。

主義的問題。她視字面主義為「我們時代的狂暴」，並提議堆砌隱喻來將父親的象徵相對化，製造空間好給上帝作為母親、愛人或朋友等互補的象徵。[75]

約翰遜（Elizabeth Johnson）的進路和麥菲相似。她在《她的所是：女性主義神學論述中上帝的奧祕》（*She Who Is: The Mystery of God in Feminist Theological Discourse*）[76] 這本書中論證說，我們需要使用女性的形象和隱喻來設想和談及上帝的奧祕，藉以將女性從由上帝的父權形象所施加的從屬中解放出來。她自己的選擇是「她的所是」。她設想上帝奧祕的女性部分為「蘇菲亞」（Sophia）或「智慧」（Wisdom）。約翰遜確
信，當人們談及「上帝」時，他們往往指聖靈。他們談及「蘇 167
菲亞」在世界的積極臨在，給我們力量，並吸引我們與別人團結一致，特別是那些受苦的人。[77]

令約翰遜那聖靈論的進路特殊的是，她不支持因為聖靈也包括「女性特質」而使用女性用語來稱呼聖靈。這種做法藉著將女性的身分限制在作母親和服事上，貶抑她們的身分，使她們從屬於男性。相反，約翰遜主張我們需要根據「蘇菲亞」來模塑我們的關係，在「蘇菲亞」的「內在相關性」中，沒有從屬的關係。「蘇菲亞」本身「是眾人那不可知的母親」。[78] 對約翰遜來說，女性和「蘇菲亞」之間有相互的關係。一方面，女性是「蘇菲亞」的形象；但另一方面，「蘇菲亞」本身也是女性的形象。

---

75 有關詳情，參 McFague, *Models of God*。有關批評，參 Peters, *God-The World's Future*, 119～120。

76 Elizabeth Johnson, *She Who Is: The Mystery of God in Feminist Theological Discourse* (New York: Crossroad, 1992).

77 Johnson, *She Who Is*, 127～141.

78 Johnson, *She Who Is*, 51～53, 143～144, 215；我要感謝 Fatula, *The Holy Spirit*, 94 提供這段引文。

將上帝命名為女性「蘇菲亞」，是「指向作為『女性的形象』（*imago feminae*）的三一神聖智慧的奧祕。」[79]

莫特曼使用位格的隱喻，例如「主」、「母親」和「法官」來描述聖靈，和約翰遜的關心有相似之處，就是不要好像人們往往那樣，將聖靈那些女性的方面限制在片面的「女人」特質。〈尼西亞－君士坦丁堡信經〉（Nicene-Contantinopolitan Creed）的第三條稱聖靈為「賜生命的主」或「主和生命的賜予者」（那視乎翻譯而定），以這條信條為出發點，莫特曼宣稱這裏用了兩個互補的隱喻來形容聖靈：解放和新生命的經驗。在聖經中，而且肯定是在哥林多後書三章 17 節中，**主**（Lord）這個稱號與奴役沒有關係。它的內容是 解放，不受阻礙地去到主那裏。如果**主**代表自由和解放，若用統治這種陽性的觀念來解釋它，便會帶來誤解和壞名聲。要避免這樣，應該以那賜生命和促進生命者的名字作補充。對保羅來說，是基督成了「賜生命的靈」（林前十五 45）；但對約翰來說，卻是保惠師，祂好像母親安慰兒女那樣安慰信徒，而信徒從祂那裏「重生」（約三 3～6）。人類是由母親的生命而被生產、養育和伴隨。她是「生命之源」（*fons vitae*）和「賜生命之源」（*fons vivificans*）。但生存和自由只能夠在公正和公義中維持。在公正中，人類的自由服事生命，生命為每一個人和一切事情的自由而掙扎。聖靈也是法官（約十六 7～11）和真理的靈。

168 因此，那三種經驗——「得自由」或「得生命」和變得「公正」的經驗——彼此相屬和互相補充，在上帝的經

79 Johnson, *She Who Is*, 215.

驗中構成生命的完滿；同樣，給這些經驗來源的三個名字也彼此相屬和互相補充：聖靈作為主、母親和法官。每個覆核都會立即發現，如果任何這些方面被遺漏，或者任何一個詞被化約成別的東西，那觀點會變得多麼片面。[80]

聖靈與女性和男性的社會經驗

莫特曼以更廣闊的視角將性別主義的問題連繫到上帝的靈，那視角就是羣體。從神學來說，單批評傳統神學忽略女性用語，並嘗試以另一種有限、排他的語言取代陽性用語，這並不足夠。莫特曼強調，根據聖經的觀念，令我們成為「上帝的形象」（*imago Dei*）的，不是沒有身體的靈魂。上帝的形象包括整全的男和女，一個在他們彼此之間完全、有特定性別的羣體。上帝不是在心靈的內室或孤獨的地方為人所認識，而是在女人和男人的真正羣體中為人所認識。結果，上帝和上帝的靈的經驗，是「自我的社羣經驗和社羣的個人經驗。」[81]

因此，莫特曼提出好像這樣的問題：在與基督的相通和與渴望賜生命給所有肉體的聖靈的經驗中，女人和男人要達至怎樣的相通？在基督百姓的羣體和帶來生命的靈母親（Mother Spirit）那相通中，女人和男人怎樣經驗對方？這些不是教會政治的問題，而首先是信仰的問題：

根據約珥書二章 28 至 30 節的應許：「以後，我要將我的靈澆灌凡有血氣的。你們的兒女要說預言……」（比

80 Moltmann, *Spirit of Life*, 270～274（引文見 272）。

81 Moltmann, *Spirit of Life*, 94.

> 較徒二 17 及其後經文）女人和男人都平等地分享關於聖靈經驗的終末盼望。男人和女人都會「說預言」和宣告福音。根據約珥書二章的預言，透過聖靈那共有的經驗，男人比女人優先，老人比年青人優先，主人比「僕人和婢女」優先，這些都會被取消。在聖靈的國度中，每個人都會經驗自己的天賦，所有人都會一起經驗新的相通。[82]

生態女性主義聖靈論

169 約翰遜的《女性、大地和創造者聖靈》（*Women, Earth and Creator Spirit*）[83] 是一本聖靈論研究的奠基性著作，它結合了兩個互補進路的關注：女性主義和生態神學。這本書的論題是，「對大地的剝削在今天已經到了危機的程度，這剝削和女性被邊緣化緊密相連，兩個困境都在性質上與忘記那在生命的舞蹈中遍佈世界的創造者聖靈有關。」[84] 約翰遜嘗試從特殊的聖靈論視角處理女性和創造的挑戰。

在這本書的第一部分，約翰遜小心考察目前的生態危機，並宣稱處理這個問題惟一合法的方法，是透過生態女性主義。分析生態危機並不能達到事情的核心，除非這分析看到剝削地球和性別剝削之間的關連。[85]

約翰遜擔心基督教神學主流的「等級」二元論，引致對自然、另一個性別和自己身體的傷害。它也影響到基督教對上帝

---

82 Moltmann, *Spirit of Life*, 239～241.

83 Elizabeth Johnson, *Women, Earth, and Creator Spirit* (New York/Mahwah, N.J.: Paulist Press, 1993).

84 Johnson, *Women, Earth, and Creator Spirit*, 2.

85 Johnson, *Women, Earth, and Creator Spirit*, 10.

的理解；上帝往往被人以等級的用語來描述，這也帶來教會的等級觀念。[86] 約翰遜論證說，性別主義遍佈基督教的靈性和神學。女性、自然、身體、性和婦女被分開。生態女性主義神學的任務，是尋求一種新的整全性，一種新的平等羣體。[87] 生態女性主義神學強調在自然、女性和男性，以及身體之間的統一性，藉以贊同地展望「親屬模式」（kinship models）。[88]

作為生命的賜予者，聖靈是所有生命的創造來源。創造者聖靈是內在的，有使人恢復活力的能量，能夠更新大地的面孔。[89]「創造者聖靈的生態女性主義神學，克服靈和物質的二元論，以及它的所有後果，並帶來大地聖潔的實現。」[90] 它帶來以生命為中心、以生物為中心的模式，相對於以人類為中心或以男性為中心的片面模式。

·　非洲聖靈論　·

真實生命的聖靈論

正如我在這一章的引言所指出，神學總是植根於特殊處 170
境，並由特殊的處境所模塑。因此，每個文化和宗教環境都傾向促成對上帝和聖靈那特殊的觀念。非洲對聖靈的不同進路正是這樣。

來自南非荷蘭改革宗教會（Dutch Reformed Church）的達內爾（M. L. Daneel），就非洲建制教會中的基督徒對聖靈的特

86 比較 Moltmann, *Spirit of Life*, 239～240。
87 Johnson, *Women, Earth, and Creator Spirit*, 25.
88 Johnson, *Women, Earth, and Creator Spirit*, 39.
89 Johnson, *Women, Earth, and Creator Spirit*, 42.
90 Johnson, *Women, Earth, and Creator Spirit*, 60.

殊理解，提供了一幅當代的圖畫。[91] 這種動態的聖靈論源自與西方宣教教會那更傳統的神學一種痛苦的搏鬥。從數字來看，非洲建制教會和其他獨立教會的人數超過它們的母會。例如：萊卡尼耶主教（Bishop Lekhanyane）的錫安基督教會（Zion Christian Church）有數以百萬計的會友，遍佈南非。在津巴布韋，獨立教會（Independent churches）佔了鄉間基督徒人數的一半或以上。

非洲聖靈論以四個主要角色來描述聖靈。首先，聖靈是人類的拯救者。津巴布韋非洲建制教會的使徒瓦波斯托里（Johane Maranke vaPostori），在一個視象中看見兩本來自上帝的書。藉著聖靈的靈感而不是在歐洲宣教站所接受的教育，他能夠明白那兩本書。那兩本書的內容是永生。在視象中，瓦波斯托里看到自己是一個如摩西的人物，帶領他那些來自很多個國家的追隨者經過敵對的領土和烈火，去到一個安全的地方。

非洲建制教會神學的一個特點，是察覺到人類的失喪和有罪，以及迫切需要歸信和洗／浸禮。教會新的法律和習俗是合理的，因為它們直接訴諸聖靈的啟示和命令。非洲的黑色種族——被忽略、貧窮和被壓迫的人——現在得到高舉和揀選，由聖靈呼召來傳播拯救的消息。

第二，聖靈是醫治者和保護者。從一九四〇年代開始，非洲的教會便專注於醫治事工。醫治和對抗邪惡力量的保護，都

91 我這部分的闡釋是基於 M. L. Daneel, "African Independent Church Pneumatology and the Salvation of All Creation," in *All Together in One Place: Theological Papers from the Brighton Conference on World Evangelization*, ed. Harold D. Hunter and Peter D. Hocken (Sheffield: Sheffield Academic Press, 1993), 96～126。有關其他著作，也參 Allan H. Anderson, *Moya: The Holy Spirit from an African Perspective* (Pretoria: University of South Africa, 1994)。

顯示聖靈的能力。說方言成了所有先知診斷時間的前奏，在這 171
些時間，聖靈會向先知彰顯病人患病的原因。醫治儀式運用各種象徵，例如聖水、紙、棒和聖繩等，這象徵聖靈的能力勝過所有破壞的力量。「約但」（水）洗／浸禮愈來愈變成潔淨、醫治和驅鬼的環節。

第三，非洲建制教會談及公義和解放的聖靈。津巴布韋錫安基督教會已故的穆特迪主教（Bishop Samuel Mutendi），藉著反對教育的殖民管理、土地和宗教政策而進入政治領域。以屬靈力量動員羣體行動，就是透過講道、禱告和作模範，並往往伴隨著預言而進行。有時先知站在前列行動。不過，指導解放戰士的，是作為「土地的守護者」的聖靈。最具爭議的做法是先知幫助「羣體清洗」（community-cleansing）運動，找出面對政府壓迫時誰背叛了自己族人的人。而且「戰爭的靈」（warring spirit）這個觀念也引起不同的反應。

在非洲建制教會的神學和靈性中，聖靈的第四個角色涉及大地的保護。在津巴布韋的後獨立時期，由一九八〇年開始，非洲建制教會愈來愈將注意力轉向不同計劃，例如，在先知式教會總部或附近發展幾個外國水果和本地樹木的教會種植場。聖靈的角色被視為解放人民脫離束縛，現在也同樣被視為解放他們脫離貧窮和經濟絕望。聖靈作為醫治者和生命賜予者的功能包括與人類安好有關的一切事情，包括醫治和保護農作物。先知診斷大地母親的疾病，這種做法是非洲建制教會基督徒活出靈恩式生命的一種方式。近年，有些人嘗試從非洲教會的角度，發展出一種環境的神學寫真（written theology）。

很明顯，這些角色反映了對聖靈工作此世向度的強調，雖然也有很強的佈道向度。不過，聖靈工作的宇宙向度，並不是作為聖靈在個人拯救中的角色的對立。

處境化的聖靈

穆通古（Derek B. Mutungu）以非洲人不同的世界觀為基礎而論證說，他們視靈性和物質存有為真正的東西，它們在時空中彼此交往。這些非洲基督徒拒絕世俗的世界觀，以及宣教士對實在和靈的「西方」觀念。「正見」（orthodoxy）在現實
172 生活中令基督徒變得無助，因此，需要另類的聖靈論，以照顧屬靈自然以外的其他需要。[92]

如果不理會非洲教會和靈性的最大部分，也就是五旬節／靈恩運動，便無從研究非洲的聖靈論。即使那些不正式與五旬節／靈恩運動認同的教會，也往往反映與這些運動有聯繫的那種靈性。[93]

南非的安德森（Allan H. Anderson）多年以來都在研究非洲五旬宗那極度複雜的現象。他論證說五旬宗能夠將各種本地習俗、信仰和禮儀吸進它的靈性之中。非洲五旬宗與非洲靈性世界不斷互動，就好像拉丁美洲五旬宗在觀念上與通俗的天主教和巴西的通靈術相遇，也像南韓的五旬宗使用他們文化的薩滿教（shamanistic）傳統一樣。

安德森主張，在非洲，那些出現在數以千計本地教會的五

---

92 Derek B. Mutungu, "A Response to M. L. Daneel," in *All Together in One Place: Theological Papers from the Brighton Conference on World Evangelization*, ed. Harold D. Hunter and Peter D. Hocken (Sheffield: Sheffield Academic Press, 1993), 127～131.

93 Allan H. Anderson, "Gospel and Culture in Pentecostal Mission in the Third World," unpublished paper presented at the 11th Meeting of European-Pentecostal Charismatic Association at Missionsakademi of the University of Hamburg, Germany, 13～17 July 1999。安德森的主要論點可以在以下地方找到：Allen H. Anderson and Walter J. Hollenweger, eds., *Pentecostals after a Century: Global Perspectives on a Movement in Transition* (Sheffield: Sheffield Academic Press, 1999)。也參 A. H. Anderson, *Bazalwane: African Pentecostals in South Africa* (Pretoria: University of South Africa, 1992)。

旬節宗派和好像五旬節宗派的運動，它們徹底改變了基督教的面貌，只是因為它們宣告一個整全的拯救福音，包括脫離各種形式的壓迫，例如疾病、巫術、邪靈和貧窮。這種福音更基本地滿足了非洲人的需要，而沒有將福音「屬靈化」和智性化，好像歐洲和北美宣教士的遺產那樣：

> 所有十分不同的五旬節運動都有重要的共同特點：它們宣告和歡慶的一種拯救（或「醫治」），是包括所有生命經驗和痛苦的；他們也提供一種加力（empowerment），那就是給予人們一份有尊嚴的感覺，以及應付生命的機制，而這一切都將他們的使者推向一個特殊的使命。[94]

聖靈的能力和去拜物教

坎普豪森（Erhard Kamphausen）在最富創意，並且在 173
某程度上富爭議性的研究中，探討迦納長老會（Ghanaian Presbyterians）中「去拜物教」（defetishisation；一種潔淨方式）的做法。在他的研究中，坎普豪森嘗試將迦納長老會「潔淨」市場商品這種大部分有強烈靈恩進路的做法，置於非洲符號體系之中。[95]

正如眾所週知，很多非洲的傳道人都勸勉基督徒不要購買或消費沒有經過正當的屬靈辨識和保護的市場商品，因為他們相信這些貨品包含危險的屬靈力量，對使用者有害。他們將市

94 Anderson, "Gospel and Culture," 11.

95 Erhard Kamphausen, "Pentecostalism and De-Fetishism: A Ghanaian Case Study," unpublished paper presented at the 11th Meeting of European-Pentecostal Charismatic Association at Missionsakademi of the University of Hamburg, Germany, 13～17 July 1999.

場理解為一個場景，在其中來源不明的產品在全球化的條件下被製造，並被出售和購買，因此進入家庭的私人空間。坎普豪森相信，潔淨的禱告行動，在架構上和基督教宣教士面對非洲部落宗教時所進行的去拜物教相似。去拜物教用來揭露和譴責由邪靈控制的異教的某些方面。

在二十世紀上半葉，迦納的基督徒將基督教等同西方文明。有能力購買和消費由宣教士和殖民地商人入口的消費貨品，這是受到尊重的。可惜，一九八〇年代末期，迦納在五旬宗數目大幅增加的同時，經歷了最災難性的經濟衰退。五旬宗和靈恩運動者不接受建制主流教會的神學，因為他們相信這種神學不能提供繁榮和健康。他們將現實世界解釋為屬靈戰場，上帝和撒但在其中作戰。相應地，他們相信在可見的市場之下是另一個屬靈的市場。

根據坎普豪森，解讀這個符號系統的詮釋鑰匙似乎是西方商品的奇怪來源。由於它們的奇怪來源，人們相信它們會引致破壞。五旬宗／靈恩神學運用商品有「文化傳記」（culture biography）[96] 這個觀念。他們認為商品的擁有者不是擁有或控
174 制商品，而是冒被來自外國的商品擁有的危險。坎普豪森將這個觀念和馬克思「商品作為拜物」（*Warenfetischismus*）這個「有生命的商品」的觀念作比較。馬克思運用**拜物教**（fetishism）這個詞語來譴責資本主義對商品作為自主主體的解釋，相對於工作在異化的條件下生產它們。對馬克思來說，商品在它們作為異化勞力的產品這真實性質被否定的一刻變成拜物。

和馬克思主義的觀點不同，迦納的基督徒相信商品轉化成

96 Igor Kopytoff, "The Cultural Biography of Things: Commoditization as Process," *The Social Life of Things: Commodities in Cultural Perspective* (Cambridge: Cambridge University Press, 1986), 64ff.

「真正」的拜物，是因為它們那奇怪的來源。迦納的傳道人宣稱藉著禱告和驅魔揭發和揭開市場商品隱藏的「文化傳記」。坎普豪森總結他的研究：

> 最重要的是，要補充說五旬節宗派的論述不單反映商品隱含的危險，也提供對抗措施和屬靈上的其他選擇。藉著轉化人類成為聖靈的器皿，重生的信徒得到加力，對抗撒但和他的惡魔，令信徒能夠將潛在的拜物改變為無害的物品。[97]

換句話說，五旬節／靈恩信仰對那些與諸靈的影響力搏鬥的非洲人具有吸引力，這是可以理解的，因為它有能力直接回應日常事務，並提供他們需要的屬靈資源。

這個對研究聖靈的不同進路所作的簡短考察顯示出，我們需要將神學連繫到特定的處境。即使基督教神學是建基於上帝的啟示，但它總是在特定的時空中活出來。我們毋須是先知也可以說，聖靈論的將來很大程度上在於這些新的、新穎的、處境化的進路的浮現和擴散，這也有助傳統西方聖靈論明白自己的長處和弱點。

97 Kamphausen, "Pentecostalism and De-Fetishism," 19.

跋

聖靈是氣息，不是全面的描述，因此祂只希望透過我們呼吸，而不是將自己作為客體向我們介紹；祂並不想被看見，而是想成為在我們裏面的恩典那能夠看見的眼睛，祂不大關心我們是否**向**（to）祂禱告，只要我們**與**（with）祂一起禱告「阿爸，父」，只要我們同意祂在我們靈魂深處那說不出的歎息。祂是那不能看見的光，只有在被照亮的客體中才能見到；祂是父和子之間出現在耶穌身上的愛。祂不想被榮耀，而想「榮耀我」，藉著「將受於我的，告訴你們」（約十六 14），同樣，子不想也不能夠榮耀自己，而只是榮耀父（約五 41，七 18）。[1]

偉大天主教聖靈論者巴爾塔薩（Hans Urs von Balthasar）的這些話提醒我們聖靈論的「客體」那特殊的特點；事實上，

1 Hans Urs von Balthasar, *Explorations in Theology*, vol. 3, *Creator Spirit* (1967; reprint, San Francisco: Ignatius Press, 1993), 111.

在聖靈論中，聖靈不是被研究的客體，而是主體，祂將雖然必然是有限的、但卻是我們看祂時所需要的鏡片，賜給我們。事實上，聖靈不想被看見，而是「恩典那看見的眼睛」，在這個意義上，蒙福的三一中第三位未知者，祂的特殊任務是將我們的眼睛從祂轉向子，並透過子轉向父。

意譯維根斯坦（Ludwig Wittgenstein）那弔詭的規則，我們需要承認，雖然我們對所研究的崇高「客體」——聖靈——不能說太多話，但那不能說的是更深刻和有意義的。如果人類
176 語言和神學論述的限制可以輕易得到承認，那便是在聖靈論的研究中。當然，這承認從沒有阻止我們對那不能言說的說一些話。這和一些後現代哲學家一樣，他們首先肯定不能說任何有意義的話，然後卻給自己任務，就那不能言說的撰寫厚厚的書籍！

最初幾世紀的神學家對言說太多關於聖靈的話有保留，這是值得尊重和有啟發性的。他們對聖靈的經驗並非不生動，他們的神學也不是可以不參照聖靈而得以建構；這種猶疑更可能是因為他們對聖靈尊重的態度。甚至聖奧古斯丁都避免說一些別人（合一的教會較早的學者和教父）沒有說過的話。因此，十分重要的是，我們在觀看神聖事物時，應該有「聖靈的眼睛」（pneumatic eyes），而不單是「〔哲學〕邏輯的」（[philo-]logical）眼睛。[2]

走上聖靈的路雖然是十分個人的旅程，但卻絕對是集體的事件。我們在與上帝及其他人的關係中經驗聖靈。我們透過教會接受聖靈，而教會代表與其他在我們之前的人的延續。作為愛的連繫，聖靈使我們與教會聯合起來；作為終末的恩

2 Balthasar, *Explorations in Theology*, vol. 3, *Creator Spirit*, 115.

賜，聖靈使我們與上帝將來新創造的目的聯合起來。我們活在高度個人化的西方文化中，而這文化也將自己的價值觀加諸世界其他地方，而聖靈的經驗挑戰我們這自製的隔離區，啟發我們超越自己，並接觸別人從而接受和施予。研究不同派別的聖靈論——從高度玄思臆測性的黑格爾主義，到中世紀的密契傳統，到孟他努主義那靈恩式的熱忱（charismatic enthusiasm）——不單令我們對自己有限但真實的靈性變得謙卑，也擴闊我們的視野。在一個系統性的研究中，我們永遠都不是為了研究歷史而研究歷史，而是要提醒我們，我們現在身處的地位是源自兩千年來基督徒的反省，並基於猶太人悠長傳統的遺產。

我們對聖經正典和歷史中聖靈經驗的浮現的研究顯示出，從一開始，對聖靈的進路便是多元化和往往互相衝突的。甚至聖經也沒有在聖靈論的不同進路之間強行進行協調，這個事實應該提醒我們，聖靈論必然是多元化的；這是韋爾克對聖靈的反省的推動力。哲學的古老挑戰——單一但多樣——在聖靈的 177
教義和靈性中顯得突出。上帝獨一的靈向多種經驗開放自己：東方教會對在聖靈裏神化的視象；五旬節／靈恩運動者渴求在聖靈裏的能力；羅馬天主教強調教會透過聖靈是無誤的；綠色聖靈論盼望藉著屬靈資源保存地球；解放主義者由聖靈帶來自由的夢想；或者女性主義聖靈論對平等的呼喊。這些以及很多其他經驗都見證在上帝的創造中，聖靈的議題那無盡的慷慨和豐富。

看著聖靈在世界所做的事令我們開始一條路，一條新路。新的發現，新的挑戰，新的潛力正在等待我們。巴爾塔薩再次提醒我們，聖靈的本性是帶來新事物、新洞見、新生命，因為在祂的理解中聖靈的本性指向新事物的誕生。在上帝是父和受生者是子中的愛有兩面，在遠處的迴響中呼應著人類的愛。父和子或母和女，在他們人性的統一中彼此相愛，男和女卻以這樣的方式彼此相愛，就是源自那從他們的聯合所生的孩子這不能理解的奇迹。這孩子站在父母和全世界面前，證明賜她生命的那兩位的一性。那孩子有父母的特質，但卻代表新的、不能分開的統一性。巴爾塔薩說：

> 作為父和子的統一性，上帝是獨一的靈：也就是那令父成為生子的父的愛，與那令子成為表達祂的道的愛，是單一、具體的聖靈—存有，而神聖的靈作為「第三位位格」來自這相通，作為永恆多結果子的奇迹，不是由祂們兩位所生（正如男人和女人生孩子那樣），而是難以言喻地從祂們互相寓居的「氣息」（*pneuma*）中升起。在絕對中的愛是永恆的奇迹，它在一切永恆中對自己仍然是奇迹，因為它邏輯地是不能理解的，而這不能言喻的元素應該繼續從愛中出現，〔而〕那愛應該繼續在愛人之間帶來新鮮的滿足。[3]

因此我們關於上帝的靈的研究，其結束也是新發現的開始。撰寫關於聖靈論的書籍最刺激的事情是，在書籍面世的那一刻，它已經發出對新書籍——對聖靈所做的事情作全新詮釋——的呼喚。

3 Balthasar, *Explorations in Theology*, vol. 3, *Creator Spirit*, 106～107.

參考書目

聖經研究

Barnett, Maurice. *The Living Flame: Being a Study of the Gift of the Spirit in the New Testament, with Special Reference to Prophecy, Glossolalia, and Perfection*. London: The Epworth Press, 1953.

Barrett, C. K. *The Holy Spirit and the Gospel Tradition*. London: SPCK, 1947.

Breck, John. *The Holy Spirit in Johannine Tradition.* Vol. 1, *The Origins of Johannine Pneumatology*. Crestwood, N.Y.: St. Vladimir's Seminary Press, 1991.

Del Colle, R. *Christ and the Spirit: Spirit Christology in Trinitarian Perspective*. Oxford: Oxford University Press, 1994.（雖然這不是神學研究，但它也擁有大量的聖經資源。）

Dunn, James D. G. *Baptism in the Holy Spirit*. London: SCM Press, 1970.

____. *Jesus and the Spirit*. London: SCM Press, 1975.

Ervin, Howard. *Conversion-Initiation and the Baptism in the Holy Spirit: An Engaging Critique of James D. G. Dunn's* Baptism in the Holy Spirit. Peabody, Mass.: Hendrickson, 1984.

Ewert, David. *The Holy Spirit in the New Testament*. Scottdale, Pa.: Herald, 1983.

Fee, Gordon. *God's Empowering Presence: The Holy Spirit in the Letters of Paul*. Peabody, Mass.: Hendrickson, 1994.

Gaffin, Richard B. *Perspectives on Pentecost: New Testament Teaching on the Gifts of the Holy Spirit*. Phillipsburg, N.J.: Presbyterian & Reformed, 1979.

Hamilton, Neil Q. *The Holy Spirit and Eschatology in Paul*. Edinburgh: Oliver & Boyd, 1957.

Hawthorne, Gerald F. *The Presence and the Power: The Significance of the Holy Spirit in the Life and Ministry of Jesus*. Dallas: Word, 1991.

Levison, John R. *The Spirit in First Century Judaism.* Leiden: E. J. Brill, 1997.

Martin, Ralph P. *The Spirit and the Congregation: Studies in 1 Corinthians 12～15*. Grand Rapids: Eerdmans, 1984.

Montague, George. *The Holy Spirit: Growth of a Biblical Tradition*. Peabody, Mass.: Hendrickson, 1994.

Penney, John M. *The Missionary Emphasis of Lukan Pneumatology*. Sheffield: Sheffield Academic Press, 1997.

Schatzmann, Siegfried. *A Pauline Theology of Charismata*. Peabody, Mass.: Hendrickson, 1987.

Schweizer, Eduard. *The Holy Spirit*. London: SCM Press, 1980.

Shelton, James B. *Mighty in Word and Deed*. Peabody, Mass.: Hendrickson, 1991.

Shepherd, William H. *The Narrative Function of the Holy Spirit as a Character in Luke-Acts*. Atlanta: Scholars Press, 1994.

Turner, Max. *Power from on High: The Spirit of Prophecy in Luke-Acts*. Sheffield: Sheffield Academic Press, 1996.

歷史研究

Belval, Norman Joseph. *The Holy Spirit in St. Ambrose*. Rome: Officium Libri Catholici, 1971.

Burgess, Stanley M. *The Holy Spirit: Ancient Christian Traditions*. Peabody, Mass.: Hendrickson, 1984.

____. *The Holy Spirit: Eastern Christian Traditions*. Peabody, Mass.: Hendrickson, 1989.

____. *The Holy Spirit: Medieval Roman Catholic and Reformation Traditions*. Peabody, Mass.: Hendrickson, 1997.

Congar, Yves. *I Believe in the Holy Spirit*. 3 vols. New York: Crossroad Herder, 1997.

De Clerk, Peter, ed. *Calvin and the Holy Spirit: Papers and Responses Presented at the Sixth Colloquium on Calvin and Calvin Studies*. Grand Rapids: Calvin Studies Society, 1989.

Egert, Eugene. *The Holy Spirit in German Literature until the End of the Twelfth Century*. The Hague/Paris: Mouton, 1973.

McDonnell, Kilian, and George T. Montague. *Christian Initiation and Baptism in the Holy Spirit: Evidence from the First Eight Centuries*. Collegeville, Minn.: Liturgical Press, 1991.

Opsahl, Paul D., ed. *The Holy Spirit in the Life of the Church from Biblical Times to the Present*. Minneapolis: Augsburg, 1978.

Reid, H. M. B. *The Holy Spirit and the Mystics*. London: Hodder & Stoughton, 1925.

Stagg, Frank, E. Glenn Hinson, and Wayne E. Oates. *Glossolalia: Tongues Speaking in Biblical, Historical, and Psychological Perspective*. Nashville/New York: Abingdon Press, 1967.

Walsh, Christopher. *The Calabrian Abbot: Joachim of Fiore in the History of Western Thought*. New York: Macmillan, 1985.

Watkin-Jones, Howard. *The Holy Spirit from Arminius to Wesley*. London: Epworth, 1929.

____. *The Holy Spirit in the Medieval Church*. London: Epworth, 1922.

Williams, Charles. *The Descent of the Dove: A Short History of the Holy Spirit in the Church*. Grand Rapids: Eerdmans, 1939.

一般關於聖靈和聖靈論的研究

Balthasar, Hans Urs von. *Explorations in Theology*. Vol. 3, *Creator Spirit*. 1967. Reprint, San Francisco: Ignatius Press, 1993.

Barr, R., and Rena M. Yocum, eds. *The Church in the Movement of the Spirit*. Grand Rapids: Eerdmans, 1994.

Berkhof, Hendrikus. *The Doctrine of the Holy Spirit*. Atlanta: John Knox Press, 1964.

Bilaniuk, Petro B. T. *Theology and Economy of the Holy Spirit: An Eastern Approach*.

Bangalore, India: Dharmaram Publications, 1980.

Boer, Harry R. *Pentecost and Missions*. Grand Rapids: Eerdmans, 1961.

Bruner, Dale. *A Theology of the Holy Spirit: The Pentecostal Experience and the New Testament Witness*. Grand Rapids: Eerdmans, 1970.

Bruner, Frederick D., and William Hordern. *The Holy Spirit: Shy Member of the Trinity*. Minneapolis: Augsburg, 1984.

Castro, Emilio, ed. *To the Wind of God's Spirit: Reflections on the Canberra Theme*. Geneva: World Council of Churches, 1990.

Coffey, David. *Grace: The Gift of the Holy Spirit*. Manly, Australia: Catholic Institute of Sydney, 1979.

Congar, Yves. *The Word and the Spirit*. London: Geoffrey Chapman, 1986.

Dewar, Lindsay. *The Holy Spirit and Modern Thought*. London: Mowbray, 1959.

Doctrine Commission of the Church of England. *We Believe in the Holy Spirit.* London: Church House, 1991.

Durrwell, F.-X. *Holy Spirit of God*. London: Geoffrey Chapman, 1986.

Fatula, Mary Ann. *The Holy Spirit: Unbounded Gift of Joy*. Collegeville, Minn.: Liturgical Press, 1998.

Gelpi, Donald L. *The Divine Mother: A Trinitarian Theology of the Holy Spirit*. Lanham, Md.: University Press of America, 1984.

Hazelton, Roger. *Ascending Flame, Descending Dove: An Essay on Creative Transcendence.* Philadelphia: Westminster, 1975.

Heron, Alasdair I. C. *The Holy Spirit.* Philadelphia: Westminster, 1983.

Hinze, B. E. "The Mission of the Holy Spirit in the Theology of Karl Rahner." Ph.D. diss., Marquette University, Milwaukee, Wisconsin, 1968.

Hodgson, Peter C. *Winds of the Spirit: A Constructive Christian Theology*. Louisville: Westminster John Knox, 1994.

Hunter, Harold D., and Peter D. Hocken, eds. *All Together in One Place: Theological Papers from the Brighton Conference on World Evangelization*. Sheffield: Sheffield Academic Press, 1993.

Jones, James W. *The Spirit and the World*. New York: Hawthorn Books, 1975.

Kärkkäinen, Veli-Matti. *Spiritus ubi vult spiral. Pneumatology in Roman Catholic-Pentecostal Dialogue 1972～1989*. Schriften der Luther-Agricola-Gesellchaft 42. Helsinki: Luther-Agricola Society, 1988.

Küng, Hans, and Jürgen Moltmann, eds. *Conflicts about the Holy Spirit*. New York: Seabury Press, 1979.

Kuyper, Abraham. *The Work of the Holy Spirit*. Grand Rapids: Eerdmans, 1973.

Lacey, Thomas Alexander. *The One Body and One Spirit: A Study in the Unity of the Church.* London: James Clarke, 1920.

Lampe, Geoffrey W. H. *God as Spirit.* Oxford: Clarendon Press, 1977.

Latourelle, Rene. *The Miracles of Jesus and the Theology of Miracles*. New York: Paulist Press, 1988.

Lawler, Michael G., and Thomas J. Shanahan. *Church: A Spirited Communion*. Collegeville,

Minn.: Liturgical Press, 1995.

Maloney, George A. *The Spirit Broods over the World*. New York: Alba House, 1993.

McIntyre, John. *The Shape of Pneumatology*. Edinburgh: T & T Clark, 1997.

McKenna, John H. *Eucharist and Holy Spirit: The Eucharistic Epiclesis in the Twentieth Century (1900～1966)*. London: SPCK, 1975.

Mills, Edward. *The Holy Spirit: A Bibliography. Peabody*, Mass.: Hendrickson, 1988.

Moltmann, Jürgen. *The Church in the Power of the Spirit: A Contribution to Messianic Ecclesiology*. New York: Harper & Row, 1977.

____. *A New Theology of Creation and the Spirit of God*. San Francisco: Harper & Row, 1985.

____. *The Source of Life: The Holy Spirit and the Theology of Life*. Minneapolis: Fortress Press, 1997.

____. *The Spirit of Life: A Universal Affirmation*. Translated by Margaret Kohl. Minneapolis: Fortress Press, 1992.

Newbigin, James Edward Lesslie. *The Holy Spirit and the Church*. Madras: Christian Literature Society, 1972.

O'Carroll, Michael. *Veni Creator Spiritus: A Theological Encyclopedia of the Holy Spirit*. Collegeville, Minn.: Liturgical Press, 1990.

Olson, Alan. *Hegel and the Spirit: Philosophy as Pneumatology*. Princeton: Princeton University Press, 1992.

Pope John Paul II. *Celebrate 2000! Reflections on the Holy Spirit: Weekly Readings for 1998*. Selected and arranged by Paul Thigpar. Ann Arbor, Mich.: Servant Publications, 1997.

____. *On the Holy Spirit: An Encyclical Letter of the Supreme Pontiff, John Paul II*. Shebrooke, Quebec: Editions Paulines, 1986.

Prenter, Reginald. *Spiritus Creator: Studies in Luther's Theology*. Trans. John M. Jensen. Philadelphia: Muhlenberg, 1953.

Rahner, Karl. *The Dynamic Element in the Church*. New York: Herder & Herder, 1964.

____. *Experience of the Spirit: Source of Theology*. Theological Investigations 16. New York: Crossroad, 1981.

____. *Spirit in the World*. 1939. Reprint, New York: Herder & Herder, 1968.

Rayan, Samuel. *Breath of Life: The Holy Spirit, Heart of the Gospel*. London: Geoffrey Chapman, 1979.

Rosato, Philip J. *The Spirit as Lord: The Pneumatology of Karl Barth*. Edinburgh: T & T Clark, 1981.

Staniloae, Dimitru. "The Holy Spirit in Theology and Life of the Orthodox Church." *Sobornost* 7, no. 1 (1975): 4～21.

Stylianopolis, Theodore, and Mark Heim. *The Spirit of Truth: Ecumenical Perspectives on the Holy Spirit*. Brookline, N.Y.: Holy Cross Orthodox Press, 1986.

Taylor, John V. *The Go-Between God: The Holy Spirit and the Christian Mission*. London: SCM Press, 1972.

Thielicke, Helmut. *The Evangelical Faith*. Vol. 3, *The Holy Spirit, the Church, Eschatology*. Grand Rapids: Eerdmans, 1982.

Thomas, W. H. Griffith. *The Holy Spirit of God*. Grand Rapids: Eerdmans, 1973.

Tillich, Paul. "Life and the Spirit." In *Systematic Theology*. Vol. 3. Chicago: University of Chicago Press, 1963.

Tsirpanlis, Constantine N. *Introduction to Eastern Patristic Thought and Orthodox Theology*. Theology and Life Series 30. Collegeville, Minn.: Liturgical Press, 1991.

Vandervelde, George, ed. *The Holy Spirit: Renewing and Empowering Presence*. Winfield, B.C.: Wood Lake Books, 1988.

Van Dusen, Henry P. *Spirit, Father, and Son: Christian Faith in the Light of the Holy Spirit*. New York: Scribner's, 1958.

Vischer, Lukas, ed. *Spirit of God, Spirit of Christ: Ecumenical Reflections on the Filioque Controversy*. London: SPCK; Geneva: WCC, 1981.

Volf, Miroslav. *Work in the Spirit: Toward a Theology of Work*. New York/Oxford: Oxford University Press, 1991.

Welker, Michael. *God the Spirit*. Translated by John F. Hoffrneyer. Minneapolis: Fortress Press, 1994.

特殊和處境聖靈論

Anderson, Allan H. *Moya: The Holy Spirit from an African Perspective*. Pretoria: University of South Africa, 1994.（非洲五旬宗神學）

Ashby, Geoffrey. "The Spirit and Wisdom: Thoughts Arising from the Charismatic Movement in South Africa." *Sobornost* 7, no. 2 (1975): 89～98.（非洲神學）

Boff, Leonardo. *Church, Charism, and Power*. New York: Crossroad, 1985.（拉丁美洲解放神學）

Chung, H. K. "Welcome the Spirit; Hear the Cries: The Holy Spirit, Creation, and the Culture of Life." *Christianity and Crisis* 51 (1991): 220～223.（亞洲女性主義及生態神學）

Comblin, Joseph. *The Holy Spirit and Liberation*. Maryknoll, N.Y.: Orbis, 1989.（解放神學）

Griffin, David. "Holy Spirit: Compassion and Reverence for Being." In *Religious Experience and Process Theology: The Pastoral Implications of a Major Modern Movement*. New York: Paulist Press, 1976.（進程神學）

Johnson, Elisabeth. *She Who Is: The Mystery of God in Feminist Theological Discourse*. New York: Crossroad, 1992.（女性主義神學）

____. "Who is the Holy Spirit?" *Catholic Update* (June 1995): 1～4.

____. *Women, Earth, and Creator Spirit*. New York/Mahwah, N. J.: Paulist Press, 1993.

Jongeneel, Jan A. B. et al., eds. *Pentecost, Mission, and Ecumenism: Essays on Intercultural Theology*. Frankfurt am Main: Peter Lang, 1992.（跨文化、靈恩、普世〔教會〕神學）

Ma, Wonsuk. "Toward an Asian Pentecostal Theology." *Asian Journal of Pentecostal Theology* 1 (1998): 15～41.

McFague, Sallie. "Holy Spirit." In *Dictionary of Feminist Theologies*. Edited by L. M. Russell and J. S. Clarkson. Louisville: Westminster John Knox Press, 1996.（女性主義神學）

____. *Models of God: Theology for an Ecological, Nuclear Age*. Philadelphia: Fortress, 1987.（生態神學／綠色神學）

Müller-Fahrenholz, Geiko. *God's Spirit: Transforming a World in Crisis*. New York: Continuum, 1995.（政治神學）

Reynolds, Blair. *Toward a Process Pneumatology*. London: Associated University Presses, 1990.（進程神學）

Wallace, Mark I. *Fragments of the Spirit: Nature, Violence, and the Renewal of Creation*. New York: Continuum, 1996.（生態神學／綠色神學）

五旬節／靈恩神學和聖靈論

Bittlinger, Arnold, ed. *The Church Is Charismatic: Renewal and Congregational Life*. Geneva: World Council of Churches, 1981.

Burgess, Stanley M., and Gary B. McGee, eds. *Dictionary of Pentecostal and Charismatic Movements*. Grand Rapids: Zondervan, 1988.

Christenson, Larry. *A Charismatic Approach to Social Action*. Minneapolis: Bethany House, 1974.

____, ed. *Welcome Holy Spirit: A Study of Charismatic Renewal in the Church*. Minneapolis: Augsburg, 1987.

Hamilton, Michael P., ed. *The Charismatic Movement*. Grand Rapids: Eerdmans, 1975.

Hocken, Peter. *Glory and Shame*. Guilford, Surrey, U.K.: Eagle, 1994.

____. *One Lord, One Spirit, One Body*. Gaithersburg, Md.: Word Among Us, 1987.

Hollenweger, Walter J. *Pentecostalism: Origins and Developments Worldwide*. Peabody, Mass.: Hendrickson, 1997.

Kraft, Charles. *Christianity with Power*. Ann Arbor, Mich.: Servant Publications, 1989.

Land, Steven J. *Pentecostal Spirituality: A Passion for the Kingdom*. Sheffield: Sheffield Academic Press, 1993.

Lederle, Henry I. *Treasures Old and New: Interpretation of "Spirit Baptism" in the Charismatic Renewal Movement*. Peabody, Mass.: Hendrickson, 1988.

McDonnell, Kilian. *Charismatic Renewal and Churches*. New York: Seabury Press, 1976.

____. *Charismatic Renewal and Ecumenism*. New York: Paulist Press, 1978.

____, ed. *The Holy Spirit and Power: The Catholic Charismatic Renewal*. Garden City, N.Y.: Doubleday, 1975.

____, ed. *Presence, Power, Praise: Documents on the Charismatic Renewal*. 3 vols. Collegeville, Minn.: Liturgical Press, 1980.

McDonnell, Kilian, and Arnold Bittlinger. *The Baptism in the Holy Spirit as an Ecumenical Problem*, Notre Dame: Charismatic Renewal Service, 1972.

McDonnell, Kilian, and George T. Montague. *Christian Initiation and Baptism in the Holy Spirit: Evidence from the First Eight Centuries*. Collegeville, Minn.: Liturgical Press, 1991.

Muhlen, Heribert. *A Charismatic Theology: Initiation in the Spirit*. London: Burns & Oates, 1978.

Ruthven, Jon. *On the Cessation of the Charismata: The Protestant Polemic on Postbiblical Miracles*. Sheffield: Sheffield Academic Press, 1993.

Smail, Thomas. *Reflected Glory: The Spirit in Christ and Christians*. Grand Rapids: Eerdmans,

1975.

Smail, Thomas, Andrew Walker, and Nigel Wright. *Charismatic Renewal: The Search for a Theology*. London: SPCK, 1993.

Spittler, Russell P., ed. *Perspectives on the New Pentecostalism*. Grand Rapids: Baker, 1976.

Stephanou, Eusebius. *The Charismatic Renewal in the Orthodox Church*. Fort Wayne, Ind.: Logos, 1976.

Suenens, Léon Joseph, and Dom Helder Camara. *Charismatic Renewal and Social Action: A Dialogue*. Malines Documents 3. Ann Arbor, Mich: Servant Publications, 1979.

Suurmond, Jean-Jacques. *Towards a Charismatic Theology*. Grand Rapids: Eerdmans, 1995.

White, John. *When the Spirit Comes in Power*. Downers Grove, Ill.: InterVarsity Press, 1985.

Williams, J. Rodman. *Renewal Theology: Systematic Theology from a Charismatic Perspective*. 3 vols. Grand Rapids: Zondervan, 1988～1992.

Wilson, Mark W., ed. *Spirit and Renewal: Essays in Honor of J. Rodman Williams*. Sheffield: Sheffield Academic Press, 1994.

索引的頁碼為英文原書頁碼，而原書頁碼已標於正文兩旁。

主題及人名索引

二劃

三劃

四劃

五劃

六劃

七劃

八劃

九劃

十劃

十一劃

十二劃

十三劃

十四劃

十五劃

十六劃

十七劃

十八劃

十九劃

二十一劃

二十三劃

二十四劃

索引的頁碼為英文原書頁碼，而原書頁碼已標於正文兩旁。

經文索引

羅馬書

哥林多前書

哥林多後書

緊扣時代　服事教會

以文字傳揚基督真道

讀者意見表

衷心多謝你購買本社書籍。本社一直致力以出版事工服事教會，幫助信徒扎根於神的話語，促進靈命增長。為使我們的出版更能滿足你的需要，請填寫下列各項資料，並寄回或傳真予本社。

所購書籍：____________________

本書最吸引你的地方：

□作者　□適切性　□文筆　□設計　□實用性

□其他：____________________

購買本書地點：

□基道書樓　□基督教書店　□非基督教書店

性別：□男　□女　職業：__________

信仰：□基督徒　□非基督徒

年齡：□ 16 歲或以下　□ 17～25 歲　□ 26～35 歲
□ 36～55 歲　□ 56 歲或以上

學歷：□中三或以下　□中五　□預科
□大學　□研究院

□我欲更多了解基道出版社的事工及考慮支持，請寄給我下列資料：

□機構簡介　□新書資料　□基道會員通訊

□《基道文字事工通訊》

姓名：____________________ 電話：__________

地址：____________________

____

傳真：__________ 電子郵件：__________

其他意見：____________________

____

多謝賜教！

基道出版社

意見表可以傳真（2687-0281）或直接郵寄以下地址：
香港沙田火炭坳背灣街26號富騰工業中心1011室
基道出版社編輯部收